Statistiques de l'OCDE sur les assurances 2014

OCDE
DES POLITIQUES MEILLEURES POUR UNE VIE MEILLEURE

Cet ouvrage est publié sous la responsabilité du Secrétaire général de l'OCDE. Les opinions et les interprétations exprimées ne reflètent pas nécessairement les vues officielles des pays membres de l'OCDE.

Ce document et toute carte qu'il peut comprendre sont sans préjudice du statut de tout territoire, de la souveraineté s'exerçant sur ce dernier, du tracé des frontières et limites internationales, et du nom de tout territoire, ville ou région.

Merci de citer cet ouvrage comme suit :
OCDE (2015), *Statistiques de l'OCDE sur les assurances 2014*, Éditions OCDE.
http://dx.doi.org/10.1787/ins_stats-2014-fr

ISBN 978-92-64-16860-2 (imprimé)
ISBN 978-92-64-22782-8 (PDF)

Annuel : Statistiques de l'OCDE sur les assurances
ISSN 2226-5791 (imprimé)
ISSN 2226-5805 (en ligne)

Les données statistiques concernant Israël sont fournies par et sous la responsabilité des autorités israéliennes compétentes. L'utilisation de ces données par l'OCDE est sans préjudice du statut des hauteurs du Golan, de Jérusalem-Est et des colonies de peuplement israéliennes en Cisjordanie aux termes du droit international.

Les corrigenda des publications de l'OCDE sont disponibles sur : *www.oecd.org/about/publishing/corrigenda.htm*.

Avant-propos

Cette publication annuelle comporte des séries chronologiques de statistiques d'assurance pour les pays membres de l'OCDE. Les statistiques sont issues de sources nationales sur la base d'un questionnaire préparé sous l'égide du Comité des assurances et des pensions privées de l'OCDE et de son Groupe de réflexion sur les statistiques d'assurance.

En plus des statistiques et afin de fournir un aperçu sur la performance et la santé globales du secteur des assurances, la présente publication contient, un chapitre sur le développement du secteur de l'assurance. Ce chapitre s'appuie sur la quatrième édition du « Global Insurance Market Trends » qui fournit une perspective plus globale grâce à l'addition d'un large groupe de pays d'Amérique latine, obtenue grâce à la coopération avec l'Association des contrôleurs d'assurance d'Amérique latine (ASSAL). Des pays non membres de l'OCDE d'Afrique, d'Asie et d'Europe contribuent également à ce chapitre.

Cette publication inclut également des données sur les investissements des compagnies d'assurance, les primes d'assurance, le nombre de compagnies d'assurance et d'employés, les paiements des sinistres bruts, les frais d'exploitation bruts et les commissions. Récemment, des éléments clés du bilan et du compte de résultat ont également été ajoutés au cadre statistique de l'OCDE pour l'assurance. Les données portent sur la période 2006-2013 et se décomposent en des sous-catégories détaillées.

Le rapport a été préparé par la Division des affaires financières de la Direction des affaires financières et des entreprises de l'OCDE. Cependant, il n'a pu voir le jour que grâce à la coopération étroite entre l'OCDE et les diverses instances nationales chargées de collecter des données sur l'assurance.

Table des matières

Partie II

Tableaux par pays

Signes conventionnels et abréviations

c	Donnée confidentielle
x	Sans objet
..	Non disponible
|	Rupture de série
-	Nul ou négligeable
.	Point décimal

Codes ISO des pays et abréviations monétaires ISO

	Code ISO du pays	Unité monétaire	Abréviation
	Pays de l'OCDE		
Australie	AUS	dollar	AUD
Autriche	AUT	euro	EUR
Belgique	BEL	euro	EUR
Canada	CAN	dollar	CAD
Chili	CHL	peso	CLP
République tchèque	CZE	couronne	CZK
Danemark	DNK	couronne	DKK
Estonie	EST	euro	EUR
Finlande	FIN	euro	EUR
France	FRA	euro	EUR
Allemagne	DEU	euro	EUR
Grèce	GRC	euro	EUR
Hongrie	HUN	forint	HUF
Islande	ISL	couronne	ISK
Irlande	IRL	euro	EUR
Israël	ISR	shekel	ILS
Italie	ITA	euro	EUR
Japon	JPN	yen	JPY
Corée	KOR	won	KRW
Luxembourg	LUX	euro	EUR
Mexique	MEX	peso	MXN
Pays-Bas	NLD	euro	EUR
Nouvelle-Zélande	NZL	dollar	NZD
Norvège	NOR	couronne	NOK
Pologne	POL	zloty	PLN
Portugal	PRT	euro	EUR
République slovaque	SVK	euro	EUR
Slovénie	SVN	euro	EUR
Espagne	ESP	euro	EUR
Suède	SWE	couronne	SEK
Suisse	CHE	franc	CHF
Turquie	TUR	livre	TRY
Royaume-Uni	GBR	livre sterling	GBP
États-Unis	USA	dollar	USD

Codes ISO des pays et abréviations monétaires ISO *(suite)*

	Code ISO du pays	Unité monétaire	Abréviation
Sélection de pays d'Afrique, d'Asie et d'Europe			
Hong-Kong, Chine	HKG	dollar	HKD
Inde	IND	roupie indienne	INR
Indonésie	IDN	roupiah	IDR
Lettonie	LVA	lats	LVL
Malaisie	MYS	ringitt	MYR
Singapour	SGP	dollar	SGD
Afrique du Sud	ZAF	rand	ZAR
Thaïlande	THA	baht	THB
Sélection de pays d'Amérique latine			
Argentine	ARG	peso	ARS
Bolivie	BOL	boliviano	BOB
Brésil	BRA	real	BRL
Colombie	COL	peso	COP
Costa Rica	CRI	colón	CRC
Cuba	CUB	peso	CUP
El Salvador	SLV	colón	SVC
Guatemala	GTM	quetzal	GTQ
Honduras	HND	lempira	HNL
Nicaragua	NIC	córdoba	NIO
Panama	PAN	balboa	PAB
Paraguay	PRY	guarani	PYG
Pérou	PER	nuevo sol	PEN
Porto Rico	PRI	dollar	USD
Uruguay	URY	peso	UYU

Résumé analytique

L'OCDE collecte des statistiques de l'assurance depuis pratiquement deux décennies, les données concernant ce secteur remontant au début des années 1980. En réponse à la crise financière, un projet de Statistiques des Assurances de l'OCDE au niveau Mondial (GIS) a été lancé dans le cadre des activités de suivi du marché de l'assurance mené par l'OCDE. Ce projet avait pour principaux objectifs d'élargir à l'assurance le champ d'application du dispositif statistique de l'OCDE et d'étendre sa portée générale afin de favoriser la transparence. Ces changements ont amené à collecter des éléments essentiels du bilan et du compte de résultat dans les secteurs de l'assurance directe et de la réassurance, et à élaborer peu à peu la base de données des statistiques des assurances de l'OCDE au niveau mondial.

Cette publication analyse les dernières tendances du marché de l'assurance afin de développer une meilleure compréhension de la performance et la santé globales de l'industrie de l'assurance dans les pays de l'OCDE et dans une sélection d'économies non-membres de l'OCDE. Un certain nombre d'économies d'Afrique, d'Asie et d'Europe, non-membres de l'OCDE – à savoir, Hong Kong (Chine); Inde; Indonésie; Lettonie; Malaisie; Singapour; Afrique du Sud et Thaïlande – contribuaient déjà à l'exercice statistique de l'OCDE. L'inclusion d'un large groupe de pays d'Amérique latine, rendue possible grâce à la coopération avec l'Association des contrôleurs d'assurance d'Amérique latine (ASSAL), a permis d'avoir une perspective davantage mondiale. Le chapitre sur les tendances du marché de l'assurance met en évidence les raisons sous-jacentes des tendances, notamment en matière de croissance des primes brutes, et le développement des sinistres entre 2012 et 2013. Elle présente également des indicateurs clés de performance.

Cette publication comporte également des données historiques détaillées sur le secteur de l'assurance, permettant aux utilisateurs d'avoir une vision plus large de l'évolution du marché de l'assurance dans les pays de l'OCDE au fil des années. Elle couvre les principales données de l'assurance officielles de 2006 à 2013. La publication contient des indicateurs importants du marché des assurances (par exemple, la part de marché dans l'OCDE, la pénétration, la densité, les primes par salarié, etc.), des données sur les activités d'assurance (nombre d'entreprises, nombre de salariés, primes brutes, etc.). La collecte de données porte également sur les paiements des sinistres bruts, les dépenses brutes d'exploitation et les commissions.

Principales conclusions sur les tendances récentes

En 2013, alors que le contexte économique reste morose dans plusieurs pays membres de l'OCDE, en particulier dans la zone euro, les marchés de l'assurance ont connu un début d'amélioration avec la croissance notable des primes dans de nombreux pays. Les primes du secteur de l'assurance-vie ont augmenté à un bon rythme là où leur croissance avait été limitée voire négative depuis la crise économique et financière. Les primes ont continué leur croissance dans la plupart des économies de marché émergentes en Asie et Amérique latine. Néanmoins, la reprise de la croissance des primes brutes d'assurance-vie observée en 2012 dans certains des plus gros marchés d'assurance-vie s'est inversée en 2013.

Les faibles retours sur investissement, combinés à une croissance économique modeste, ont limité la profitabilité des assureurs-vie ces dernières années et ont affecté la gamme des produits et garanties proposés. Les produits d'épargne ayant des rendements liés aux marchés ont récemment connu des rachats significatifs même si cette tendance a commencé à s'inverser dans plusieurs pays en 2013.

Les changements dans les marchés de l'assurance des véhicules motorisés ayant permis un accroissement des primes dans certains pays ont eu un impact positif sur les résultats du secteur non-vie. Cependant, d'autres pays ont continué à connaître un marché de l'assurance automobile hautement compétitif, limitant la croissance des primes. La faiblesse de la situation économique dans plusieurs pays a continué d'affecter le secteur non-vie qui doit encore se redresser dans plusieurs des pays les plus touchés par la crise économique et financière.

Les pertes dues aux catastrophes naturelles ont affecté le secteur non-vie dans plusieurs pays, même si les pertes économiques agrégées dues aux catastrophes d'origine naturelle ou humaine en 2013 ont été inférieures à celles de 2012 (et de la moyenne sur 10 ans). Certains pays ont connu une réduction de la croissance des réclamations dans le secteur non-vie faisant suite à leur augmentation significative ces dernières années résultant de sinistres très importants.

La faiblesse prolongée des taux d'intérêt a rendu plus difficile pour les assureurs-vie, détenant généralement beaucoup de titres à revenu fixe, de générer des retours suffisants par rapport à leurs obligations. Ceci pourrait engendrer un transfert des allocations de portefeuille vers des actifs plus risqués afin d'améliorer le rendement des investissements. Bien qu'il n'y ait eu aucun changement substantiel et généralisé des allocations des investissements en 2013, les compagnies d'assurance-vie dans quelques pays ont délaissé les investissements en obligations pour d'autres types d'actifs.

La volatilité des actifs des marchés émergents en 2013 est associée à la fin imminente de l'assouplissement monétaire non traditionnel aux États-Unis et au Royaume-Uni et à l'attente qui en découle d'une augmentation des taux d'intérêt. Les rendements des placements dans la branche vie dans de nombreux pays non-membres ont fortement diminué en 2013 par rapport à 2012.

Dans une perspective à plus long terme, une attention soutenue est accordée aux effets de la faiblesse des taux d'intérêt, et aux possibles évolutions de la propension au risque pour générer des rendements et au risque de réinvestissement pour les portefeuilles d'obligations arrivant à échéance. Les faibles taux d'intérêt continuent d'être le plus problématique là où les produits d'assurance fournissent des garanties de rendement. Le risque de taux d'intérêt persiste compte tenu de la probabilité accrue de taux futurs plus élevés. Une hausse soudaine des taux aurait un impact négatif sur les titres à taux fixe et pourrait accroître la volatilité des marchés financiers. Certains pays suivent de près les pressions concurrentielles dans les sous-secteurs pour s'assurer que la concurrence intense ne conduit pas à des normes de souscription inférieures ou à la sous-tarification des primes. Les tendances à long terme telles que l'augmentation de la longévité, les coûts des soins de santé, et la prévalence accrue des catastrophes naturelles en raison du changement climatique sont d'autres risques qui attirent une attention particulière.

Dans un contexte d'incertitude générale face aux difficultés macroéconomiques persistantes, la demande en produits d'assurance devrait rester limitée. Une demande restreinte, combinée aux pressions concurrentielles au sein du secteur, en particulier dans la branche non-vie, ainsi qu'entre les compagnies d'assurance-vie et les banques pour l'épargne et les investissements des particuliers, pourrait presser le secteur à réduire les coûts opérationnels et à augmenter le rendement des placements surtout compte tenu de la capacité limitée à augmenter les primes et les frais. Cela dit, les branches de l'assurance dans certains pays ont bénéficié de nouvelles activités dans les produits en unités de compte en raison de la faiblesse des taux de dépôt proposés par le secteur bancaire.

Les régulateurs de l'assurance en Europe restent concentrés sur la mise en œuvre de Solvabilité II. La mise en œuvre de l'évaluation du risque et de la solvabilité dans un certain nombre de pays a aussi un impact sur les méthodes de surveillance et de réglementation de nombreux organismes de réglementation du secteur des assurances.

Définitions communes et notes

Notes sur les sources des données

Toutes les données dans cette publication ont été communiquées par les autorités nationales compétentes en matière d'assurance. En ce qui concerne les tableaux d'indicateurs comparatifs, les données sont surtout tirées des tableaux par pays. Les données économiques sur les taux de change, la population et le PIB proviennent des *Principaux indicateurs économiques*, publiés par l'OCDE.

Pour plus de clarté, le nombre de variables choisies et présentées dans cette publication a été limité. Les données ont été extraites de la base de données des statistiques des assurances au niveau mondial. La base de données complète peut être consultée en ligne en utilisant le lien suivant :

Statistiques des assurances de l'OCDE, *http://dx.doi.org/10.1787/ins-data-fr*

Un effort important a été fait pour assurer la comparabilité entre les pays. Les définitions, classifications, méthodes de calcul, et unités ont été normalisées autant que possible.

Notes générales

a) Les catégories vie et non-vie correspondent aux définitions utilisées dans la législation nationale. Cependant, les primes pour les contrats d'assurance maladie et accidents conclus par les entreprises d'assurance-vie doivent être incluses dans les chiffres sur l'activité non-vie.

b) Jusqu'en 2008, les activités dans le secteur de l'assurance sont ventilées entre les opérations vie et non-vie. À partir de 2009, les activités sont décomposées entre les opérations des entreprises d'assurance-vie, celles des entreprises d'assurance non-vie et celles des entreprises mixtes, les activités des entreprises mixtes étant elles-mêmes subdivisées entre les opérations vie et non-vie. Certains pays n'autorisent pas les entreprises d'assurance à exercer à la fois des activités vie et non-vie et, par conséquent, il n'existe pas d'entreprises mixtes dans ces pays. Cependant, dans d'autres pays (comme l'Autriche, la Belgique, la Hongrie, l'Italie, le Mexique, le Portugal et l'Espagne), les entreprises mixtes représentent plus de la moitié du total des emplois dans le secteur national de l'assurance. Aussi, pour disposer au fil des ans de données comparables sur les opérations vie (respectivement non-vie), il faut additionner à partir de 2009 les opérations vie (respectivement non-vie) des entreprises d'assurance-vie (respectivement non-vie) et les opérations vie (respectivement non-vie) des entreprises mixtes.

c) Les chiffres fournis sur le nombre d'entreprises et les primes d'assurance doivent prendre en compte toutes les entreprises d'assurance agréées ou autorisées dans le pays déclarant, y *compris* les réassureurs professionnels, qu'ils soient ou non contrôlés, mais *à l'exclusion* de tout système réglementaire de sécurité sociale administré par l'État.

d) Les *entreprises nationales* signifient les entreprises constituées en sociétés en vertu du droit national, ainsi que les entreprises dans le pays déclarant qui ne sont pas constituées en sociétés, mais à l'exclusion des succursales et agences d'entreprises étrangères.

e) Les *entreprises sous contrôle étranger* signifient les entreprises nationales contrôlées par des intérêts étrangers, ce « contrôle » étant défini en fonction de la législation nationale (voir la définition des entreprises sous contrôle étranger dans les remarques par pays). Les données concernant les *entreprises sous contrôle étranger* sont intégrées dans celles sur les *entreprises nationales*.

f) Les *entreprises étrangères* signifient les entreprises constituées en sociétés en dehors du pays déclarant.

Tendances des marchés de l'assurance

Notes sur les données des pays

Ce chapitre, uniquement disponible en anglais (au lien suivant *http://dx.doi.org/10.1787/ins_stats-2014-5-en*), se fonde sur les réponses fournies par les pays concernant les résultats provenant des Statistiques des assurances au niveau mondial (GIS) collectées en 2014, notamment les informations qualitatives communiquées par les pays ou obtenues de sources administratives nationales.

Compte tenu des divergences entre les normes nationales de communication d'informations, les différentes méthodes permettant de compiler les données pour générer les statistiques des assurances et les récentes modifications du système statistique de l'OCDE, une certaine prudence est requise dans l'interprétation des données. Pour cette raison, il est demandé régulièrement aux pays de fournir des informations méthodologiques pertinentes afin de parvenir à comprendre parfaitement les informations qu'ils soumettent aux fins d'élaborer les statistiques des assurances. Les remarques méthodologiques spécifiques aux pays ci-après donnent des explications à cet égard.

- Les données économiques sur les taux de change et l'indice des prix à la consommation (IPC) dans les pays proviennent des Statistiques financières internationales du FMI et de la base de données des Principaux Indicateurs Économiques de l'OCDE (PIE).
- Suivant le cadre de l'exercice GIS de l'OCDE, les données portent normalement sur l'assurance directe et comprennent les entreprises constituées en sociétés au niveau national uniquement (autrement dit constituées en vertu de la législation nationale) et, lorsque les données sont disponibles, les succursales et agences d'entreprises étrangères opérant dans le pays. Cependant, les données dans les tableaux et les graphiques sur l'allocation d'actifs des assureurs et sur les taux de rendement des placements dans ce chapitre se réfèrent uniquement aux assureurs directs nationaux. Certains pays, en particulier parmi les États membres de l'UE (comme l'Estonie, l'Italie et le Portugal), en soumettant les données, peuvent ne pas être en mesure d'exclure les succursales étrangères d'entreprises nationales. Par conséquent, les données pour les pays peuvent inclure ces succursales étrangères (notamment les succursales établies au sein de l'UE).

- Des entités mixtes opèrent dans un certain nombre de pays, comme le montre l'annexe C de cette publication.
- Les données pour l'*Estonie* portent sur l'ensemble de l'assurance directe de sociétés estoniennes, et comprennent les opérations souscrites par les succursales d'assureurs estoniens.
- Les données pour l'*Indonésie* ne sont pas auditées.
- Les données statistiques concernant *Israël* sont fournies par et sous la responsabilité des autorités israéliennes compétentes. L'utilisation de ces données par l'OCDE est sans préjudice du statut des hauteurs du Golan, de Jérusalem Est et des colonies de peuplement israéliennes en Cisjordanie aux termes du droit international.
- Les données sur les assureurs mixtes provenant de *l'Italie* et *le Portugal* comportent les assureurs-vie opérant également sur le segment maladie et accidents.
- Les données provenant du *Japon* se rapportent à l'année fiscale au lieu de l'année civile. Les statistiques de l'assurance non-vie pour 2013 seront disponibles en 2015.
- Les données provenant de la *Malaisie* couvrent les activités globales (à l'intérieur et à l'extérieur de la Malaisie), y compris l'assurance Takaful.
- Les données pour 2013 pour les *Pays-Bas* sont préliminaires.
- Les données de la *Nouvelle-Zélande* proviennent de l'Enquête Annuelle sur les Entreprises de Statistics New Zealand. Il s'agit d'une enquête financière des organisations de toute l'économie, qui compile des informations à la dernière date de clôture de l'exercice pour chaque organisation. Les données se rapportent à la fin décembre pour la plupart des entreprises d'assurance-vie, et dans la majorité des cas pour la santé et l'assurance générale elles correspondent à la fin juin.

Notes sur les indicateurs

a) Le ratio combiné correspond dans ce chapitre à la somme des paiements bruts de sinistres, des variations de l'encours des provisions techniques, des dépenses brutes d'exploitation et des commissions brutes divisée par les primes souscrites brutes. Autrement dit, *Ratio combiné* = « *Taux de sinistralité* » + « *Taux de frais* », où:

- *Taux de sinistralité* : (*sinistres payés bruts* + *variations de l'encours des provisions techniques*) / *primes souscrites brutes* (ces dernières étant utilisées comme variables de substitution pour les primes acquises brutes) ; et,
- *Taux de frais* = (*dépenses brutes d'exploitation* + *commissions*) / *primes souscrites brutes*.

Le ratio combiné sert à analyser les résultats techniques des sociétés d'assurance, surtout pour l'assurance non-vie dans le cadre de laquelle l'exposition aux risques est à court terme, généralement un an. Le ratio mixte pour les activités de long terme comme l'assurance-vie n'a qu'une utilité restreinte.

En raison des limites des données de l'OCDE, il est impossible de calculer le ratio mixte en utilisant les données sur les primes acquises et les sinistres subis, qui dresseraient un tableau plus précis des résultats techniques.

b) Les allocations d'actifs portent sur l'assurance directe et les entreprises constituées en sociétés au niveau national uniquement. Elles ne prennent pas en compte les actifs liés aux produits en unités de compte.

Partie I

Cette partie se compose de tableaux de chiffres et d'indicateurs fondamentaux, qui reflètent les caractéristiques les plus significatives du marché de l'assurance dans les pays de l'OCDE. Le plus souvent, les tableaux contiennent des données sur tous les pays de l'OCDE, ainsi que des données agrégées pour l'« OCDE », l'« Union européenne (15 pays) » (les 15 pays membres de l'Union européenne en 1995) et l'« ALENA » de 2006 à 2013, pour les catégories suivantes : assurance-vie, assurance non-vie et total. Sauf mention contraire, les chiffres donnés dans cette partie pour la branche vie (respectivement non-vie) tiennent compte de l'activité vie (respectivement non-vie) des sociétés d'assurance mixtes. Les montants des primes sont convertis à partir de la monnaie nationale en dollars des États-Unis. Les taux de change utilisés correspondent à des taux en fin de période pour les variables évaluées à la fin de l'année et à une moyenne pour l'année de référence pour les variables représentant un flux sur une année. Certains de ces indicateurs apparaissent aussi dans les graphiques.

1. Bilan et Compte de Résultat (Tableaux 1 à 3)

   Le tableau du bilan et compte de résultat regroupe des éléments fondamentaux dans l'assurance directe, comme les « paiements bruts des sinistres », l'« encours des provisions techniques », les « dépenses brutes d'exploitation » et les « commissions » en 2013.

2. Allocation de portefeuille (Tableaux 4 à 6)

   Cet élément montre la ventilation des investissements des assureurs directs entre les principales catégories d'actifs (immobiliers, crédits hypothécaires, actions, obligations, prêts autres que les crédits hypothécaires, autres investissements) en 2013, hors actifs liés aux produits en unités de compte souscrits par les assurés. Ces données ne comprennent que les investissements en cours des compagnies d'assurance directes (nationales et étrangères) dans le pays déclarant ; les investissements des compagnies de réassurance ne sont pas inclus.

   La méthode d'évaluation des investissements est définie par chaque pays.

3. Total des primes brutes (Tableaux 7 à 9)

   Les primes brutes, qui représentent le total des primes d'assurance souscrites dans le pays déclarant, sont un indicateur essentiel pour se faire une idée de l'importance du secteur de l'assurance dans l'économie de chaque pays.

4. Part de marché dans l'OCDE (sur la base du total des primes brutes) (Tableaux 10 à 12)

   Cet indicateur mesure l'importance du marché national de l'assurance de chaque pays de l'OCDE par rapport au marché de l'assurance dans l'ensemble de l'OCDE.

5. Densité du secteur de l'assurance (Tableaux 13 à 15)

   Cet indicateur est calculé en divisant les primes brutes d'assurance directe par la population et représente les dépenses moyennes d'assurance par habitant dans un pays donné.

6. Pénétration du secteur de l'assurance (Tableaux 16 à 18)

   Ce ratio des primes brutes de l'assurance directe au produit intérieur brut (PIB) représente l'importance relative du secteur de l'assurance dans l'économie nationale.

7. Part de l'assurance-vie (Tableau 19)

   Ce ratio des primes brutes d'assurance-vie au total des primes brutes mesure l'importance relative de l'assurance-vie par rapport à l'assurance non-vie.

8. Primes par employé (Tableau 20)

   Cet indicateur de l'efficacité relative du secteur national de l'assurance est calculé en divisant les primes brutes de l'assurance directe par le nombre d'employés des entreprises d'assurance.

9. Taux de rétention (Tableaux 21 à 23)

   Ce rapport entre les primes nettes souscrites et le total des primes brutes représente la part des activités retenues et donc, indirectement, l'importance de la réassurance pour les sociétés d'assurance.

10. Taux de réassurance acceptée (Tableaux 24 à 26)

    Calculé en divisant la réassurance acceptée par le total des primes brutes, il donne une indication sur l'importance de la réassurance acceptée dans le marché national de l'assurance.

11. Part du marché national détenu par les entreprises étrangères (Tableaux 27 à 30)

    Ce chiffre, qui décrit l'importance des entreprises étrangères dans le marché national de l'assurance, est mesuré par les indicateurs suivants :

    a) Part du marché des « entreprises sous contrôle étranger » et des « succursales et agences des entreprises étrangères » dans le « total des primes brutes ».

    b) Part de marché des « succursales et agences des entreprises étrangères » dans le « total des primes brutes ».

Les chiffres sur les opérations vie (respectivement non-vie) couvrent les opérations des entreprises d'assurance-vie (respectivement non-vie) et les opérations vie (respectivement non-vie) des entreprises mixtes pour tous les tableaux de la Partie 1, sauf ceux concernant le bilan et le compte de résultat des entreprises d'assurance (Tableaux 2 et 3) et leurs allocations de portefeuille (Tableaux 5 et 6) pour lesquels les entreprises mixtes sont exclues, car une distinction entre la branche vie et la branche non-vie n'est pas toujours disponible.

Dans les Tableaux 7, 10, 13, 16, 21 et 24, le total (vie et non-vie) peut ne pas correspondre à la somme des chiffres relatifs aux opérations vie et non-vie si la distinction pour les entreprises mixtes n'est pas fournie. Dans ce cas, aucune hypothèse n'est formulée à propos de chaque branche d'activité des entreprises mixtes (vie et non-vie) et la contribution des entreprises mixtes n'est pas incluse. Toutefois, dans le total, les données agrégées sont prises en compte.

Les chiffres pour les trois zones (« Union européenne », « ALENA » et « OCDE ») présentés en bas de certains tableaux sont calculés pour les pays pour lesquels les informations sont disponibles.

Partie II

Dans cette partie, les principales statistiques des assurances sont présentées par l'intermédiaire de tableaux distincts par pays. Les chiffres correspondent à l'année civile. Les primes et autres montants sont donnés en millions dans la monnaie nationale. Les primes sont définies comme suit :

a) Les « *primes brutes* » représentent le total des primes émises, sans les taxes sur les primes ou autres charges, mais avant déduction des commissions ou frais de réassurance cédée. L'inclusion de la réassurance peut entraîner du double comptage dans les chiffres fournis.

Le montant des « *primes brutes* » est la somme des « primes des opérations d'assurance directe » et des « primes de la réassurance acceptée ».

b) Les *primes cédées* comportent toutes les primes (réassurance et rétrocessions) cédées.

c) Normalement, les « *primes souscrites nettes* » devraient correspondre au total des « *primes brutes* » déduction faite des « *primes cédées* ». Si des problèmes particuliers dans le pays déclarant empêchent cette correspondance, un élément compensatoire approprié devrait être inclus sous « *primes cédées* ».

Les tableaux pour chaque pays contiennent les éléments suivants :

1.1 Les opérations conclues dans le pays déclarant en fonction des primes brutes, cédées et nettes dans toutes les entreprises d'assurance. Les primes brutes souscrites sont ensuite ventilées selon les risques nationaux et étrangers, et selon une classification principale vie et non-vie. La classification vie se fonde sur le type de contrats : produits en unités de compte, rentes, et aux contrats d'assurance-vie. Les définitions précises utilisées dans la classification de l'assurance non-vie se trouvent en Annexe B : Définitions des catégories d'assurance non-vie. Dans cette classification, la catégorie « Réassurances obligatoires » est utilisée par les pays ayant des difficultés à décomposer la « Réassurance acceptée » par classes.

1.2, 1.3, 1.4 Les paiements bruts des sinistres, les dépenses brutes d'exploitation et les commissions dans le pays déclarant, sont ventilées entre les entreprises nationales, les entreprises sous contrôle étranger et les succursales et agences d'entreprises étrangères, et par type de branche (« purement » vie, « purement » non-vie ou mixte avec une distinction entre les activités vie et non-vie). Les « *paiements bruts des sinistres* », qui couvrent tous les paiements bruts des réclamations faites pendant l'exercice, sont à utiliser dans le calcul du montant brut des sinistres survenus. Les commissions se rapportent à l'assurance directe uniquement. Les « *dépenses brutes d'exploitation* » devraient normalement correspondre à la somme des coûts d'acquisition, la variation des frais d'acquisition reportés et des dépenses administratives.

1.5 Les primes brutes souscrites à l'étranger sont classées par filiales, succursales et agences d'entreprises nationales, et par secteur (« purement » vie, « purement » non-vie ou mixte avec une distinction entre les activités vie et non-vie). Les *opérations à l'étranger* doivent inclure tous les contrats conclus en dehors du pays déclarant (à la fois dans les pays membres et non membres de l'OCDE), ventilés par filiales, succursales et agences établies à l'étranger d'entreprises nationales.

2.1, 2.2 Des informations générales sur le nombre d'entreprises d'assurance et d'employés dans le secteur :

a) Cette partie fournit de l'information à propos du nombre de compagnies et d'employés dans le pays déclarant.

b) *Entreprises mixtes* : entreprises qui ont à la fois des activités vie et non-vie.

c) *Entreprises d'assurance* : personnel (à plein temps ou à temps partiel) employé par le secteur de l'assurance.

d) *Intermédiaires* : nombre de personnes (courtiers ou agents et leur personnel), en dehors des intermédiaires qui peuvent vendre des contrats d'assurance mais n'interviennent pas directement dans le secteur de l'assurance (par exemple, les dirigeants de banque, les conseillers juridiques, les propriétaires de garage) ou de ceux inclus sous c) ci-dessus.

Informations supplémentaires

De l'information complémentaire est présentée dans les annexes :

A) Tableau : opérations souscrites à l'étranger par les assureurs UE/EEE par l'intermédiaire des succursales et des agences, 2013

B) Définitions des catégories d'assurance non-vie :

Cette annexe présente les définitions des catégories d'assurance non-vie en détaillant le contenu des catégories énumérées dans la section « 1.1.4 Paiement par catégories d'assurance, primes brutes (non-vie) » des tableaux par pays.

C) Entreprises mixtes :

Ce tableau précise dans quels pays opèrent des entreprises mixtes.

D) Liste des sources administratives :

Ce tableau donne la liste des autorités nationales d'assurance qui ont fourni les données présentées dans cette publication.

Statistiques de l'OCDE sur les assurances 2014

PARTIE I

Comparaisons internationales

Graphique I.1. **Part de marché dans l'OCDE, 2013**

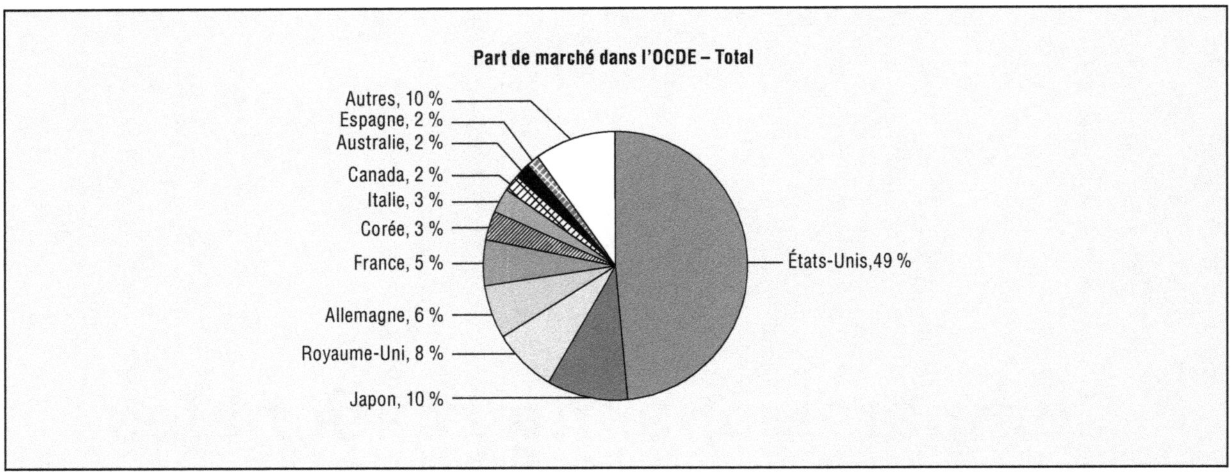

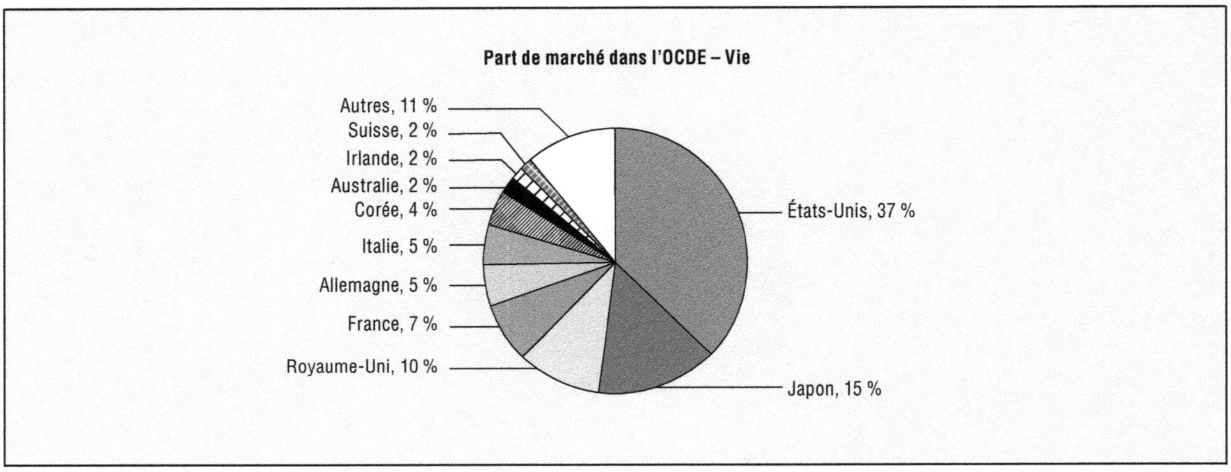

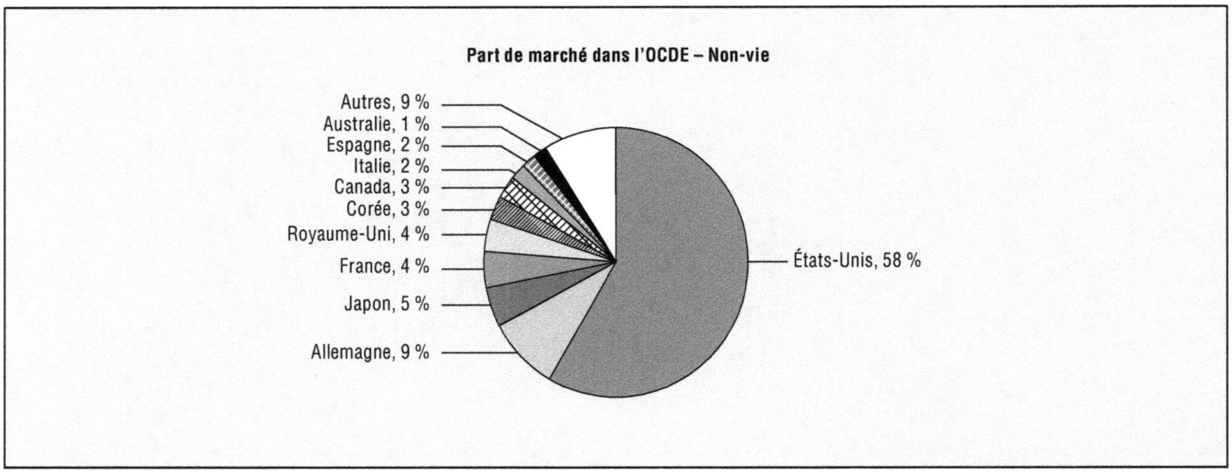

Note : La part de marché dans l'OCDE en 2013 est basée sur le total des primes brutes (c'est-à-dire la somme des primes d'assurance directe et de réassurance acceptée) émis dans toutes les entreprises de chaque pays déclarant de l'OCDE en 2013, à l'exception : a) du Danemark pour lequel les données se rapportent aux primes d'assurance directe; b) du Japon pour lequel le total des primes brutes d'assurance non-vie se rapporte à 2012.

Graphique I.2. **Part de l'assurance-vie et non-vie, 2013**

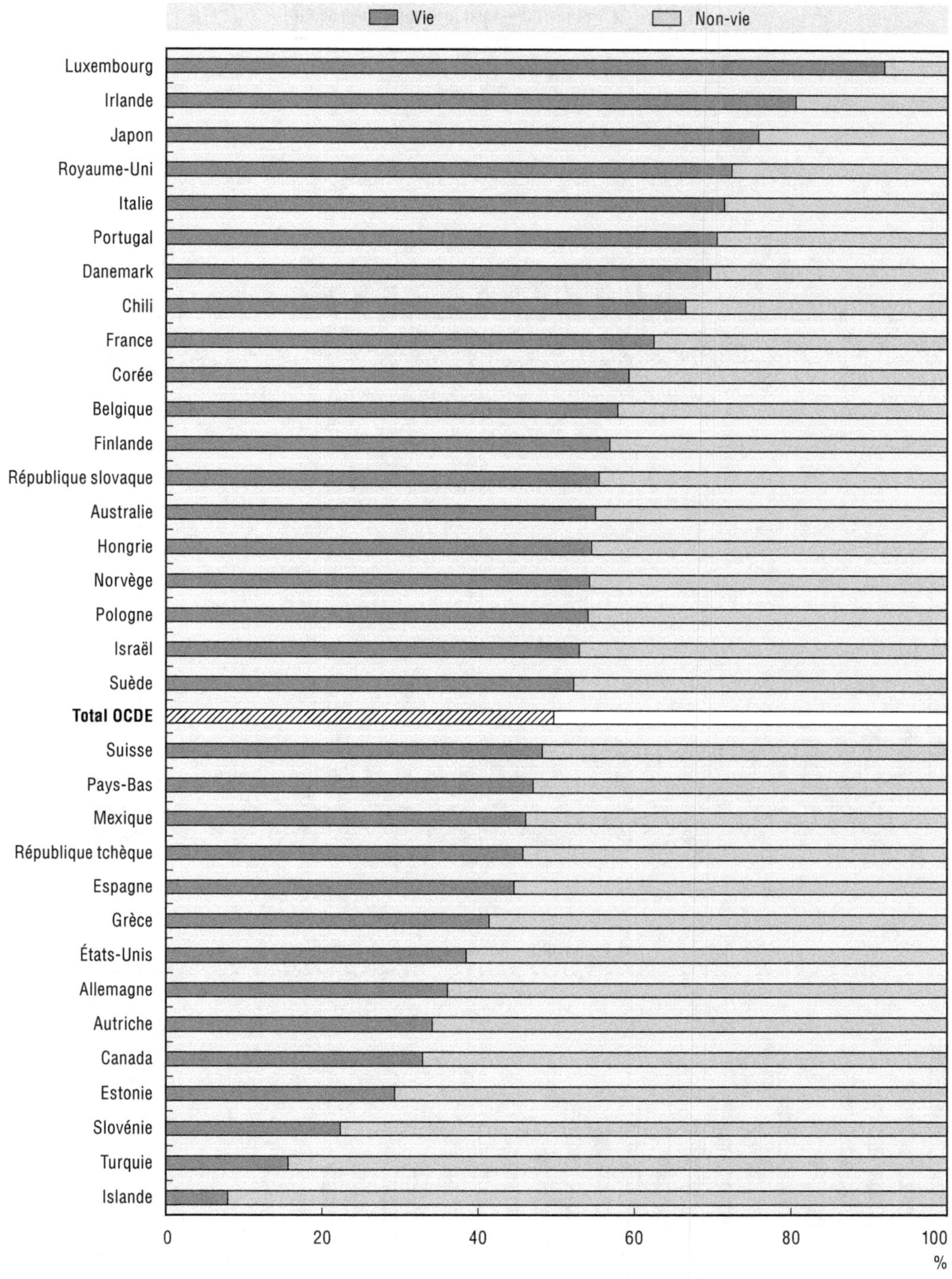

Note : La part de l'assurance-vie est le rapport entre les primes d'assurance-vie brutes sur le total des primes brutes. Les données pour le Danemark se réfèrent aux primes brutes directes seulement. Les données pour le Japon par rapport aux primes d'assurance non-vie se rapportent à 2012.

Graphique I.3. **Pénétration, 2013**

A. Primes/PIB – Total (en pourcentage du PIB)

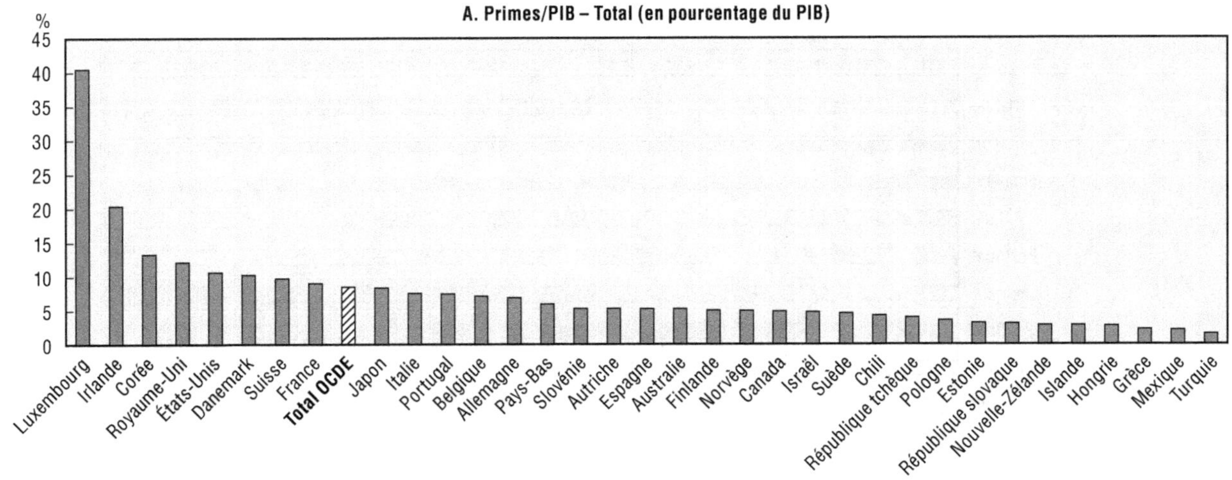

B. Primes/PIB – Vie(en pourcentage du PIB)

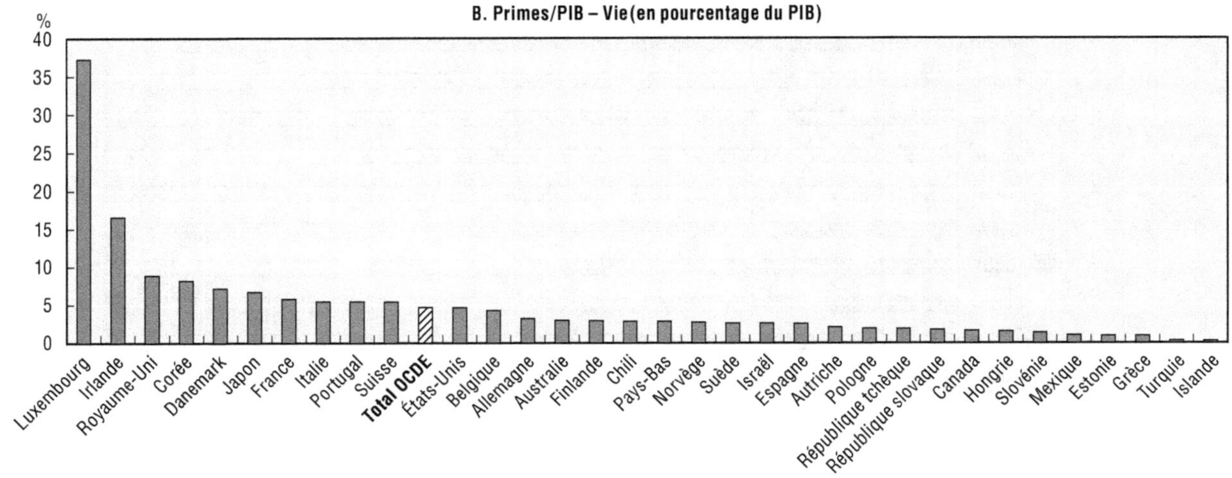

C. Primes/PIB – Non-vie (en pourcentage du PIB)

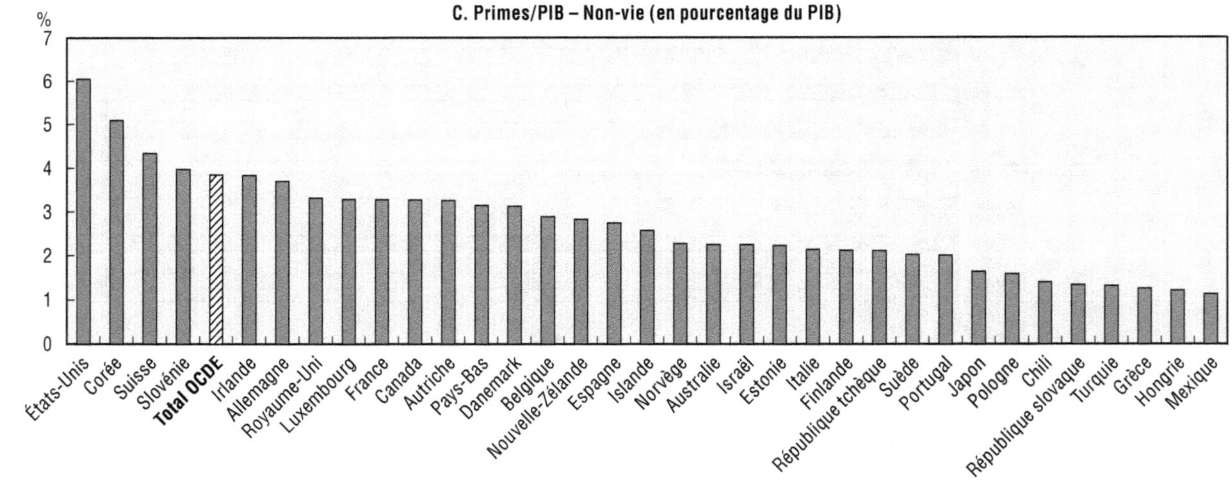

Note : Les données pour les primes brutes des compagnies d'assurance-vie nationales au Japon se rapportent à 2012. Les primes brutes des compagnies d'assurance-vie en Nouvelle-Zélande ne sont pas disponibles.

Graphique I.4. **Densité, 2013**

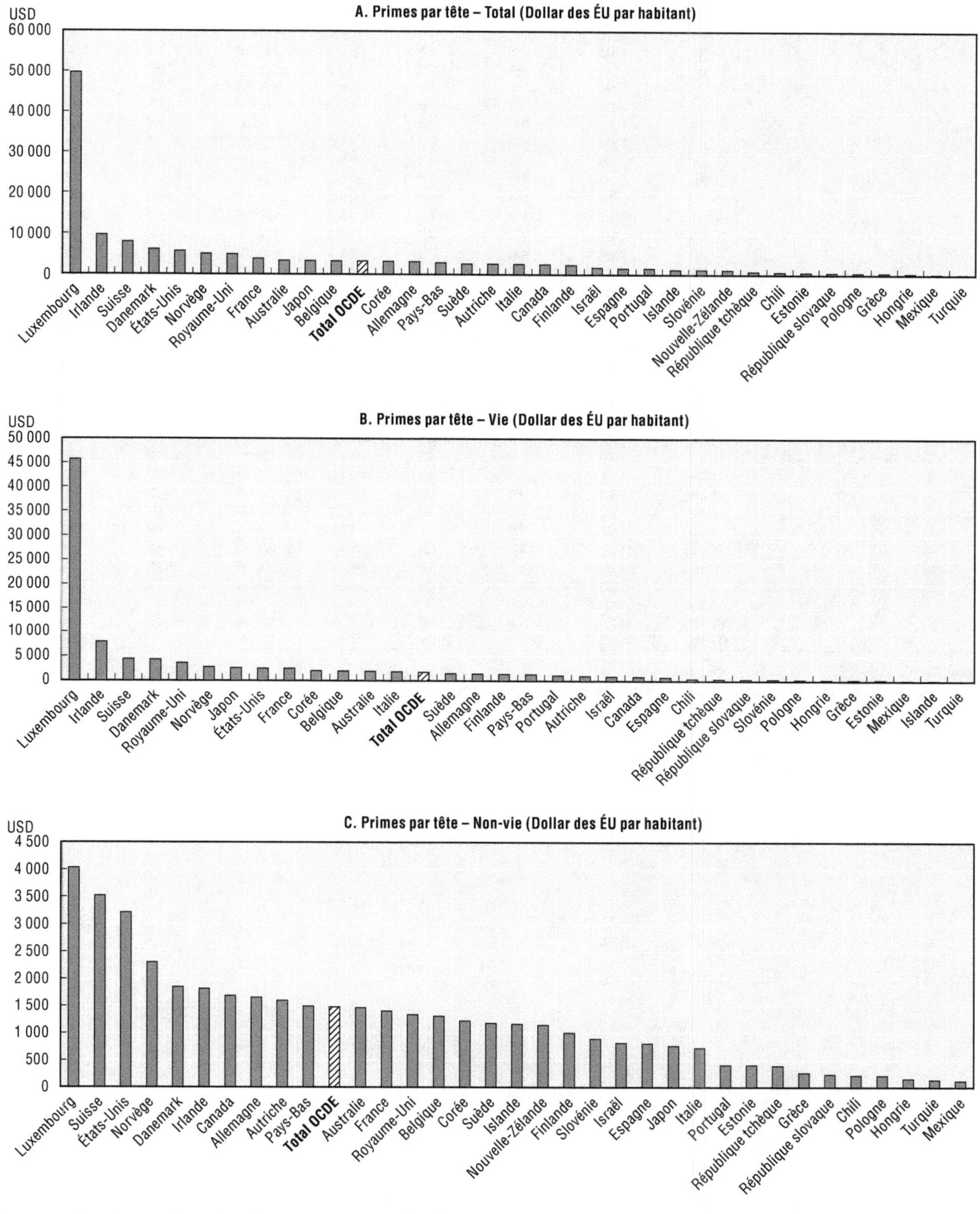

Note : Les données pour les primes brutes des compagnies d'assurance-vie nationales au Japon se rapportent à 2012. Les primes brutes des compagnies d'assurance-vie en Nouvelle-Zélande ne sont pas disponibles.

Tableau 1. Bilan et compte de résultat, assurance directe (Toutes compagnies d'assurance)
2013

Millions de dollars des États-Unis

	Paiements bruts des sinistres	Dépenses brutes d'exploitation	Commissions	Provision, dommages exceptionnels (changements)	Actifs totaux	Provisions techniques brutes	Provisions techniques brutes, unit-linked	Capitaux propres	Revenu net
Australie	68 067	13 746	3 657	..	324 290	58 517	..	37 960	6 454
Autriche	17 780	1 033	3 978	675	135 130	121 459	25 276	13 866	..
Belgique	34 966	3 347	3 834	424	373 028	319 021	36 089	18 979	1 845
Canada	39 073	19 195	9 258	2 299	1 386 841	598 368	..	104 909	11 164
Chili	9 310	1 834	968	1 033	55 340	46 153	3 148	6 149	592
République tchèque	5 144	1 365	331	116	24 082	17 896	4 186	4 155	538
Danemark	27 532	2 732	339	525	461 432	379 607	108 942	34 406	1 985
Estonie	397	49	120	23	1 943	1 343	610	537	27
Finlande	9 007	1 499	177	305	84 802	74 425	..	7 999	1 418
France	223 451	42 154	25 054	6 194	2 748 995	2 341 666	339 064	149 666	11 220
Allemagne	193 292	18 641	21 516	9 463	1 842 687	1 659 023	105 977	69 711	3 152
Grèce	3 375	494	755	93	20 830	16 080	2 749	2 994	557
Hongrie	2 632	996	435	1	10 918	9 129	4 589	1 067	123
Islande	268	92	1	9	1 410	682	43	685	75
Irlande	43 447	2 964	3 714	-352	291 335	295 180	186 083	15 770	1 694
Israël[1]	7 372	1 589	1 645	601	109 428	95 584	57 963	6 472	1 192
Italie	123 702	16 770	13 415	-1 245	884 321	732 170	120 265	88 133	6 944
Japon	346 101	44 975	..	21 681	3 329 370	2 900 013	..	94 218	14 697
Corée	69 806	35 000	..	292	726 416	624 997	79 910	66 999	4 162
Luxembourg	18 958	2 132	1 380	884	188 002	171 034	120 307	5 461	463
Mexique	12 794	1 672	4 503	4 501	70 923	54 676	..	10 370	1 793
Pays-Bas	47 153	7 559	4 960	194	627 955	451 571	..	75 349	4 086
Nouvelle-Zélande	4 791	6 768	826	..	28 259	..	..	6 231	798
Norvège	15 204	2 883	577	472	214 081	186 703	22 307	18 245	2 053
Pologne	11 644	4 405	270	727	55 641	42 091	16 536	11 159	2 834
Portugal	15 121	2 024	842	-155	72 973	63 164	20 193	6 400	889
République slovaque	1 658	848	423	-22	9 958	7 160	1 811	1 939	221
Slovénie	1 753	555	120	42	8 520	6 312	1 467	631	..
Espagne	57 573	11 116	5 995	-651	379 432	273 835	25 325	51 987	6 107
Suède	20 537	4 164	..	1 898	549 247	366 145	136 940	..	..
Suisse	52 278	5 542	5 080	1 439	543 365	366 241	..	46 976	7 924
Turquie	6 199	3 021	1 925	1 186	29 222	12 479	..	5 003	646
Royaume-Uni	343 558	24 221	24 659	-51	2 788 857	2 652 902	1 646 103	198 596	28 044
États-Unis	1 135 046	275 473	98 514	29 054	5 238 633	576 546	..	1 068 460	112 370

.. Non disponible

1. Informations sur les données concernant Israël : http://oe.cd/israel-disclaimer.

Tableau 2. Bilan et compte de résultat, assurance directe (Compagnies d'assurance-vie)

2013

Millions de dollars des États-Unis

	Paiements bruts des sinistres	Dépenses brutes d'exploitation	Commissions	Provision, dommages exceptionnels (changements)	Actifs totaux	Provisions techniques brutes	Provisions techniques brutes, unit-linked	Capitaux propres	Revenu net
Australie	43 657	6 451	2 910	..	234 363	..	..	16 539	2 152
Autriche	474	29	132	1	8 195	7 993	7 781	208	..
Belgique	701	77	73	13	12 552	10 853	982	448	36
Canada	-	22	-	-	3 103	-	..	337	3
Chili	7 500	1 109	502	997	48 989	42 373	3 148	4 814	445
République tchèque	408	119	1	-52	1 925	1 716	759	148	24
Danemark	19 780	882	58	75	432 688	363 991	108 942	25 254	774
Estonie	134	13	25	-2	1 206	1 062	610	128	8
Finlande	5 213	401	119	23	64 552	59 006	..	4 417	559
France	34 067	3 754	1 796	122	551 086	498 562	74 145	26 226	1 328
Allemagne	91 951	5 249	7 227	241	1 272 357	1 174 079	105 934	18 186	1 061
Grèce	1 423	105	143	3	8 369	7 177	1 949	902	60
Hongrie	626	146	67	-5	3 464	3 132	1 496	207	14
Islande	11	11	1	0	141	76	43	59	10
Irlande	37 784	1 971	2 505	251	246 804	248 521	186 083	5 938	836
Israël[1]	0	0	0	0	21	1	..	15	0
Italie	31 534	1 163	775	254	205 540	188 003	63 612	9 434	940
Japon	346 101	44 975	..	21 681	3 329 370	2 900 013	..	94 218	14 697
Corée	47 812	24 092	..	..	566 117	499 010	79 910	47 542	2 574
Luxembourg	17 345	1 322	767	4	174 363	161 364	120 307	3 364	294
Mexique	888	116	94	68	16 204	14 412	..	1 605	218
Pays-Bas	29 964	4 154	1 250	-5	534 401	413 319	..	49 966	1 108
Nouvelle-Zélande	1 069	1 764	353	..	10 231	..	..	3 241	405
Norvège	7 800	1 160	132	116	178 949	162 579	22 307	11 019	754
Pologne	7 305	1 945	29	29	33 762	27 797	16 536	4 251	892
Portugal	5 998	416	192	55	39 666	36 013	13 788	2 328	682
République slovaque	121	79	40	6	1 233	1 020	591	164	15
Slovénie	41	19	4	0	857	576	249	228	..
Espagne	18 780	1 285	792	160	184 436	138 173	14 836	15 934	1 807
Suède	9 927	1 860	..	51	461 214	319 780	136 940	..	..
Suisse	30 129	1 395	1 025	311	365 215	292 513	..	16 219	1 574
Turquie	1 236	1 055	384	65	17 843	3 275	..	1 762	243
Royaume-Uni	259 188	10 048	5 635	-182	2 108 753	2 099 444	1 562 124	72 548	8 470
États-Unis	335 840	64 028	48 327	38 126	3 710 998	15 887	..	393 905	46 303

.. Non disponible ; - Néant

1. Informations sur les données concernant Israël : http://oe.cd/israel-disclaimer.

Tableau 3. Bilan et compte de résultat, assurance directe (Compagnies d'assurance non-vie)

2013

Millions de dollars des États-Unis

	Paiements bruts des sinistres	Dépenses brutes d'exploitation	Commissions	Provision, dommages exceptionnels (changements)	Actifs totaux	Provisions techniques brutes	Provisions techniques brutes, unit-linked	Capitaux propres	Revenu net
Australie	24 410	7 295	746	..	89 927	58 517	..	21 421	4 302
Autriche	2 108	139	776	286	11 667	4 580	-	5 688	..
Belgique	2 552	503	513	133	14 130	8 445	..	2 814	113
Canada	27 672	5 847	4 257	2 032	99 102	93 234	..	26 394	1 366
Chili	1 810	725	466	37	6 351	3 780	-	1 335	147
République tchèque	327	128	27	46	1 996	1 074	..	780	-61
Danemark	7 752	1 850	281	450	28 743	15 616	..	9 153	1 211
Estonie	263	36	95	25	738	281	-	410	19
Finlande	3 794	1 098	57	283	20 251	15 418	..	3 582	859
France	60 236	21 199	11 455	4 986	299 186	191 971	-	62 505	4 438
Allemagne	101 341	13 392	14 290	9 222	570 330	484 944	43	51 525	2 092
Grèce	497	165	237	140	3 321	2 120	-	838	138
Hongrie	115	78	33	14	284	137	-	94	-12
Islande	257	81	1	9	1 270	606	..	626	64
Irlande	5 663	993	1 209	-603	44 531	46 659	-	9 832	858
Israël[1]	558	125	69	106	5 885	3 897	..	1 118	233
Italie	7 025	3 008	2 316	395	27 604	19 657	..	4 865	314
Japon	..	..	..	..	..	..	..	..	..
Corée	21 993	10 908	..	292	160 299	125 987	..	19 457	1 588
Luxembourg	1 613	811	614	880	13 639	9 671	-	2 097	169
Mexique	1 342	276	694	850	5 076	3 053	..	1 160	153
Pays-Bas	17 188	3 405	3 709	199	93 554	38 252	..	25 382	2 978
Nouvelle-Zélande	3 722	5 004	473	..	18 028	..	..	2 990	393
Norvège	7 404	1 723	446	356	35 132	24 124	..	7 226	1 299
Pologne	4 339	2 460	241	698	21 879	14 294	-	6 908	1 942
Portugal	1 919	658	262	-65	5 304	3 178	..	1 385	7
République slovaque	36	41	18	2	162	94	..	17	5
Slovénie	450	50	5	3	325	107	-	52	..
Espagne	12 563	4 044	2 119	-209	35 570	19 303	-	10 970	1 146
Suède	10 610	2 304	..	1 847	88 033	46 365	..	..	..
Suisse	22 149	4 148	4 055	1 128	178 150	73 729	..	30 757	6 350
Turquie	4 962	1 966	1 541	1 121	11 379	9 204	..	3 242	403
Royaume-Uni	50 568	11 081	17 737	285	280 356	178 733	..	79 086	8 532
États-Unis	799 206	211 445	50 187	-9 072	1 527 635	560 659	..	674 555	66 067

.. Non disponible ; - Néant

1. Informations sur les données concernant Israël : http://oe.cd/israel-disclaimer.

Tableau 4. Allocation de portefeuille, assurance directe (Toutes compagnies d'assurance)

2013

Millions de dollars des États-Unis

	Immeubles	Prêts hypothécaires	Actions	Obligations émises par les secteurs public et privé	Prêts autres que hypothécaires	Autres placements	Total
Australie	3 285	..	5 265	59 827	2 710	12 570	83 658
Autriche	4 647	897	26 355	85 632	4 816	12 783	135 130
Belgique	4 439	13 875	15 908	236 787	7 792	29 234	308 035
Canada	23 020	83 674	52 962	447 123	..	19 590	626 369
Chili	6 444	4 351	1 001	29 683	443	4 352	46 275
République tchèque	..	..	..	..	..	..	..
Danemark	2 681	123	165 817	131 378	3 471	23 543	327 012
Estonie	-	0	15	754	1	454	1 225
Finlande	3 133	525	15 341	27 465	..	32 732	79 196
France	87 197	2 787	520 018	1 770 234	17 839	47 158	2 445 233
Allemagne	31 616	92 423	103 454	685 792	334 998	527 169	1 775 453
Grèce	887	58	225	7 916	81	5 429	14 596
Hongrie	101	1	96	4 511	5	384	5 098
Islande	3	22	404	465	2	8	903
Irlande	1 147	6	3 677	45 572	2 649	13 885	66 936
Israël[1]	1 368	760	1 072	26 810	2 248	8 792	41 049
Italie	8 907	127	79 018	501 752	3 689	49 369	642 863
Japon	..	..	..	..	..	..	..
Corée	20 131	35 402	28 838	308 374	80 212	117 128	590 085
Luxembourg	59	1	1 690	28 071	59	25 206	55 086
Mexique	821	498	6 071	41 413	1 859	4 678	55 340
Pays-Bas	..	..	..	..	..	..	..
Nouvelle-Zélande	..	..	2 080	7 725	..	..	7 725
Norvège	19 571	1 932	25 290	115 028	8 255	7 215	177 291
Pologne	406	166	3 080	17 919	1 426	9 950	32 947
Portugal	1 084	11	1 207	35 358	9	9 499	47 168
République slovaque	193	-	105	5 845	28	550	6 721
Slovénie	227	2	461	4 093	108	724	5 616
Espagne	14 674	237	18 506	226 795	16 573	48 627	325 412
Suède	11 294	328	134 087	199 323	4 067	27 809	376 908
Suisse	45 404	33 960	10 755	240 911	16 720	90 427	438 177
Turquie	83	..	127	4 818	5	494	5 527
Royaume-Uni	51 826	39 011	220 836	680 115	21 421	318 075	1 331 284
États-Unis	35 332	361 111	464 518	3 541 512	127 452	446 823	4 976 749

.. Non disponible ; - Néant

1. Informations sur les données concernant Israël : http://oe.cd/israel-disclaimer.

Tableau 5. Allocation de portefeuille, assurance directe (Compagnies d'assurance-vie)

2013

Millions de dollars des États-Unis

	Immeubles	Prêts hypothécaires	Actions	Obligations émises par les secteurs public et privé	Prêts autres que hypothécaires	Autres placements	Total
Australie	3 071	..	4 369	20 716	626	442	29 225
Autriche	4	-	5 283	2 769	-	139	8 195
Belgique	131	1 032	1 299	6 683	190	1 141	10 477
Canada	-	-	-	1 344	..	0	1 345
Chili	6 372	4 347	993	28 483	443	3 268	43 905
République tchèque	..	..	..	..	..	..	..
Danemark	2 626	121	160 159	115 139	3 061	22 825	303 931
Estonie	-	-	14	305	1	253	574
Finlande	1 958	190	10 146	17 370	..	32 687	62 352
France	17 207	9	96 504	376 478	3 058	2 577	495 832
Allemagne	22 045	82 163	44 371	463 874	218 917	367 551	1 198 921
Grèce	102	10	63	3 684	64	1 607	5 530
Hongrie	2	1	15	1 490	0	133	1 640
Islande	-	-	19	45	-	2	66
Irlande	367	6	1 604	22 230	836	6 869	31 911
Israël[1]	-	-	-	14	-	2	16
Italie	463	2	4 796	107 096	166	7 024	119 547
Japon	59 233	13 298	221 219	2 257 908	348 518	374 286	3 274 462
Corée	14 203	20 982	23 252	256 328	63 175	81 625	459 564
Luxembourg	10	-	1 254	23 370	59	19 915	44 608
Mexique	18	4	5	13 386	155	2 065	15 633
Pays-Bas	..	..	..	..	..	..	..
Nouvelle-Zélande	..	..	2 014	3 567	..	..	3 567
Norvège	18 837	1 886	20 279	99 691	7 793	6 572	155 058
Pologne	110	159	582	9 507	632	4 175	15 166
Portugal	139	1	411	18 607	0	5 293	24 451
République slovaque	4	-	14	491	1	56	566
Slovénie	-	-	178	373	-	74	626
Espagne	2 041	169	5 545	123 079	15 209	17 747	163 791
Suède	8 552	307	112 197	159 195	3 598	20 508	304 356
Suisse	37 920	29 135	5 904	191 414	12 070	30 863	307 306
Turquie	16	..	75	2 299	5	75	2 470
Royaume-Uni	27 210	34 668	99 516	418 965	17 870	89 644	687 874
États-Unis	22 657	356 654	137 789	2 669 691	127 451	293 530	3 607 773

.. Non disponible ; - Néant

1. Informations sur les données concernant Israël : http://oe.cd/israel-disclaimer.

Tableau 6. Allocation de portefeuille, assurance directe (Compagnies d'assurance non-vie)
2013

Millions de dollars des États-Unis

	Immeubles	Prêts hypothécaires	Actions	Obligations émises par les secteurs public et privé	Prêts autres que hypothécaires	Autres placements	Total
Australie	214	..	895	39 111	2 084	12 128	54 433
Autriche	249	1	4 798	3 432	218	2 969	11 667
Belgique	167	170	840	6 164	26	1 570	8 938
Canada	10	670	11 067	70 426	..	2 974	85 146
Chili	73	4	8	1 200	-	1 084	2 370
République tchèque	..	..	..	..	..	..	..
Danemark	55	1	5 658	16 239	410	719	23 081
Estonie	-	0	1	449	-	201	652
Finlande	1 175	335	5 195	10 095	..	44	16 844
France	14 160	573	57 503	133 956	3 375	13 438	223 003
Allemagne	9 571	10 259	59 083	221 918	116 082	159 618	576 531
Grèce	243	1	27	908	-	1 211	2 390
Hongrie	0	-	-	160	0	21	181
Islande	3	22	386	420	2	6	838
Irlande	781	-	2 073	23 343	1 814	7 015	35 025
Israël[1]	40	2	65	2 776	124	2 243	5 250
Italie	1 364	3	1 259	14 131	33	1 500	18 290
Japon	..	..	..	..	..	..	..
Corée	5 929	14 420	5 586	52 046	17 037	35 503	130 521
Luxembourg	48	1	437	4 701	-	5 291	10 478
Mexique	95	5	167	1 869	22	114	2 271
Pays-Bas	..	..	..	..	..	..	..
Nouvelle-Zélande	..	..	66	4 157	..	..	4 157
Norvège	734	46	5 011	15 337	462	643	22 233
Pologne	296	7	2 498	8 412	794	5 775	17 781
Portugal	337	4	100	2 282	0	1 086	3 809
République slovaque	-	-	-	-	-	-	-
Slovénie	22	-	17	133	-	70	242
Espagne	2 369	49	2 870	12 155	416	6 026	23 884
Suède	2 742	21	21 890	40 128	469	7 302	72 552
Suisse	7 484	4 824	4 851	49 496	4 651	59 565	130 872
Turquie	68	..	52	2 519	-	418	3 058
Royaume-Uni	1 685	458	25 628	103 456	390	148 739	280 356
États-Unis	12 675	4 457	326 729	871 821	1	153 293	1 368 976

.. Non disponible ; - Néant

1. Informations sur les données concernant Israël : http://oe.cd/israel-disclaimer.

Tableau 7. Primes brutes totales (Vie et Non-vie)

Millions de dollars des États-Unis

	2006	2007	2008	2009	2010	2011	2012	2013
Australie	51 292	66 970	65 665	57 732	70 793	84 541	85 880	87 589
Autriche	21 265	23 745	26 282	..	..	..	..	25 072
Belgique	37 136	43 008	42 727	39 577	39 171	40 829	41 953	37 408
Canada	109 536	136 059	113 654	75 537	85 745	94 037	97 030	98 514
Chili	4 759	..	..	6 270	8 313	9 704	11 309	11 776
République tchèque	5 407	6 550	8 188	7 567	8 175	8 776	7 861	8 002
Danemark	23 684	28 462	32 499	..	..	33 919	32 759	..
Estonie	126	..	..	343	565	560	617	774
Finlande	7 807	8 284	9 069	9 470	11 615	10 122	9 356	13 055
France	292 548	312 761	277 795	300 988	297 036	288 779	258 748	275 620
Allemagne	264 314	280 219	301 494	246 798	240 818	255 441	302 864	333 555
Grèce	6 002	7 141	7 765	7 215	6 948	6 886	5 783	5 404
Hongrie	3 889	5 070	5 135	4 087	4 056	4 057	3 382	3 584
Islande	466	584	474	277	382	415	404	419
Irlande	45 833	63 192	86 810	46 661	45 269	44 545	45 605	45 293
Israël[1]	7 765	8 788	10 786	10 268	11 259	12 679	12 490	13 948
Italie	147 448	147 142	143 315	166 845	169 746	156 817	138 289	161 085
Japon	321 769	351 418	428 049	471 366	498 822	569 091	465 341	355 931
Corée	104 845	119 771	105 897	99 143	120 869	137 952	163 142	169 175
Luxembourg	14 692	15 322	15 857	23 064	27 438	19 156	25 178	24 693
Mexique	15 235	17 702	18 815	17 540	19 554	22 663	23 631	27 189
Pays-Bas	57 341	65 234	71 463	67 169	52 399	58 593	51 288	47 792
Nouvelle-Zélande	2 903	3 315	3 149	2 948	3 372	..	4 590	5 139
Norvège	16 236	19 796	24 152	9 287	20 569	23 794	25 760	25 529
Pologne	12 094	15 812	24 633	16 480	17 968	19 294	19 259	18 309
Portugal	16 199	18 711	22 471	19 728	21 046	15 626	13 564	16 995
République slovaque	1 808	2 324	2 991	2 887	2 813	2 995	2 773	2 958
Slovénie	..	2 249	2 847	3 021	2 885	3 036	2 817	2 806
Espagne	72 266	78 365	91 261	85 168	76 314	86 288	72 910	77 140
Suède	30 885	31 055	31 406	25 469	25 643	28 081	24 691	27 207
Suisse	41 919	45 505	57 018	57 299	61 650	71 549	70 228	74 255
Turquie	5 909	8 409	9 070	8 472	9 997	10 267	11 427	13 206
Royaume-Uni	525 950	644 595	453 208	342 922	324 997	339 541	369 681	340 342
États-Unis	1 710 090	1 993 593	2 039 112	2 029 504	2 035 562	2 154 851	2 279 817	2 289 921
Union européenne (15 pays)	1 563 370	1 767 237	1 613 422	1 381 076	1 338 438	1 384 623	1 392 671	1 430 660
ALENA	1 834 861	2 147 354	2 171 581	2 122 581	2 140 861	2 271 551	2 400 478	2 415 623
OCDE	**3 979 419**	**4 571 152**	**4 533 056**	**4 261 104**	**4 321 789**	**4 614 885**	**4 680 428**	**4 639 681**

.. Non disponible

1. Informations sur les données concernant Israël : http://oe.cd/israel-disclaimer.

Tableau 8. Primes brutes totales (Vie)

Millions de dollars des États-Unis

	2006	2007	2008	2009	2010	2011	2012	2013
Australie	29 570	41 487	39 020	32 297	40 318	47 949	46 069	48 122
Autriche	8 873	9 690	10 576	..	..	..	..	8 552
Belgique	26 044	30 361	28 492	25 650	25 465	25 802	27 151	21 639
Canada	43 857	62 569	38 537	26 883	30 489	32 018	31 146	32 379
Chili	2 921	..	..	4 081	5 487	6 070	7 407	7 830
République tchèque	2 091	2 668	3 332	3 162	3 761	4 075	3 688	3 659
Danemark	15 668	18 641	21 948	..	..	23 120	22 499	..
Estonie	126	..	..	..	229	223	209	227
Finlande	3 687	3 805	4 105	4 654	6 914	5 180	4 788	7 419
France	180 293	187 029	178 812	50 764	51 003	184 408	160 685	172 106
Allemagne	110 769	117 166	126 799	114 003	115 270	116 666	107 469	120 236
Grèce	2 879	3 459	3 657	3 316	3 005	3 009	2 498	2 237
Hongrie	1 961	2 783	2 695	2 057	2 157	2 214	1 792	1 952
Islande	41	47	35	26	29	30	29	33
Irlande	36 729	52 825	69 108	37 759	36 342	35 284	36 599	36 507
Israël[1]	3 645	4 243	5 395	5 039	5 805	6 689	6 612	7 378
Italie	96 418	91 048	84 771	115 097	121 812	105 206	91 896	115 093
Japon	238 635	270 364	340 530	376 882	399 986	458 999	465 341	355 931
Corée	69 605	79 383	67 581	61 514	72 003	79 384	96 241	100 255
Luxembourg	13 420	13 697	14 248	21 502	25 870	17 313	23 507	22 701
Mexique	6 791	7 711	8 384	7 719	9 019	10 134	10 916	12 525
Pays-Bas	32 197	36 566	38 996	34 142	26 774	30 140	24 402	22 485
Nouvelle-Zélande	..	..	..	..	..	..	..	..
Norvège	8 535	12 077	14 186	..	11 016	12 771	14 057	13 835
Pologne	6 802	9 222	16 176	9 708	10 424	10 752	11 187	9 893
Portugal	10 785	12 602	15 958	13 958	15 704	10 032	8 586	11 979
République slovaque	855	1 154	1 565	1 487	1 492	1 592	1 493	1 641
Slovénie	..	490	835	663	645	669	624	628
Espagne	31 907	31 946	40 190	40 563	36 291	40 510	33 835	34 381
Suède	17 158	15 451	14 665	12 933	12 519	13 932	13 323	14 192
Suisse	22 400	23 928	29 174	27 341	29 215	34 622	33 605	35 786
Turquie	968	1 024	1 214	1 439	1 748	1 884	1 762	2 071
Royaume-Uni	418 456	536 136	345 682	260 531	239 358	249 432	278 838	246 444
États-Unis	527 483	778 804	810 715	798 795	799 066	864 830	919 547	881 541
Union européenne (15 pays)	1 005 280	1 160 420	998 008	734 870	716 328	860 036	836 074	835 971
ALENA	578 132	849 084	857 636	833 397	838 574	906 982	961 609	926 445
OCDE	**1 971 569**	**2 458 373**	**2 377 382**	**2 093 963**	**2 139 217**	**2 434 940**	**2 487 800**	**2 351 656**

.. Non disponible

1. Informations sur les données concernant Israël : http://oe.cd/israel-disclaimer.

Tableau 9. Primes brutes totales (Non-vie)

Millions de dollars des États-Unis

	2006	2007	2008	2009	2010	2011	2012	2013
Australie	21 722	25 482	26 645	25 435	30 475	36 592	39 812	39 467
Autriche	12 392	14 055	15 705	..	..	..	..	16 520
Belgique	11 093	12 647	14 235	13 927	13 705	15 027	14 802	15 769
Canada	65 678	73 491	75 116	48 654	55 257	62 019	65 884	66 134
Chili	1 838	..	..	2 189	2 826	3 635	3 902	3 946
République tchèque	3 316	3 882	4 857	4 405	4 415	4 701	4 174	4 343
Danemark	8 016	9 822	10 551	..	..	10 799	10 260	10 442
Estonie	..	..	..	343	336	337	408	547
Finlande	4 119	4 479	4 964	4 816	4 701	4 942	4 568	5 635
France	112 255	125 732	98 983	95 777	94 470	104 371	98 063	103 514
Allemagne	153 545	163 053	174 695	132 795	125 548	138 775	195 395	213 319
Grèce	3 123	3 682	4 107	3 900	3 943	3 877	3 285	3 167
Hongrie	1 928	2 287	2 440	2 030	1 899	1 843	1 589	1 632
Islande	426	537	439	251	353	384	374	385
Irlande	9 104	10 367	17 702	8 902	8 927	9 260	9 006	8 785
Israël[1]	4 119	4 545	5 391	5 229	5 454	5 990	5 877	6 570
Italie	51 030	56 095	58 544	51 749	47 934	51 611	46 393	45 992
Japon	83 134	81 054	87 519	94 483	98 836	110 093	..	..
Corée	35 241	40 388	38 316	37 629	48 866	58 567	66 902	68 920
Luxembourg	1 272	1 626	1 610	1 562	1 568	1 843	1 672	1 992
Mexique	8 444	9 990	10 431	9 821	10 536	12 529	12 715	14 664
Pays-Bas	25 144	28 668	32 468	33 027	25 625	28 452	26 886	25 307
Nouvelle-Zélande	2 903	3 315	3 149	2 948	3 372	..	4 590	5 139
Norvège	7 701	7 719	9 966	9 287	9 553	11 023	11 702	11 694
Pologne	5 292	6 590	8 457	6 772	7 544	8 542	8 072	8 417
Portugal	5 414	6 109	6 512	5 770	5 342	5 594	4 979	5 016
République slovaque	953	1 170	1 426	1 401	1 321	1 403	1 280	1 317
Slovénie	..	1 759	2 012	2 358	2 240	2 367	2 193	2 178
Espagne	40 359	46 419	51 071	44 605	40 023	45 778	39 075	42 759
Suède	13 728	15 604	16 741	12 536	13 124	14 149	11 368	13 015
Suisse	19 519	21 578	27 844	29 958	32 434	36 927	36 623	38 468
Turquie	4 941	7 385	7 856	7 033	8 249	8 384	9 664	11 135
Royaume-Uni	107 494	108 459	107 526	82 392	85 639	90 109	90 843	93 898
États-Unis	1 182 607	1 214 789	1 228 397	1 230 709	1 236 495	1 290 021	1 360 270	1 408 380
Union européenne (15 pays)	558 089	606 817	615 413	491 759	470 548	524 587	556 597	605 131
ALENA	1 256 729	1 298 270	1 313 945	1 289 184	1 302 288	1 364 569	1 438 869	1 489 178
OCDE	**2 007 850**	**2 112 779**	**2 155 674**	**2 012 694**	**2 031 009**	**2 179 945**	**2 192 628**	**2 298 467**

.. Non disponible

1. Informations sur les données concernant Israël : http://oe.cd/israel-disclaimer.

Tableau 10. Part de marché dans l'OCDE (Vie et Non-vie)

Pourcentage

	2006	2007	2008	2009	2010	2011	2012	2013
Australie	1.3	1.5	1.4	1.4	1.6	1.8	1.8	1.8
Autriche	0.5	0.5	0.6	..	..	..	..	0.5
Belgique	0.9	0.9	0.9	0.9	0.9	0.9	0.9	0.8
Canada	2.8	3.0	2.5	1.8	2.0	2.0	2.1	2.0
Chili	0.1	..	..	0.1	0.2	0.2	0.2	0.2
République tchèque	0.1	0.1	0.2	0.2	0.2	0.2	0.2	0.2
Danemark	0.6	0.6	0.7	..	..	0.7	0.7	4.6
Estonie	0.0	..	..	0.0	0.0	0.0	0.0	0.0
Finlande	0.2	0.2	0.2	0.2	0.3	0.2	0.2	0.3
France	7.4	6.8	6.1	7.1	6.9	6.3	5.5	5.7
Allemagne	6.6	6.1	6.7	5.8	5.6	5.5	6.5	6.9
Grèce	0.2	0.2	0.2	0.2	0.2	0.1	0.1	0.1
Hongrie	0.1	0.1	0.1	0.1	0.1	0.1	0.1	0.1
Islande	0.0	0.0	0.0	0.0	0.0	0.0	0.0	0.0
Irlande	1.2	1.4	1.9	1.1	1.0	1.0	1.0	0.9
Israël[1]	0.2	0.2	0.2	0.2	0.3	0.3	0.3	0.3
Italie	3.7	3.2	3.2	3.9	3.9	3.4	3.0	3.3
Japon	8.1	7.7	9.4	11.1	11.5	12.3	9.9	7.3
Corée	2.6	2.6	2.3	2.3	2.8	3.0	3.5	3.5
Luxembourg	0.4	0.3	0.4	0.5	0.6	0.4	0.5	0.5
Mexique	0.4	0.4	0.4	0.4	0.5	0.5	0.5	0.6
Pays-Bas	1.4	1.4	1.6	1.6	1.2	1.3	1.1	1.0
Nouvelle-Zélande	0.1	0.1	0.1	0.1	0.1	..	0.1	0.1
Norvège	0.4	0.4	0.5	0.2	0.5	0.5	0.6	0.5
Pologne	0.3	0.3	0.5	0.4	0.4	0.4	0.4	0.4
Portugal	0.4	0.4	0.5	0.5	0.5	0.3	0.3	0.3
République slovaque	0.0	0.1	0.1	0.1	0.1	0.1	0.1	0.1
Slovénie	..	0.0	0.1	0.1	0.1	0.1	0.1	0.1
Espagne	1.8	1.7	2.0	2.0	1.8	1.9	1.6	1.6
Suède	0.8	0.7	0.7	0.6	0.6	0.6	0.5	0.6
Suisse	1.1	1.0	1.3	1.3	1.4	1.6	1.5	1.5
Turquie	0.1	0.2	0.2	0.2	0.2	0.2	0.2	0.3
Royaume-Uni	13.2	14.1	10.0	8.0	7.5	7.4	7.9	7.0
États-Unis	43.0	43.6	45.0	47.6	47.1	46.7	48.7	47.1
Union européenne (15 pays)	39.3	38.7	35.6	32.4	31.0	30.0	29.8	34.0
ALENA	46.1	47.0	47.9	49.8	49.5	49.2	51.3	49.6
OCDE	**100.0**	**100.0**	**100.0**	**100.0**	**100.0**	**100.0**	**100.0**	**100.0**

.. Non disponible

1. Informations sur les données concernant Israël : http://oe.cd/israel-disclaimer.

Tableau 11. Part de marché dans l'OCDE (Vie)

Pourcentage

	2006	2007	2008	2009	2010	2011	2012	2013
Australie	1.5	1.7	1.6	1.5	1.9	2.0	1.9	1.9
Autriche	0.5	0.4	0.4	..	..	..	..	0.3
Belgique	1.3	1.2	1.2	1.2	1.2	1.1	1.1	0.8
Canada	2.2	2.5	1.6	1.3	1.4	1.3	1.3	1.3
Chili	0.1	..	..	0.2	0.3	0.2	0.3	0.3
République tchèque	0.1	0.1	0.1	0.2	0.2	0.2	0.1	0.1
Danemark	0.8	0.8	0.9	..	..	1.0	0.9	8.4
Estonie	0.0	..	..	..	0.0	0.0	0.0	0.0
Finlande	0.2	0.2	0.2	0.2	0.3	0.2	0.2	0.3
France	9.1	7.6	7.5	2.4	2.4	7.6	6.5	6.7
Allemagne	5.6	4.8	5.3	5.4	5.4	4.8	4.3	4.7
Grèce	0.1	0.1	0.2	0.2	0.1	0.1	0.1	0.1
Hongrie	0.1	0.1	0.1	0.1	0.1	0.1	0.1	0.1
Islande	0.0	0.0	0.0	0.0	0.0	0.0	0.0	0.0
Irlande	1.9	2.1	2.9	1.8	1.7	1.4	1.5	1.4
Israël[1]	0.2	0.2	0.2	0.2	0.3	0.3	0.3	0.3
Italie	4.9	3.7	3.6	5.5	5.7	4.3	3.7	4.5
Japon	12.1	11.0	14.3	18.0	18.7	18.9	18.7	13.9
Corée	3.5	3.2	2.8	2.9	3.4	3.3	3.9	3.9
Luxembourg	0.7	0.6	0.6	1.0	1.2	0.7	0.9	0.9
Mexique	0.3	0.3	0.4	0.4	0.4	0.4	0.4	0.5
Pays-Bas	1.6	1.5	1.6	1.6	1.3	1.2	1.0	0.9
Nouvelle-Zélande	..	..	..	..	..	..	..	..
Norvège	0.4	0.5	0.6	..	0.5	0.5	0.6	0.5
Pologne	0.3	0.4	0.7	0.5	0.5	0.4	0.5	0.4
Portugal	0.5	0.5	0.7	0.7	0.7	0.4	0.3	0.5
République slovaque	0.0	0.0	0.1	0.1	0.1	0.1	0.1	0.1
Slovénie	..	0.0	0.0	0.0	0.0	0.0	0.0	0.0
Espagne	1.6	1.3	1.7	1.9	1.7	1.7	1.4	1.3
Suède	0.9	0.6	0.6	0.6	0.6	0.6	0.5	0.6
Suisse	1.1	1.0	1.2	1.3	1.4	1.4	1.4	1.4
Turquie	0.0	0.0	0.1	0.1	0.1	0.1	0.1	0.1
Royaume-Uni	21.2	21.8	14.5	12.4	11.2	10.2	11.2	9.6
États-Unis	26.8	31.7	34.1	38.1	37.4	35.5	37.0	34.3
Union européenne (15 pays)	51.0	47.2	42.0	35.1	33.5	35.3	33.6	41.0
ALENA	29.3	34.5	36.1	39.8	39.2	37.2	38.7	36.1
OCDE	**100.0**	**100.0**	**100.0**	**100.0**	**100.0**	**100.0**	**100.0**	**100.0**

.. Non disponible

1. Informations sur les données concernant Israël : http://oe.cd/israel-disclaimer.

Tableau 12. Part de marché dans l'OCDE (Non-vie)

Pourcentage

	2006	2007	2008	2009	2010	2011	2012	2013
Australie	1.1	1.2	1.2	1.3	1.5	1.7	1.8	1.7
Autriche	0.6	0.7	0.7	..	..	..	..	0.7
Belgique	0.6	0.6	0.7	0.7	0.7	0.7	0.7	0.7
Canada	3.3	3.5	3.5	2.4	2.7	2.8	3.0	2.9
Chili	0.1	..	..	0.1	0.1	0.2	0.2	0.2
République tchèque	0.2	0.2	0.2	0.2	0.2	0.2	0.2	0.2
Danemark	0.4	0.5	0.5	..	..	0.5	0.5	0.5
Estonie	..	..	..	0.0	0.0	0.0	0.0	0.0
Finlande	0.2	0.2	0.2	0.2	0.2	0.2	0.2	0.2
France	5.6	6.0	4.6	4.8	4.7	4.8	4.5	4.5
Allemagne	7.6	7.7	8.1	6.6	6.2	6.4	8.9	9.3
Grèce	0.2	0.2	0.2	0.2	0.2	0.2	0.2	0.1
Hongrie	0.1	0.1	0.1	0.1	0.1	0.1	0.1	0.1
Islande	0.0	0.0	0.0	0.0	0.0	0.0	0.0	0.0
Irlande	0.5	0.5	0.8	0.4	0.4	0.4	0.4	0.4
Israël[1]	0.2	0.2	0.3	0.3	0.3	0.3	0.3	0.3
Italie	2.5	2.7	2.7	2.6	2.4	2.4	2.1	2.0
Japon	4.1	3.8	4.1	4.7	4.9	5.1	..	..
Corée	1.8	1.9	1.8	1.9	2.4	2.7	3.1	3.0
Luxembourg	0.1	0.1	0.1	0.1	0.1	0.1	0.1	0.1
Mexique	0.4	0.5	0.5	0.5	0.5	0.6	0.6	0.6
Pays-Bas	1.3	1.4	1.5	1.6	1.3	1.3	1.2	1.1
Nouvelle-Zélande	0.1	0.2	0.1	0.1	0.2	..	0.2	0.2
Norvège	0.4	0.4	0.5	0.5	0.5	0.5	0.5	0.5
Pologne	0.3	0.3	0.4	0.3	0.4	0.4	0.4	0.4
Portugal	0.3	0.3	0.3	0.3	0.3	0.3	0.2	0.2
République slovaque	0.0	0.1	0.1	0.1	0.1	0.1	0.1	0.1
Slovénie	..	0.1	0.1	0.1	0.1	0.1	0.1	0.1
Espagne	2.0	2.2	2.4	2.2	2.0	2.1	1.8	1.9
Suède	0.7	0.7	0.8	0.6	0.6	0.6	0.5	0.6
Suisse	1.0	1.0	1.3	1.5	1.6	1.7	1.7	1.7
Turquie	0.2	0.4	0.4	0.3	0.4	0.4	0.4	0.5
Royaume-Uni	5.4	5.1	5.0	4.1	4.2	4.1	4.1	4.1
États-Unis	58.9	57.5	57.0	61.1	60.9	59.2	62.0	61.3
Union européenne (15 pays)	27.8	28.7	28.5	24.4	23.2	24.1	25.4	26.3
ALENA	62.6	61.4	61.0	64.1	64.1	62.6	65.6	64.8
OCDE	**100.0**	**100.0**	**100.0**	**100.0**	**100.0**	**100.0**	**100.0**	**100.0**

.. Non disponible

1. Informations sur les données concernant Israël : http://oe.cd/israel-disclaimer.

Tableau 13. Densité (Vie et Non-vie)

Dollars des États-Unis par habitant

	2006	2007	2008	2009	2010	2011	2012	2013
Australie	2 253	2 903	2 786	2 415	2 920	3 406	3 358	3 374
Autriche	2 166	2 376	2 831	2 723	2 638	2 741	2 493	2 604
Belgique	3 451	4 000	3 915	3 599	3 484	3 582	3 668	3 233
Canada	3 007	3 404	3 064	2 044	2 319	2 503	2 547	2 518
Chili	289	..	..	369	485	561	647	667
République tchèque	524	631	780	715	766	822	734	747
Danemark	4 277	5 179	5 893	..	..	6 072	5 812	6 101
Estonie	94	..	..	256	423	419	464	580
Finlande	1 451	1 531	1 670	1 739	2 134	1 844	1 696	2 364
France	4 567	4 742	4 266	4 409	4 300	4 171	3 638	3 870
Allemagne	2 453	2 705	2 913	..	..	..	2 838	3 094
Grèce	531	628	681	..	616	609	511	465
Hongrie	385	502	509	406	403	404	337	358
Islande	1 541	1 849	1 435	860	1 190	1 276	1 233	1 270
Irlande	10 705	14 214	11 592	10 183	9 820	9 586	9 747	9 681
Israël[1]	1 099	1 224	1 476	1 372	1 477	1 633	1 579	1 731
Italie	2 376	2 389	2 331	2 713	2 748	2 522	2 212	2 571
Japon	2 414	2 587	3 171	3 503	3 732	4 259	3 287	2 590
Corée	2 080	2 363	2 062	1 873	2 298	2 623	3 104	3 195
Luxembourg	31 013	31 920	32 427	46 287	53 747	36 261	46 804	49 691
Mexique	138	159	166	153	168	192	198	226
Pays-Bas	3 502	3 941	4 285	3 776	2 930	3 484	3 020	2 824
Nouvelle-Zélande	683	769	720	668	760	..	1 022	1 142
Norvège	3 479	4 197	5 059	4 396	4 207	4 805	5 133	5 025
Pologne	313	410	640	427	462	496	495	475
Portugal	1 519	1 733	2 074	1 814	1 936	1 425	1 238	1 530
République slovaque	336	432	555	533	519	550	508	541
Slovénie	..	1 290	1 460	1 303	1 238	1 301	1 201	1 194
Espagne	1 512	1 662	1 903	1 819	1 623	1 757	1 539	1 547
Suède	3 198	3 182	3 168	2 514	2 537	2 793	2 388	2 654
Suisse	5 261	5 558	6 986	6 374	6 720	7 934	7 636	7 918
Turquie	79	120	..	..	131	134	148	169
Royaume-Uni	8 326	10 170	7 107	5 313	4 996	4 939	5 332	4 910
États-Unis	4 769	5 193	5 261	5 231	5 235	5 500	5 757	5 690
Union européenne (15 pays)	3 713	4 199	3 732	3 694	3 443	3 429	3 187	3 265
ALENA	3 496	3 815	3 834	3 730	3 753	3 946	4 120	4 075
OCDE	**2 942**	**3 318**	**3 441**	**3 311**	**3 114**	**3 294**	**3 200**	**3 147**

.. Non disponible

1. Informations sur les données concernant Israël : http://oe.cd/israel-disclaimer.

Tableau 14. Densité (Vie)

Dollars des États-Unis par habitant

	2006	2007	2008	2009	2010	2011	2012	2013
Australie	1 379	1 916	1 757	1 407	1 724	2 009	1 872	1 911
Autriche	971	1 024	1 275	1 219	1 178	1 144	981	1 007
Belgique	2 438	2 857	2 655	2 371	2 321	2 324	2 435	1 926
Canada	1 235	1 457	1 070	764	832	852	815	828
Chili	178	..	..	241	321	352	425	446
République tchèque	204	258	319	301	358	388	351	348
Danemark	2 879	3 411	3 992	..	..	4 149	3 998	4 251
Estonie	94	..	..	..	172	167	157	170
Finlande	700	719	773	871	1 288	960	883	1 362
France	2 964	3 071	2 870	720	713	2 752	2 300	2 471
Allemagne	1 128	1 240	1 340	..	..	..	1 302	1 437
Grèce	258	309	326	..	269	267	225	196
Hongrie	195	277	268	205	216	222	181	197
Islande	142	154	109	83	90	95	92	103
Irlande	8 526	11 879	9 222	8 259	7 907	7 646	7 888	7 863
Israël[1]	517	591	738	673	761	861	836	916
Italie	1 556	1 483	1 371	1 871	1 972	1 693	1 469	1 845
Japon	1 868	2 054	2 580	2 859	3 066	3 521	3 287	2 590
Corée	1 439	1 633	1 381	1 203	1 418	1 572	1 903	1 974
Luxembourg	28 326	28 534	29 155	43 159	50 663	32 777	43 697	45 656
Mexique	62	70	75	68	78	87	93	105
Pays-Bas	1 970	2 226	2 366	1 835	1 431	1 804	1 456	1 333
Nouvelle-Zélande	..	..	..	..	..	..	..	..
Norvège	1 831	2 565	2 975	2 478	2 253	2 579	2 801	2 723
Pologne	178	241	424	254	270	279	290	260
Portugal	1 025	1 195	1 511	1 320	1 483	950	816	1 117
République slovaque	159	215	291	276	277	295	276	303
Slovénie	..	415	464	325	315	326	303	301
Espagne	669	712	882	882	787	868	732	737
Suède	1 883	1 680	1 587	1 387	1 331	1 472	1 368	1 474
Suisse	2 994	3 205	3 864	3 499	3 696	4 353	4 177	4 396
Turquie	9	15	..	..	24	25	23	27
Royaume-Uni	6 853	8 625	5 640	4 141	3 770	3 671	4 066	3 573
États-Unis	2 011	2 358	2 430	2 386	2 367	2 521	2 644	2 474
Union européenne (15 pays)	2 504	2 884	2 411	2 054	1 915	2 279	2 015	2 043
ALENA	1 472	1 726	1 745	1 688	1 681	1 786	1 866	1 753
OCDE	**1 670**	**1 957**	**1 981**	**1 791**	**1 682**	**1 900**	**1 848**	**1 748**

.. Non disponible

1. Informations sur les données concernant Israël : http://oe.cd/israel-disclaimer.

Tableau 15. Densité (Non-vie)

Dollars des États-Unis par habitant

	2006	2007	2008	2009	2010	2011	2012	2013
Australie	874	987	1 029	1 008	1 196	1 396	1 486	1 463
Autriche	1 195	1 352	1 556	1 504	1 460	1 598	1 511	1 596
Belgique	1 013	1 142	1 260	1 227	1 163	1 258	1 234	1 307
Canada	1 771	1 947	1 994	1 280	1 487	1 652	1 732	1 690
Chili	111	..	..	128	164	209	221	221
République tchèque	321	373	461	414	409	434	383	399
Danemark	1 398	1 768	1 900	..	..	1 923	1 814	1 850
Estonie	..	..	..	256	251	252	307	410
Finlande	751	811	897	869	846	883	813	1 002
France	1 604	1 671	1 396	1 337	1 304	1 419	1 338	1 399
Allemagne	1 325	1 465	1 573	..	..	..	1 536	1 658
Grèce	273	319	355	..	347	341	286	268
Hongrie	190	225	240	200	188	182	157	160
Islande	1 399	1 695	1 326	777	1 100	1 181	1 141	1 166
Irlande	2 179	2 335	2 370	1 924	1 913	1 940	1 859	1 817
Israël[1]	583	633	738	699	715	771	743	815
Italie	819	905	960	842	775	829	743	726
Japon	547	532	590	643	666	738	..	..
Corée	641	729	681	670	880	1 050	1 201	1 220
Luxembourg	2 687	3 387	3 272	3 128	3 084	3 484	3 107	4 035
Mexique	76	89	91	85	90	105	105	121
Pays-Bas	1 532	1 715	1 919	1 941	1 499	1 679	1 564	1 491
Nouvelle-Zélande	683	769	720	668	760	..	1 022	1 142
Norvège	1 647	1 633	2 084	1 919	1 954	2 226	2 332	2 302
Pologne	136	169	216	173	192	217	205	216
Portugal	494	538	562	495	453	475	421	413
République slovaque	177	218	264	257	242	255	232	238
Slovénie	..	875	995	978	923	976	898	892
Espagne	843	950	1 021	937	836	889	806	809
Suède	1 315	1 503	1 582	1 127	1 206	1 320	1 020	1 180
Suisse	2 267	2 353	3 122	2 875	3 025	3 581	3 458	3 522
Turquie	69	105	..	..	108	109	125	142
Royaume-Uni	1 473	1 545	1 467	1 172	1 225	1 268	1 266	1 338
États-Unis	2 759	2 834	2 832	2 845	2 868	2 979	3 114	3 216
Union européenne (15 pays)	1 209	1 316	1 322	1 141	1 062	1 150	1 172	1 221
ALENA	2 024	2 089	2 090	2 042	2 072	2 160	2 254	2 321
OCDE	**1 272**	**1 361**	**1 460**	**1 381**	**1 307**	**1 394**	**1 352**	**1 399**

.. Non disponible

1. Informations sur les données concernant Israël : http://oe.cd/israel-disclaimer.

Tableau 16. Pénétration (Vie et Non-vie)

Pourcentage

	2006	2007	2008	2009	2010	2011	2012	2013
Australie	5.9	6.4	5.7	5.3	5.2	5.1	4.9	5.2
Autriche	5.5	5.3	5.7	5.9	5.8	5.5	5.3	5.3
Belgique	9.1	9.2	8.3	8.2	8.1	7.7	8.5	7.1
Canada	7.5	7.7	6.6	5.0	4.9	4.9	4.9	4.9
Chili	3.1	..	..	3.6	3.8	3.9	4.2	4.2
République tchèque	3.6	3.6	3.6	3.8	4.1	4.0	3.9	4.0
Danemark	8.5	9.1	9.4	..	..	10.1	10.3	10.3
Estonie	0.8	..	..	1.8	3.0	2.5	2.8	3.2
Finlande	3.7	3.3	3.3	3.9	4.8	3.8	3.7	5.0
France	12.5	11.4	9.4	10.5	10.5	9.5	8.8	9.1
Allemagne	7.0	6.7	6.6	..	..	..	6.8	6.9
Grèce	2.3	2.3	2.2	..	2.3	2.3	2.3	2.2
Hongrie	3.4	3.7	3.3	3.2	3.2	2.9	2.7	2.7
Islande	2.8	2.8	2.7	2.3	3.0	2.9	2.9	2.8
Irlande	20.3	24.0	19.7	20.5	21.4	19.4	21.2	20.4
Israël[1]	5.1	5.0	5.1	5.0	4.8	4.9	4.8	4.8
Italie	7.5	6.7	6.1	7.7	8.1	7.0	6.7	7.6
Japon	7.1	7.6	8.4	8.9	8.7	9.2	7.1	6.7
Corée	10.6	10.9	10.8	11.0	11.2	11.7	13.7	13.3
Luxembourg	34.4	29.8	29.0	46.6	52.3	32.4	45.0	40.5
Mexique	1.6	1.7	1.7	1.9	1.8	1.9	2.0	2.1
Pays-Bas	8.4	8.2	8.1	7.8	6.3	7.0	6.6	5.9
Nouvelle-Zélande	2.6	2.5	2.4	2.5	2.3	..	2.7	2.8
Norvège	4.8	5.0	5.3	5.6	4.9	4.8	5.1	5.0
Pologne	3.5	3.7	4.6	3.8	3.8	3.7	3.9	3.5
Portugal	7.9	7.9	8.7	8.2	8.9	6.3	6.1	7.5
République slovaque	2.6	2.8	3.1	3.3	3.2	3.1	3.0	3.1
Slovénie	..	5.5	5.4	5.4	5.4	5.3	5.4	5.3
Espagne	5.4	5.2	5.5	5.7	5.4	5.6	5.4	5.2
Suède	7.3	6.3	6.0	5.8	5.1	4.9	4.3	4.6
Suisse	9.7	9.3	10.2	9.7	9.6	9.5	9.6	9.8
Turquie	1.1	1.3	..	..	1.3	1.3	1.4	1.6
Royaume-Uni	20.0	21.4	16.1	14.6	13.4	12.7	13.8	12.2
États-Unis	10.3	10.8	10.9	11.1	10.8	11.0	11.1	10.7
Union européenne (15 pays)	10.5	10.4	8.7	9.7	9.3	8.6	8.3	8.2
ALENA	9.5	10.0	9.9	10.1	9.7	9.9	10.0	9.6
OCDE	**9.2**	**9.4**	**9.0**	**9.4**	**8.9**	**8.9**	**8.6**	**8.4**

.. Non disponible

1. Informations sur les données concernant Israël : http://oe.cd/israel-disclaimer.

Tableau 17. Pénétration (Vie)

Pourcentage

	2006	2007	2008	2009	2010	2011	2012	2013
Australie	3.6	4.2	3.6	3.1	3.0	3.0	2.7	3.0
Autriche	2.5	2.3	2.6	2.6	2.6	2.3	2.1	2.1
Belgique	6.4	6.6	5.6	5.4	5.4	5.0	5.6	4.2
Canada	3.1	3.3	2.3	1.9	1.8	1.7	1.6	1.6
Chili	1.9	..	..	2.4	2.5	2.4	2.8	2.8
République tchèque	1.4	1.5	1.5	1.6	1.9	1.9	1.9	1.8
Danemark	5.7	6.0	6.4	..	..	6.9	7.1	7.2
Estonie	0.8	..	..	..	1.2	1.0	0.9	0.9
Finlande	1.8	1.5	1.5	1.9	2.9	2.0	1.9	2.9
France	8.1	7.4	6.3	1.7	1.7	6.3	5.6	5.8
Allemagne	3.2	3.1	3.0	..	..	..	3.1	3.2
Grèce	1.1	1.1	1.1	..	1.0	1.0	1.0	0.9
Hongrie	1.7	2.0	1.8	1.6	1.7	1.6	1.4	1.5
Islande	0.3	0.2	0.2	0.2	0.2	0.2	0.2	0.2
Irlande	16.2	20.0	15.7	16.6	17.2	15.5	17.2	16.6
Israël[1]	2.4	2.4	2.5	2.4	2.5	2.6	2.6	2.5
Italie	4.9	4.1	3.6	5.3	5.8	4.7	4.4	5.4
Japon	5.5	6.0	6.8	7.2	7.1	7.6	7.1	6.7
Corée	7.3	7.6	7.2	7.1	6.9	7.0	8.4	8.2
Luxembourg	31.5	26.7	26.1	43.5	49.3	29.3	42.1	37.2
Mexique	0.7	0.7	0.8	0.9	0.9	0.9	0.9	1.0
Pays-Bas	4.7	4.7	4.5	3.8	3.1	3.6	3.2	2.8
Nouvelle-Zélande	..	..	..	..	..	..	..	..
Norvège	2.5	3.1	3.1	3.2	2.6	2.6	2.8	2.7
Pologne	2.0	2.2	3.1	2.2	2.2	2.1	2.3	1.9
Portugal	5.3	5.4	6.3	6.0	6.8	4.2	4.0	5.4
République slovaque	1.2	1.4	1.6	1.7	1.7	1.7	1.6	1.7
Slovénie	..	1.8	1.7	1.3	1.4	1.3	1.4	1.3
Espagne	2.4	2.2	2.5	2.8	2.6	2.8	2.6	2.5
Suède	4.3	3.3	3.0	3.2	2.7	2.6	2.5	2.5
Suisse	5.5	5.4	5.6	5.3	5.3	5.2	5.3	5.4
Turquie	0.1	0.2	..	..	0.2	0.2	0.2	0.2
Royaume-Uni	16.5	18.2	12.7	11.4	10.1	9.4	10.5	8.9
États-Unis	4.3	4.9	5.0	5.1	4.9	5.1	5.1	4.7
Union européenne (15 pays)	7.1	7.1	5.6	5.4	5.2	5.7	5.3	5.1
ALENA	4.0	4.5	4.5	4.6	4.4	4.5	4.5	4.1
OCDE	**5.2**	**5.6**	**5.2**	**5.1**	**4.8**	**5.1**	**5.0**	**4.7**

.. Non disponible

1. Informations sur les données concernant Israël : http://oe.cd/israel-disclaimer.

Tableau 18. Pénétration (Non-vie)

Pourcentage

	2006	2007	2008	2009	2010	2011	2012	2013
Australie	2.3	2.2	2.1	2.2	2.1	2.1	2.2	2.3
Autriche	3.0	3.0	3.1	3.3	3.2	3.2	3.2	3.3
Belgique	2.7	2.6	2.7	2.8	2.7	2.7	2.8	2.9
Canada	4.4	4.4	4.3	3.1	3.1	3.2	3.3	3.3
Chili	1.2	..	..	1.3	1.3	1.4	1.4	1.4
République tchèque	2.2	2.1	2.1	2.2	2.2	2.1	2.0	2.1
Danemark	2.8	3.1	3.0	..	..	3.2	3.2	3.1
Estonie	..	..	..	1.8	1.8	1.5	1.8	2.2
Finlande	1.9	1.7	1.8	1.9	1.9	1.8	1.8	2.1
France	4.4	4.0	3.1	3.2	3.2	3.2	3.3	3.3
Allemagne	3.8	3.6	3.6	..	..	..	3.7	3.7
Grèce	1.2	1.2	1.2	..	1.3	1.3	1.3	1.3
Hongrie	1.7	1.7	1.6	1.6	1.5	1.3	1.2	1.2
Islande	2.5	2.6	2.5	2.0	2.8	2.7	2.7	2.6
Irlande	4.1	3.9	4.0	3.9	4.2	3.9	4.0	3.8
Israël[1]	2.7	2.6	2.5	2.5	2.3	2.3	2.3	2.3
Italie	2.6	2.5	2.5	2.4	2.3	2.3	2.2	2.1
Japon	1.6	1.6	1.6	1.6	1.6	1.6	..	..
Corée	3.3	3.4	3.6	3.9	4.3	4.7	5.3	5.1
Luxembourg	3.0	3.2	2.9	3.2	3.0	3.1	3.0	3.3
Mexique	0.9	0.9	0.9	1.1	1.0	1.0	1.0	1.1
Pays-Bas	3.7	3.6	3.6	4.0	3.2	3.4	3.4	3.1
Nouvelle-Zélande	2.6	2.5	2.4	2.5	2.3	..	2.7	2.8
Norvège	2.3	2.0	2.2	2.4	2.3	2.2	2.3	2.3
Pologne	1.5	1.5	1.6	1.5	1.6	1.6	1.6	1.6
Portugal	2.6	2.4	2.4	2.2	2.1	2.1	2.1	2.0
République slovaque	1.4	1.4	1.5	1.6	1.5	1.4	1.4	1.3
Slovénie	..	3.7	3.7	4.1	4.0	4.0	4.1	4.0
Espagne	3.0	3.0	2.9	3.0	2.8	2.8	2.8	2.7
Suède	3.0	3.0	3.0	2.6	2.4	2.3	1.9	2.0
Suisse	4.2	3.9	4.6	4.4	4.3	4.3	4.4	4.3
Turquie	0.9	1.1	..	..	1.1	1.0	1.2	1.3
Royaume-Uni	3.5	3.3	3.3	3.2	3.3	3.3	3.3	3.3
États-Unis	5.9	5.9	5.9	6.1	5.9	6.0	6.0	6.1
Union européenne (15 pays)	3.4	3.2	3.1	3.0	2.9	2.9	3.1	3.1
ALENA	5.5	5.5	5.4	5.5	5.4	5.4	5.5	5.5
OCDE	**4.0**	**3.9**	**3.8**	**3.9**	**3.7**	**3.7**	**4.1**	**4.2**

.. Non disponible

1. Informations sur les données concernant Israël : http://oe.cd/israel-disclaimer.

Tableau 19. Part de l'assurance-vie
Pourcentage de l'assurance total

Pourcentage

	2006	2007	2008	2009	2010	2011	2012	2013
Australie	57.7	61.9	59.4	55.9	57.0	56.7	53.6	54.9
Autriche	41.7	40.8	40.2	..	..	..	..	34.1
Belgique	70.1	70.6	66.7	64.8	65.0	63.2	64.7	57.8
Canada	40.0	46.0	33.9	35.6	35.6	34.0	32.1	32.9
Chili	61.4	..	..	65.1	66.0	62.5	65.5	66.5
République tchèque	38.7	40.7	40.7	41.8	46.0	46.4	46.9	45.7
Danemark	66.2	65.5	67.5	..	..	68.2	68.7	95.4
Estonie	100.0	..	..	..	40.6	39.8	33.9	29.3
Finlande	47.2	45.9	45.3	49.1	59.5	51.2	51.2	56.8
France	61.6	59.8	64.4	16.9	17.2	63.9	62.1	62.4
Allemagne	41.9	41.8	42.1	46.2	47.9	45.7	35.5	36.0
Grèce	48.0	48.4	47.1	46.0	43.3	43.7	43.2	41.4
Hongrie	50.4	54.9	52.5	50.3	53.2	54.6	53.0	54.5
Islande	8.7	8.0	7.3	9.5	7.5	7.3	7.3	7.9
Irlande	80.1	83.6	79.6	80.9	80.3	79.2	80.3	80.6
Israël[1]	46.9	48.3	50.0	49.1	51.6	52.8	52.9	52.9
Italie	65.4	61.9	59.2	69.0	71.8	67.1	66.5	71.4
Japon	74.2	76.9	79.6	80.0	80.2	80.7	100.0	100.0
Corée	66.4	66.3	63.8	62.0	59.6	57.5	59.0	59.3
Luxembourg	91.3	89.4	89.8	93.2	94.3	90.4	93.4	91.9
Mexique	44.6	43.6	44.6	44.0	46.1	44.7	46.2	46.1
Pays-Bas	56.1	56.1	54.6	50.8	51.1	51.4	47.6	47.0
Nouvelle-Zélande	..	..	..	..	..	..	..	..
Norvège	52.6	61.0	58.7	..	53.6	53.7	54.6	54.2
Pologne	56.2	58.3	65.7	58.9	58.0	55.7	58.1	54.0
Portugal	66.6	67.4	71.0	70.8	74.6	64.2	63.3	70.5
République slovaque	47.3	49.6	52.3	51.5	53.0	53.2	53.9	55.5
Slovénie	..	21.8	29.3	21.9	22.4	22.0	22.1	22.4
Espagne	44.2	40.8	44.0	47.6	47.6	46.9	46.4	44.6
Suède	55.6	49.8	46.7	50.8	48.8	49.6	54.0	52.2
Suisse	53.4	52.6	51.2	47.7	47.4	48.4	47.9	48.2
Turquie	16.4	12.2	13.4	17.0	17.5	18.3	15.4	15.7
Royaume-Uni	79.6	83.2	76.3	76.0	73.6	73.5	75.4	72.4
États-Unis	30.8	39.1	39.8	39.4	39.3	40.1	40.3	38.5
Union européenne (15 pays)	64.3	65.7	61.9	53.2	53.5	62.1	60.0	63.5
ALENA	31.5	39.5	39.5	39.3	39.2	39.9	40.1	38.4
OCDE	**49.5**	**53.8**	**52.4**	**49.1**	**49.5**	**52.8**	**53.2**	**52.8**

.. Non disponible

1. Informations sur les données concernant Israël : http://oe.cd/israel-disclaimer.

Tableau 20. Total des primes brutes directes par employé d'entreprise d'assurances

Dollars des États-Unis

	2006	2007	2008	2009	2010	2011	2012	2013
Australie	..	..	..	..	..	..	..	..
Autriche	..	..	..	814 199	794 662	830 988	765 708	794 993
Belgique	733 676	885 256	885 970	873 436	907 897	..	..	..
Canada	423 826	473 329	419 238	..	..	..	..	..
Chili	263 560	..	..	316 624	406 784	448 418	486 680	493 630
République tchèque	83 475	79 430	86 817	67 234	..	..	..	..
Danemark	..	..	..	..	..	2 097 069	2 053 207	2 214 547
Estonie	..	..	..	197 413	..	208 829	224 328	200 130
Finlande	845 937	1 041 754	924 484	962 433	1 198 107	1 028 190	950 023	1 363 093
France	..	..	..	..	..	..	..	..
Allemagne	1 065 915	1 287 946	1 512 296	..	..	..	1 509 519	1 607 029
Grèce	..	252 821	276 440	..	..	..	..	..
Hongrie	123 792	175 687	171 032	..	146 057	151 835	143 777	157 505
Islande	..	..	..	445 044	613 283	624 066	..	665 945
Irlande	..	..	..	..	..	4 522 831	5 147 910	5 003 303
Israël[1]	331 282	773 724	446 028	..	..	..	..	..
Italie	1 077 312	570 411	543 979	622 230	632 731	572 601	516 513	588 328
Japon	..	..	..	..	..	..	..	..
Corée	320 610	360 691	295 584	326 959	347 558	388 025	442 799	466 446
Luxembourg	1 290 420	1 342 798	1 279 512	1 743 798	1 972 266	1 408 767	1 776 918	1 555 704
Mexique	357 665	401 153	406 068	365 006	397 544	447 292	457 929	436 600
Pays-Bas	..	..	..	..	..	..	..	..
Nouvelle-Zélande	..	347 312	330 249	302 172	343 870	..	425 805	473 709
Norvège	..	3 696 517	..	..	2 108 984	..	..	..
Pologne	119 153	154 986	258 754	166 916	181 134	181 385	198 413	169 358
Portugal	326 441	491 879	562 170	512 162	561 282	414 199	389 299	490 740
République slovaque	56 528	78 669	..	376 302	389 853	417 733	378 609	..
Slovénie	..	237 935	266 836	212 038	..	..	..	..
Espagne	1 283 748	1 458 587	1 660 309	1 630 394	1 462 205	..	..	424 500
Suède	1 316 382	1 327 570	1 298 181	1 065 378	1 131 907	1 265 736	1 074 292	1 211 046
Suisse	742 648	..	..	1 200 167	..	..	..	..
Turquie	..	..	..	..	302 765	370 400	323 521	379 162
Royaume-Uni	..	..	..	..	..	..	..	..
États-Unis	..	..	..	..	..	..	..	..
Union européenne (15 pays)	999 989	892 555	945 017	818 410	827 058	807 902	981 891	911 878
ALENA	413 660	462 147	417 163	365 006	397 544	447 292	457 929	436 600
OCDE	**563 334**	**577 052**	**570 939**	**528 516**	**558 718**	**535 186**	**670 017**	**675 698**

.. Non disponible

1. Informations sur les données concernant Israël : http://oe.cd/israel-disclaimer.

Tableau 21. Taux de rétention (Vie et Non-vie)

Pourcentage

	2006	2007	2008	2009	2010	2011	2012	2013
Australie	86.2	86.8	85.7	85.7	85.2	84.5	84.1	84.5
Autriche	78.6	77.9	82.0	..	..	..	..	81.3
Belgique	95.6	95.5	..	94.2	94.0	95.1	92.6	91.4
Canada	85.5	78.7	84.9	78.4	78.9	75.2	73.3	73.1
Chili	83.5	..	..	81.6	..	80.6	83.1	84.4
République tchèque	79.6	82.5	82.2	83.2	82.4	81.5	81.3	80.6
Danemark	65.9	97.2	..	..	..	95.8	96.3	99.4
Estonie	98.6	..	..	..	95.2	95.1	..	..
Finlande	96.6	96.2	96.0	99.5	97.2	96.7	96.7	97.4
France	90.6	90.1	89.7	91.7	91.4	89.9	89.2	89.3
Allemagne	87.7	88.0	88.8	..	..	..	90.2	89.7
Grèce	90.3	88.8	88.1	48.6	88.2	83.3	88.1	79.8
Hongrie	86.2	86.4	87.6	84.1	84.0	83.9	83.3	86.1
Islande	6.6	93.3	92.7	92.6	92.2	92.9	93.3	93.9
Irlande	93.6	90.1	58.3	90.0	89.0	86.7	88.4	87.8
Israël[1]	86.1	87.3	86.6	84.2	86.0	85.6	85.7	87.3
Italie	94.7	94.1	94.3	95.4	95.9	95.5	95.1	96.2
Japon	94.3	93.5	92.5	93.9	94.1	93.3	94.1	94.9
Corée	92.7	95.4	95.2	92.9	93.8	94.6	95.0	94.7
Luxembourg	79.5	90.7	77.8	73.1	73.9	78.4	68.6	74.9
Mexique	86.6	84.5	85.7	81.9	85.4	82.3	83.8	82.6
Pays-Bas	92.1	92.5	92.4	92.4	91.3	86.2	92.0	91.5
Nouvelle-Zélande	105.5	109.0	115.4	113.7	122.4	..	112.4	107.9
Norvège	93.1	92.5	94.0	85.4	..	..	93.0	92.9
Pologne	93.9	95.1	96.9	95.3	93.7	93.3	92.7	92.7
Portugal	94.1	93.2	93.3	51.0	93.5	91.1	89.6	91.1
République slovaque	80.9	83.1	87.3	87.5	86.9	85.5	85.6	85.8
Slovénie	..	104.4	93.9	86.5	87.3	87.2	87.1	87.8
Espagne	88.4	90.7	91.0	92.0	92.4	93.0	92.5	90.0
Suède	94.4	93.5	92.9	92.3	92.6	92.9	92.2	92.7
Suisse	52.9	52.6	51.9	93.2	91.8	93.0	92.5	92.6
Turquie	71.1	71.5	72.5	73.9	76.9	74.9	77.9	75.6
Royaume-Uni	91.6	90.9	90.0	90.3	89.6	88.4	87.7	87.4
États-Unis	77.8	72.8	72.7	70.2	73.9	74.0	73.6	71.3
Union européenne (15 pays)	90.5	90.7	88.4	90.6	91.3	90.4	89.9	90.9
ALENA	78.3	73.3	73.4	70.6	74.2	74.1	73.7	71.5
OCDE	**84.8**	**82.4**	**81.2**	**80.4**	**82.5**	**82.2**	**82.1**	**81.5**

.. Non disponible

1. Informations sur les données concernant Israël : http://oe.cd/israel-disclaimer.

Tableau 22. Taux de rétention (Vie)

Pourcentage

	2006	2007	2008	2009	2010	2011	2012	2013
Australie	94.6	95.1	94.0	92.3	91.8	91.9	92.1	92.3
Autriche	85.1	82.6	95.1	..	..	..	..	96.7
Belgique	97.1	98.6	..	97.8	97.8	97.6	97.7	97.0
Canada	87.6	72.9	85.0	79.4	78.5	75.6	73.9	75.2
Chili	97.6	..	..	96.0	..	96.3	97.4	98.0
République tchèque	97.2	97.5	97.4	97.5	97.8	96.1	95.0	93.9
Danemark	99.6	99.7	..	..	..	99.7	99.7	100.0
Estonie	98.6	..	..	..	99.1	98.9	..	..
Finlande	99.9	99.4	98.8	99.0	99.3	99.0	99.0	99.4
France	93.6	92.5	92.9	92.1	89.2	93.1	92.9	92.5
Allemagne	94.5	94.4	94.9	..	..	..	96.9	96.8
Grèce	97.4	95.9	95.1	94.9	94.8	84.8	95.1	94.8
Hongrie	92.9	92.3	92.3	91.4	92.8	93.1	93.6	95.0
Islande	75.1	85.5	83.0	81.1	84.2	82.0	82.5	83.9
Irlande	98.3	93.2	55.6	93.8	93.5	91.3	94.4	93.7
Israël[1]	95.8	95.6	95.5	94.6	95.0	95.0	95.2	95.3
Italie	97.5	97.3	97.3	98.2	98.4	98.2	98.3	98.8
Japon	99.1	97.3	95.2	97.0	97.2	96.4	94.1	94.9
Corée	96.2	99.8	99.9	96.1	97.2	98.5	98.8	98.8
Luxembourg	80.4	94.1	79.0	73.6	74.1	80.0	68.9	76.4
Mexique	97.0	96.5	97.0	97.3	97.4	94.6	94.8	95.3
Pays-Bas	97.6	97.3	97.2	95.8	95.8	94.6	94.9	95.8
Nouvelle-Zélande	..	..	..	..	..	..	..	..
Norvège	101.0	97.8	99.1	..	..	..	98.6	98.8
Pologne	99.0	98.8	99.6	98.1	98.2	99.1	97.6	98.6
Portugal	98.6	98.5	98.6	39.3	98.5	97.9	96.4	97.0
République slovaque	94.6	95.6	98.1	99.2	99.2	98.3	98.4	98.4
Slovénie	..	167.6	110.9	98.0	98.1	97.6	97.5	97.2
Espagne	91.2	99.5	99.3	98.3	98.1	98.0	94.7	93.9
Suède	98.7	97.5	97.4	97.4	98.0	98.0	99.1	98.7
Suisse	99.0	100.1	101.4	99.2	99.3	99.3	99.4	99.3
Turquie	96.7	96.2	95.9	89.3	89.3	90.5	95.1	95.7
Royaume-Uni	95.1	93.4	92.8	93.7	92.7	90.4	89.0	88.9
États-Unis	106.2	84.5	83.8	76.9	84.7	84.3	83.5	77.4
Union européenne (15 pays)	95.0	94.2	91.3	93.2	93.8	93.4	92.7	94.5
ALENA	104.7	83.7	84.0	77.2	84.6	84.1	83.3	77.6
OCDE	**98.5**	**91.2**	**89.7**	**87.4**	**90.8**	**90.6**	**89.8**	**88.7**

.. Non disponible

1. Informations sur les données concernant Israël : http://oe.cd/israel-disclaimer.

Tableau 23. Taux de rétention (Non-vie)

Pourcentage

	2006	2007	2008	2009	2010	2011	2012	2013
Australie	74.6	73.4	73.7	77.2	76.6	74.9	74.9	75.0
Autriche	73.9	74.7	73.1	..	..	..	..	73.2
Belgique	92.1	87.8	..	87.7	83.2	87.0	83.2	83.6
Canada	84.1	83.7	84.9	77.8	79.1	75.0	73.0	72.1
Chili	61.1	..	..	54.8	..	54.4	55.9	57.6
République tchèque	68.5	72.3	71.8	72.9	69.2	68.8	69.2	69.4
Danemark	..	92.4	..	..	..	87.3	88.9	88.1
Estonie	..	..	..	..	92.6	92.5	..	..
Finlande	93.8	93.5	93.7	100.0	94.2	94.3	94.3	94.7
France	85.7	86.5	83.8	85.2	84.9	84.2	83.2	84.1
Allemagne	82.9	83.5	84.4	..	..	..	86.5	85.7
Grèce	83.8	82.1	81.8	81.7	83.2	82.2	82.9	69.1
Hongrie	79.3	79.1	82.3	76.7	74.1	72.9	71.6	75.3
Islande	..	94.0	93.5	93.8	92.9	93.7	94.2	94.7
Irlande	74.8	74.2	69.1	74.2	70.9	69.3	64.1	63.1
Israël[1]	77.4	79.5	77.7	74.2	76.4	75.1	75.0	78.2
Italie	89.4	89.0	90.0	89.2	89.4	90.0	89.0	89.9
Japon	80.3	80.8	82.0	81.7	81.4	80.2	..	..
Corée	85.7	86.5	86.8	87.5	88.8	89.4	89.5	88.6
Luxembourg	69.9	62.9	67.7	67.4	70.7	64.1	64.3	58.5
Mexique	78.2	75.3	76.6	69.9	75.1	72.5	74.4	71.7
Pays-Bas	85.2	86.2	86.6	89.0	86.6	77.2	89.4	87.7
Nouvelle-Zélande	86.6	89.4	88.2	87.1	87.0	..	78.7	77.5
Norvège	84.5	84.2	86.8	85.4	..	..	86.2	85.9
Pologne	87.4	89.8	91.8	91.3	87.6	85.9	85.9	85.8
Portugal	85.3	82.3	80.4	79.4	78.6	78.8	77.9	76.9
République slovaque	68.6	70.7	75.5	75.2	73.0	71.0	70.7	70.1
Slovénie	..	86.8	86.8	83.2	84.2	84.3	84.2	85.1
Espagne	86.1	84.6	84.5	86.2	87.3	88.5	90.5	86.8
Suède	89.1	89.5	88.9	87.0	87.4	87.9	84.0	86.1
Suisse	..	..	158.3	87.7	85.2	87.0	86.1	86.4
Turquie	66.1	68.1	68.9	70.8	74.3	71.4	74.8	71.9
Royaume-Uni	77.8	78.9	81.0	79.8	81.0	82.8	83.8	83.4
États-Unis	65.2	65.4	65.3	65.9	66.9	67.1	66.9	67.4
Union européenne (15 pays)	83.5	84.0	83.7	84.9	84.6	84.6	85.5	84.7
ALENA	66.2	66.5	66.6	66.4	67.5	67.5	67.3	67.7
OCDE	**72.3**	**72.9**	**73.9**	**71.9**	**72.6**	**72.7**	**73.3**	**73.5**

.. Non disponible

1. Informations sur les données concernant Israël : http://oe.cd/israel-disclaimer.

Tableau 24. Taux de réassurance acceptée (Vie et Non-vie)

Pourcentage

	2006	2007	2008	2009	2010	2011	2012	2013
Australie	10.2	9.7	9.8	9.3	9.1	10.0	11.1	10.9
Autriche	12.2	12.4	10.8	..	..	..	..	12.0
Belgique	1.3	1.4	1.9	1.8	2.9	3.1	2.7	3.2
Canada	10.6	17.6	10.2	8.7	7.7	8.2	8.5	9.7
Chili	0.4	..	..	0.4	0.3	0.3	0.5	0.5
République tchèque	0.5	0.5	0.6	0.9	1.4	1.7	1.9	1.8
Danemark	1.8	0.6	0.4	..	..	0.3	0.8	..
Estonie	0.0	..	..	0.1	0.0	0.1	..	..
Finlande	2.2	2.3	2.2	2.0	1.5	1.9	1.9	1.5
France	7.9	10.1	8.3	8.3	8.9	8.7	10.7	10.1
Allemagne	23.6	20.6	20.7	..	..	..	23.2	22.4
Grèce	1.5	1.8	1.9	..	1.2	1.7	2.0	2.3
Hongrie	0.4	0.4	0.6	0.5	0.6	0.7	1.0	1.3
Islande	1.2	1.7	3.4	1.0	0.8	1.9	2.3	2.3
Irlande	1.7	1.6	40.1	1.1	1.2	1.6	2.0	1.8
Israël[1]	0.1	..	0.0	0.0	0.0	0.0	..	..
Italie	5.0	3.6	2.7	2.1	2.1	2.5	2.5	2.4
Japon	6.1	6.0	5.4	5.2	4.2	4.4	9.9	7.4
Corée	4.1	6.4	7.2	7.1	6.1	5.4	4.9	5.2
Luxembourg	0.2	0.1	0.1	0.1	0.7	1.9	1.3	0.9
Mexique	1.5	1.6	1.7	1.7	1.6	2.0	1.8	1.7
Pays-Bas	0.4	1.0	1.4	7.1	7.1	0.7	1.4	0.4
Nouvelle-Zélande	1.5	1.9	2.3	2.1	1.6	..	1.3	0.6
Norvège	0.1	0.2	0.1	0.2	..	..	..	..
Pologne	1.2	1.1	0.9	1.1	1.1	0.9	1.0	1.2
Portugal	1.5	2.5	2.6	2.8	2.8	3.7	4.1	3.5
République slovaque	0.0	0.0	0.2	0.6	0.6	0.9	1.0	0.9
Slovénie	..	0.0	..	12.0	12.1	12.0	12.3	11.3
Espagne	4.7	5.6	5.5	2.0	2.0	6.0	2.6	7.7
Suède	6.0	6.3	7.0	8.2	7.2	6.0	7.9	6.3
Suisse	6.5	8.7	7.5	13.9	14.7	12.3	13.5	14.5
Turquie	0.0	0.0	..	..	4.0	3.2	2.9	2.7
Royaume-Uni	5.4	5.1	5.1	5.6	5.7	7.9	8.1	9.7
États-Unis	24.3	21.5	21.5	20.9	20.4	20.5	20.7	21.5
Union européenne (15 pays)	8.4	7.9	9.9	5.2	5.3	5.9	10.0	10.7
ALENA	23.3	21.1	20.8	20.3	19.8	19.8	20.1	20.8
OCDE	**14.8**	**13.9**	**14.4**	**13.4**	**13.0**	**13.1**	**15.0**	**15.5**

.. Non disponible

1. Informations sur les données concernant Israël : http://oe.cd/israel-disclaimer.

Tableau 25. Taux de réassurance acceptée (Vie)

Pourcentage

	2006	2007	2008	2009	2010	2011	2012	2013
Australie	4.6	3.8	4.3	5.5	5.8	6.4	7.6	8.1
Autriche	0.9	1.1	0.8	..	..	..	..	0.2
Belgique	0.4	0.3	0.2	0.2	0.4	0.5	0.2	0.4
Canada	8.2	23.3	7.5	4.1	6.9	8.3	8.8	9.7
Chili	0.0	..	..	0.1	0.1	0.1	0.0	0.0
République tchèque	0.0	0.0	0.0	0.0	0.0	0.0	0.0	0.0
Danemark	0.1	0.1	0.1	..	..	0.0	0.6	..
Estonie	0.0	..	..	..	0.0	0.0	..	..
Finlande	0.2	0.2	0.2	0.1	0.1	0.1	0.1	0.1
France	5.4	5.0	6.2	11.2	12.0	5.6	9.1	8.0
Allemagne	16.1	13.0	13.2	..	..	..	0.7	0.7
Grèce	0.2	0.3	0.2	..	0.3	1.1	0.2	0.2
Hongrie	0.0	0.0	0.0	0.0	0.0	0.0	0.0	0.0
Islande	5.8	0.0	0.0	0.0	0.0	0.0	0.0	0.0
Irlande	1.7	1.6	40.2	0.8	0.9	0.9	1.2	1.1
Israël[1]	0.0	..	0.0	0.0	0.0	0.0	..	..
Italie	4.9	3.3	3.2	2.2	2.1	2.4	2.6	1.9
Japon	2.6	2.9	3.2	3.2	1.8	2.0	9.9	7.4
Corée	0.0	3.4	3.9	3.8	2.7	1.4	1.1	1.1
Luxembourg	0.2	0.0	0.0	0.1	0.7	1.9	1.3	1.0
Mexique	0.3	0.8	0.9	0.8	0.6	0.6	0.5	0.6
Pays-Bas	0.4	0.3	0.2	11.2	11.2	0.1	0.1	0.1
Nouvelle-Zélande	..	..	..	..	..	..	..	..
Norvège	0.0	..	..	..	..	..	..	..
Pologne	0.3	0.2	0.1	0.2	0.2	0.1	0.1	0.1
Portugal	0.2	0.2	0.0	0.1	0.2	0.0	0.0	0.0
République slovaque	0.0	0.0	0.0	0.0	0.0	0.0	0.0	0.0
Slovénie	..	0.0	..	0.0	0.0	0.0	..	..
Espagne	0.8	1.8	1.2	0.2	0.1	1.1	0.2	1.3
Suède	0.4	0.5	0.3	0.3	0.3	0.2	2.3	0.2
Suisse	0.8	0.6	1.1	0.9	1.0	0.5	1.1	1.5
Turquie	0.0	0.0	..	..	1.7	2.0	1.6	2.1
Royaume-Uni	2.1	3.3	1.2	3.2	3.4	6.8	7.1	9.3
États-Unis	10.6	8.8	8.9	8.4	8.4	9.2	9.8	11.3
Union européenne (15 pays)	4.2	4.0	6.3	3.4	3.4	4.2	4.6	4.9
ALENA	10.3	9.8	8.7	8.2	8.2	9.1	9.6	11.1
OCDE	**5.6**	**5.8**	**6.5**	**5.3**	**5.0**	**5.5**	**7.4**	**7.5**

.. Non disponible

1. Informations sur les données concernant Israël : http://oe.cd/israel-disclaimer.

Tableau 26. Taux de réassurance acceptée (Non-vie)

Pourcentage

	2006	2007	2008	2009	2010	2011	2012	2013
Australie	17.7	19.4	17.9	14.0	13.6	14.8	15.2	14.2
Autriche	20.3	20.2	17.6	..	..	..	..	18.2
Belgique	3.6	4.0	5.2	4.8	7.4	7.5	7.3	7.2
Canada	12.1	12.8	11.6	11.3	8.1	8.2	8.3	9.7
Chili	1.0	..	..	0.8	0.6	0.7	1.2	1.4
République tchèque	0.8	0.9	1.0	1.5	2.6	3.2	3.5	3.3
Danemark	5.1	1.7	1.1	..	..	0.8	1.1	1.1
Estonie	..	..	..	0.1	0.0	0.1	..	..
Finlande	4.0	4.2	3.9	3.7	3.5	3.7	3.7	3.3
France	12.0	17.7	12.1	12.6	13.1	14.0	13.3	13.4
Allemagne	28.9	26.1	26.1	..	..	..	35.6	34.6
Grèce	2.6	3.3	3.3	..	1.8	2.1	3.3	3.7
Hongrie	0.8	0.9	1.2	1.1	1.2	1.5	2.2	2.9
Islande	0.7	1.8	3.6	1.1	0.9	2.0	2.5	2.5
Irlande	1.3	1.4	39.9	2.0	2.4	4.1	5.3	5.0
Israël[1]	0.3	..	0.0	0.0	0.0	0.0	..	..
Italie	5.4	4.2	1.9	2.1	2.2	2.6	2.4	3.4
Japon	16.0	16.1	13.9	13.2	13.7	14.3	..	..
Corée	12.1	12.2	13.0	12.5	11.0	10.7	10.2	11.1
Luxembourg	0.2	0.4	0.7	0.3	0.3	2.0	1.3	0.3
Mexique	2.5	2.3	2.4	2.4	2.4	3.1	2.9	2.7
Pays-Bas	0.4	2.0	2.8	2.8	2.8	1.5	2.5	0.7
Nouvelle-Zélande	1.5	1.9	2.3	2.1	1.6	..	1.3	0.6
Norvège	0.3	0.4	0.3	0.2	..	..	..	..
Pologne	2.2	2.4	2.5	2.3	2.2	1.9	2.3	2.5
Portugal	4.1	7.2	8.8	9.4	10.3	10.3	11.0	11.7
République slovaque	0.0	0.0	0.5	1.2	1.2	1.9	2.1	2.1
Slovénie	..	0.0	..	15.4	15.6	15.4	15.8	14.6
Espagne	7.8	8.2	8.9	3.6	3.8	10.3	4.8	12.9
Suède	13.0	11.9	12.9	16.4	13.8	11.8	14.6	12.9
Suisse	13.1	17.7	14.3	25.7	27.0	23.3	24.9	26.6
Turquie	0.0	0.0	..	..	4.5	3.5	3.1	2.8
Royaume-Uni	18.1	14.3	17.4	13.3	12.2	11.0	11.2	10.9
États-Unis	30.4	29.7	29.9	29.1	28.2	28.1	28.2	27.8
Union européenne (15 pays)	16.0	15.4	15.7	8.5	8.7	9.1	18.1	18.6
ALENA	29.3	28.6	28.6	28.2	27.2	26.9	27.0	26.8
OCDE	**24.0**	**23.3**	**23.3**	**22.6**	**22.0**	**21.7**	**23.6**	**23.5**

.. Non disponible

1. Informations sur les données concernant Israël : http://oe.cd/israel-disclaimer.

Tableau 27. Part du marché national détenue par les entreprises étrangères (Vie)

Pourcentage

	2006	2007	2008	2009	2010	2011	2012	2013
Australie	32.4	30.3	32.8	28.7	15.0	10.3	15.8	16.8
Autriche	15.1	22.0	32.2	..	..	..	..	37.5
Belgique	..	..	..	..	..	..	..	..
Canada	21.8	15.9	20.3	10.9	10.1	7.9	6.3	5.6
Chili	48.7	..	..	53.7	49.0	37.6	43.7	46.7
République tchèque	88.4	85.9	97.5	97.2	97.4	97.2	97.1	96.8
Danemark	15.6	16.8	18.1	..	..	20.4	19.3	2.5
Estonie	100.0	..	..	..	100.0	100.0	100.0	100.0
Finlande	..	..	..	36.1	..	..	38.3	42.0
France	0.5	0.5	..	..	..	..	..	..
Allemagne	21.9	22.8	24.3	26.8	27.0	27.4	30.1	27.4
Grèce	9.0	50.8	12.1	59.3	57.2	63.4	63.3	53.8
Hongrie	83.2	85.6	89.3	95.9	93.4	92.8	93.5	95.6
Islande	0.0	0.0	0.0	2.0	3.0	3.6	3.9	4.3
Irlande	3.0	2.8	2.1	3.3	8.2	4.7	3.9	4.9
Israël[1]	30.4	30.7	30.5	30.6	30.6	30.4	0.3	0.4
Italie	28.5	37.7	31.2	30.8	30.2	30.1	27.4	28.9
Japon	25.8	24.8	20.1	17.8	17.6	19.2	22.4	20.7
Corée	19.1	21.3	22.1	20.1	19.7	18.9	16.3	16.1
Luxembourg	62.6	97.2	97.1	96.6	95.1	95.6	94.6	96.2
Mexique	69.5	69.6	71.2	74.0	72.5	69.9	71.1	6.3
Pays-Bas	27.2	27.8	25.2	22.5	25.2	21.1	21.1	21.1
Nouvelle-Zélande	..	..	..	..	..	..	..	..
Norvège	12.4	10.0	8.7	..	9.7	9.3	10.7	12.3
Pologne	58.7	63.2	51.9	49.4	49.8	50.9	51.1	48.8
Portugal	7.2	6.4	5.9	7.1	5.8	9.3	7.9	6.8
République slovaque	91.6	89.7	90.9	91.6	91.0	90.4	90.2	90.4
Slovénie	..	31.6	19.6	16.7	16.6	17.1	16.8	17.6
Espagne	0.4	20.5	5.6	10.0	10.3	8.8	19.1	12.4
Suède	18.7	32.7	21.2	14.0	16.8	17.3	18.4	19.5
Suisse	0.0	38.9	1.3	3.3	30.5	29.9	30.6	31.2
Turquie	30.6	28.4	45.3	50.5	27.5	27.7	27.1	47.1
Royaume-Uni	19.1	22.2	19.6	20.6	18.8	21.0	26.4	23.3
États-Unis	29.7	23.7	22.3	25.6	20.6	19.8	19.6	20.0

.. Non disponible

1. Informations sur les données concernant Israël : http://oe.cd/israel-disclaimer.

Tableau 28. Part du marché des entreprises étrangères dans le marché national (Vie)
Succursales ou agences d'entreprises

Pourcentage

	2006	2007	2008	2009	2010	2011	2012	2013
Australie	0.0	0.0	0.0	..	..	..	..	..
Autriche	0.0	0.0	0.0	..	..	..	..	0.0
Belgique	..	..	..	..	..	..	..	..
Canada	6.0	4.0	6.2	2.6	2.8	2.4	2.6	2.2
Chili	0.0	..	..	0.0	0.0	..	..	..
République tchèque	12.6	13.4	13.9	10.2	8.4	8.3	8.1	7.5
Danemark	..	..	0.0	..	..	..	..	..
Estonie	..	..	..	..	0.0	0.0	2.9	2.5
Finlande	..	..	..	..	..	..	..	..
France	0.5	0.5	..	..	..	..	..	..
Allemagne	1.1	1.1	1.2	1.2	0.4	3.1	4.0	4.0
Grèce	9.0	0.2	12.1	12.9	13.6	6.2	0.4	0.0
Hongrie	0.0	0.0	..	..	..	..	..	..
Islande	0.0	0.0	0.0	0.0	0.0	0.0	..	..
Irlande	3.0	2.8	2.1	3.3	8.2	4.7	3.9	4.9
Israël[1]	0.0	0.0	..	0.0	0.0	..	..	..
Italie	5.3	4.7	2.8	0.0	0.0	0.0	0.0	0.0
Japon	9.3	8.2	7.4	7.3	7.7	9.2	5.5	4.9
Corée	3.2	3.9	4.0	3.2	2.9	2.7	2.2	2.2
Luxembourg	0.3	0.6	0.5	0.5	0.2	0.4	0.3	0.5
Mexique	..	..	..	..	..	..	..	..
Pays-Bas	4.7	5.3	3.0	2.7	3.0	2.7	2.7	2.7
Nouvelle-Zélande	..	..	..	..	..	..	..	..
Norvège	1.4	1.6	1.3	..	1.2	1.0	0.8	1.3
Pologne	..	0.0	0.0	0.0	..	..	..	..
Portugal	0.7	0.7	0.6	0.7	0.5	0.8	0.0	0.0
République slovaque	0.0	..	..	3.8	4.2	4.5	4.3	5.4
Slovénie	..	0.0	0.2	..	..	..	..	..
Espagne	0.4	0.4	0.3	0.2	0.3	0.3	0.2	0.0
Suède	5.4	16.2	4.9	..	..	..	..	..
Suisse	0.0	1.2	1.3	3.3	4.0	1.6	2.1	1.5
Turquie	0.0	0.0	0.0	..	0.0	..	..	..
Royaume-Uni	2.9	4.0	4.3	0.3	0.9	0.1	0.0	0.0
États-Unis	0.0	0.0	0.0	0.0	0.0	0.0	..	..

.. Non disponible

1. Informations sur les données concernant Israël : http://oe.cd/israel-disclaimer.

Tableau 29. Part du marché national détenue par les entreprises étrangères (Non-vie)

Pourcentage

	2006	2007	2008	2009	2010	2011	2012	2013
Australie	26.1	25.4	26.3	28.6	28.7	27.3	27.1	27.7
Autriche	39.9	39.1	41.1	..	..	..	..	35.2
Belgique	..	..	..	..	..	..	..	..
Canada	38.4	37.8	37.5	30.1	30.9	29.8	29.0	27.9
Chili	69.8	..	..	67.9	66.8	66.5	65.7	63.7
République tchèque	92.4	92.1	92.2	90.9	89.0	88.6	88.6	88.2
Danemark	23.8	18.1	14.5	..	..	16.0	16.6	16.4
Estonie	..	..	..	74.0	91.7	90.4	92.7	94.3
Finlande	0.0	0.0	..	24.3	..	..	25.0	23.8
France	0.2	0.2	0.3	0.3	0.1	0.1	0.1	0.1
Allemagne	18.8	19.5	18.6	17.5	17.1	18.2	13.2	14.0
Grèce	5.3	30.4	5.6	35.3	33.8	36.6	41.2	34.5
Hongrie	85.5	85.3	85.5	95.0	97.3	96.8	95.7	94.9
Islande	0.0	0.0	0.0	11.8	9.2	9.7	9.9	10.4
Irlande	13.3	11.2	7.4	8.2	8.9	8.2	17.6	14.3
Israël[1]	12.4	12.4	12.4	11.4	11.1	11.2	3.3	3.3
Italie	25.9	34.8	33.2	30.0	27.3	27.6	27.5	27.8
Japon	6.0	6.2	6.6	10.2	10.9	12.8	..	..
Corée	3.0	1.5	1.5	5.4	4.7	3.9	3.8	4.0
Luxembourg	48.3	64.5	60.6	62.0	61.6	62.7	58.9	52.1
Mexique	52.4	51.5	53.7	50.0	53.5	51.1	52.4	9.7
Pays-Bas	20.2	22.5	17.0	17.0	17.0	29.4	29.4	29.4
Nouvelle-Zélande	..	..	..	..	..	..	..	..
Norvège	41.7	35.4	44.9	43.3	42.6	42.3	43.9	43.4
Pologne	45.1	46.9	51.0	56.1	59.3	61.1	62.8	61.3
Portugal	32.6	32.4	33.2	34.6	28.3	26.7	26.5	26.6
République slovaque	94.0	94.2	94.5	95.1	94.7	94.4	94.0	93.8
Slovénie	..	4.4	4.5	4.2	4.9	5.1	4.9	5.1
Espagne	20.1	33.9	21.4	22.2	18.6	17.0	32.2	29.1
Suède	50.1	52.3	49.7	53.9	53.1	51.9	63.8	57.6
Suisse	..	39.5	..	3.1	19.9	19.8	20.4	20.6
Turquie	17.2	31.7	57.7	52.5	55.2	57.9	53.8	62.2
Royaume-Uni	41.3	42.3	50.8	54.2	53.1	55.2	55.2	58.0
États-Unis	20.3	20.5	20.3	18.5	13.9	13.9	10.1	10.4

.. Non disponible

1. Informations sur les données concernant Israël : http://oe.cd/israel-disclaimer.

Tableau 30. Part du marché des entreprises étrangères dans le marché national (Non-vie)
Succursales ou agences d'entreprises

Pourcentage

	2006	2007	2008	2009	2010	2011	2012	2013
Australie	9.3	9.0	10.2	11.2	11.6	9.7	9.7	9.7
Autriche	0.3	0.3	0.3	..	..	..	..	0.1
Belgique	..	..	..	..	..	..	..	..
Canada	14.3	13.4	12.6	14.3	15.1	14.3	13.4	13.1
Chili	0.0	..	..	0.0	0.0	..	..	..
République tchèque	1.1	2.0	2.8	2.8	3.2	3.1	2.7	3.7
Danemark	..	..	0.0	..	..	..	..	..
Estonie	..	..	..	16.7	0.0	0.0	14.5	13.6
Finlande	0.0	0.0	..	..	..	..	..	..
France	0.2	0.2	0.3	0.3	0.1	0.1	0.1	0.1
Allemagne	1.2	1.3	1.7	2.1	1.5	3.0	3.1	2.7
Grèce	5.3	2.6	5.6	6.2	4.0	4.6	7.9	0.0
Hongrie	..	..	..	..	..	..	..	..
Islande	0.0	0.0	0.0	0.0	0.0	0.0	..	..
Irlande	13.3	11.2	7.4	8.2	8.9	8.2	17.6	14.3
Israël[1]	0.3	0.0	..	0.0	0.0	..	..	..
Italie	9.2	9.2	9.4	4.9	1.0	1.1	1.1	1.1
Japon	4.9	5.1	5.4	5.3	5.6	7.8	..	..
Corée	3.0	1.5	1.5	3.7	3.2	2.6	2.0	3.1
Luxembourg	9.1	7.1	9.0	8.3	7.9	7.2	7.5	6.5
Mexique	..	..	..	..	..	..	..	..
Pays-Bas	1.6	0.7	1.9	1.9	1.9	1.9	1.9	1.9
Nouvelle-Zélande	..	..	..	..	..	..	..	..
Norvège	26.8	31.8	42.0	41.7	41.4	41.5	43.2	43.4
Pologne	..	0.4	0.4	0.3	..	..	..	..
Portugal	0.2	0.6	0.5	0.6	0.3	0.3	0.0	0.0
République slovaque	0.0	..	..	5.1	6.2	6.2	7.1	8.0
Slovénie	..	0.0	0.0	..	..	..	..	..
Espagne	0.1	0.2	0.2	0.2	0.2	0.2	0.2	0.0
Suède	1.5	6.2	5.4	..	..	..	..	..
Suisse	..	3.8	..	3.1	4.8	4.8	4.9	5.0
Turquie	0.0	0.0	0.0	0.1	0.2	0.2	0.3	0.3
Royaume-Uni	3.6	3.7	6.7	5.9	5.3	5.4	4.7	3.7
États-Unis	0.1	0.1	0.1	0.1	0.1	0.1	0.1	0.0

.. Non disponible

1. Informations sur les données concernant Israël : http://oe.cd/israel-disclaimer.

Statistiques de l'OCDE sur les assurances 2014

PARTIE II

Tableaux par pays

Australie
Tableau 1. Agrégats sélectionnés

Millions AUD

	2006	2007	2008	2009	2010	2011	2012	2013
1.1 Opérations d'assurance conclues dans le pays déclarant								
1.1.1 Opérations d'assurance, par intérêt								
Primes brutes								
Entreprises nationales	65 443	77 302	75 037	70 384	73 331	78 509	79 230	86 746
Entreprises sous contrôle étranger	17 581	20 032	20 378	17 570	12 274	11 038	13 757	15 713
Succursales d'entreprises étrangères	2 671	2 732	3 248	3 639	3 844	3 450	3 713	3 983
Ensemble des entreprises	68 114	80 034	78 284	74 023	77 176	81 959	82 943	90 729
Primes cédées								
Entreprises nationales	8 652	9 746	9 966	9 406	9 989	11 246	11 507	12 120
Entreprises sous contrôle étranger	2 195	2 136	2 501	2 797	2 770	3 170	4 111	4 664
Succursales d'entreprises étrangères	778	797	1 191	1 202	1 402	1 442	1 659	1 948
Ensemble des entreprises	9 431	10 543	11 156	10 607	11 391	12 688	13 166	14 068
Primes nettes émises								
Entreprises nationales	56 790	67 556	65 071	60 978	63 343	67 263	67 724	74 628
Entreprises sous contrôle étranger	15 386	17 896	17 876	14 773	9 439	7 868	9 646	11 050
Succursales d'entreprises étrangères	1 893	1 935	2 057	2 437	2 441	2 008	2 054	2 035
Ensemble des entreprises	58 684	69 491	67 128	63 415	65 785	69 271	69 778	76 663
1.1.2 Opérations d'assurance par risque à l'étranger, primes brutes								
Vie	540	555	525	494	495	475	491	574
Non-vie	..	..	..	694	..	..	..	..
Mixtes total	..	..	..	..	..	..	..	..
Total	540	555	525	1 187	495	475	491	574
1.1.3 Paiement par catégories d'assurance, primes brutes (vie)								
Rentes	..	9 863	..	..	..	..	..	..
Unit linked	..	27 420	..	..	..	..	..	..
Autre assurance vie	..	10 419	..	..	..	..	..	..
Total assurance vie	..	47 702	..	..	..	..	41 091	45 794
***dont :** Contrats de retraite*	..	..	..	..	..	..	..	..
1.1.4 Paiement par catégories d'assurance, primes brutes (non-vie)								
L'assurance automobile	..	..	..	10 670	..	11 474	12 114	12 922
Les assurances transport (y compris maritime et aérien)	..	..	..	1 324	..	1 457	1 484	1 523
L'assurance de fret	..	..	..	..	..	..	..	..
L'assurance incendie et des dommages aux bien	..	..	..	8 106	..	9 537	10 918	12 038
L'assurance des pertes pécuniaires	..	..	..	1 384	..	1 161	1 207	1 262
L'assurance de la responsabilité civile générale	..	..	..	4 858	..	4 821	5 008	5 283
Les assurances accidents et maladie	..	..	..	1 039	..	1 038	1 049	1 134
***dont :** Maladie*	..	..	..	..	..	..	..	..
Autres assurances non-vie	..	..	..	654	..	751	835	897
Réassurance obligatoire	..	..	..	4 578	..	5 235	5 836	5 823
Total assurance non-vie	28 832	30 529	31 799	32 612	33 223	35 475	38 450	40 882
1.2 Paiements bruts des sinistres								
Vie								
Entreprises nationales	44 572	54 920	42 943	37 546	41 639	44 988	45 777	47 647
Entreprises sous contrôle étranger	12 698	15 157	12 632	9 499	5 355	4 301	4 181	5 212
Succursales d'entreprises étrangères	0	0	0	..	..	..	..	..
Ensemble des entreprises	44 572	54 920	42 943	37 546	41 639	44 988	45 777	47 647
Non-vie								
Entreprises nationales	16 924	20 763	25 512	18 193	21 552	31 597	22 048	24 231
Entreprises sous contrôle étranger	2 697	3 640	4 704	3 579	4 120	6 668	4 538	4 540
Succursales d'entreprises étrangères	1 425	1 698	2 370	1 951	2 401	7 061	1 749	1 986
Ensemble des entreprises	18 350	22 461	27 882	20 144	23 953	38 658	23 797	26 218
Mixtes, ensemble des entreprises	..	..	..	..	..	..	..	..
Total								
Entreprises nationales	61 497	75 684	68 455	55 739	63 191	76 585	67 825	71 878
Entreprises sous contrôle étranger	15 395	18 797	17 336	13 078	9 475	10 969	8 719	9 752
Succursales d'entreprises étrangères	1 425	1 698	2 370	1 951	2 401	7 061	1 749	1 986
Ensemble des entreprises	62 922	77 381	70 825	57 690	65 592	83 646	69 574	73 865

Australie
Tableau 1. Agrégats sélectionnés *(suite)*

Millions AUD

	2006	2007	2008	2009	2010	2011	2012	2013
1.3 Commissions								
Vie								
Entreprises nationales	1 867	2 157	2 606	2 588	2 738	2 852	3 007	3 015
Entreprises sous contrôle étranger	758	680	1 034	907	440	455	252	447
Succursales d'entreprises étrangères	0	0	0	..	..	..	..	..
Ensemble des entreprises	1 867	2 157	2 606	2 588	2 738	2 852	3 007	3 015
Non-vie								
Entreprises nationales	..	..	..	..	..	..	..	..
Entreprises sous contrôle étranger	..	..	..	..	..	..	..	..
Succursales d'entreprises étrangères	..	..	..	..	..	..	..	..
Ensemble des entreprises	..	..	..	..	..	..	..	770
Mixtes, ensemble des entreprises	..	..	..	..	..	..	..	..
Total								
Entreprises nationales	1 867	2 157	2 606	2 588	2 738	2 852	3 007	3 015
Entreprises sous contrôle étranger	758	680	1 034	907	440	455	252	447
Succursales d'entreprises étrangères	-	-	-	..	..	..	..	..
Ensemble des entreprises	1 867	2 157	2 606	2 588	2 738	2 852	3 007	3 785
1.4 Dépenses brutes d'exploitation								
Vie								
Entreprises nationales	5 435	6 068	6 347	6 355	6 640	6 777	7 274	7 830
Entreprises sous contrôle étranger	2 299	2 241	2 234	2 138	1 608	1 709	1 430	2 392
Succursales d'entreprises étrangères	0	0	0	..	..	..	..	..
Ensemble des entreprises	5 435	6 068	6 347	6 355	6 640	6 777	7 274	7 830
Non-vie								
Entreprises nationales	16 924	5 725	5 847	6 043	6 027	6 658	7 197	7 360
Entreprises sous contrôle étranger	2 697	1 101	1 102	1 089	1 172	1 370	1 490	1 616
Succursales d'entreprises étrangères	1 425	373	446	627	559	571	559	599
Ensemble des entreprises	18 350	6 098	6 292	6 670	6 586	7 229	7 756	7 959
Mixtes, ensemble des entreprises	..	..	..	..	..	..	..	..
Total								
Entreprises nationales	22 359	11 793	12 193	12 399	12 667	13 435	14 471	15 190
Entreprises sous contrôle étranger	4 996	3 342	3 336	3 226	2 780	3 079	2 920	4 008
Succursales d'entreprises étrangères	1 425	373	446	627	559	571	559	599
Ensemble des entreprises	23 784	12 166	12 639	13 025	13 226	14 006	15 030	15 789
1.5 Opérations à l'étranger par succursale, primes brutes								
Vie								
Succursales et agences	..	0	0	..	..	..	..	..
Filiales	..	0	0	..	..	..	..	..
Total	..	0	0	..	..	..	..	..
Non-vie								
Succursales et agences	..	..	..	..	..	..	..	..
Filiales	..	..	..	..	..	..	..	..
Total	..	..	..	..	..	..	..	..
Mixtes total	..	..	..	..	..	..	..	..
Total								
Succursales et agences	..	-	-	..	..	..	..	..
Filiales	..	-	-	..	..	..	..	..
Total	..	-	-	..	..	..	..	..

.. Non disponible ; - Néant

Note : Voir les métadonnées détaillées sur : http://metalinks.oecd.org/isy/20141215/2bf9.

Australie
Tableau 2. Nombre d'entreprises et d'employés

	2006	2007	2008	2009	2010	2011	2012	2013
2.1 Nombre d'entreprises								
Vie								
Entreprises nationales	29	26	26	26	26	31	28	28
Entreprises sous contrôle étranger	13	11	10	8	8	14	14	14
Succursales d'entreprises étrangères	0	0	0	..	..	..	..	..
Ensemble des entreprises	29	26	26	26	26	31	28	28
Non-vie								
Entreprises nationales	89	89	87	85	84	81	79	73
Entreprises sous contrôle étranger	22	22	21	22	20	19	17	18
Succursales d'entreprises étrangères	21	21	26	35	34	31	30	31
Ensemble des entreprises	110	110	113	120	118	112	109	104
Mixtes, ensemble des entreprises	..	..	..	..	..	..	..	..
Réassurance								
Entreprises nationales	11	8	8	8	2	3	3	3
Entreprises sous contrôle étranger	9	7	7	7	1	1	1	1
Succursales d'entreprises étrangères	15	15	14	12	10	9	9	9
Ensemble des entreprises	26	23	22	20	12	12	12	12
Total								
Entreprises nationales	130	124	122	119	112	115	110	104
Entreprises sous contrôle étranger	44	40	38	37	29	34	32	33
Succursales d'entreprises étrangères	37	37	41	47	44	40	39	40
Ensemble des entreprises	167	161	163	166	156	155	149	144
2.2 Nombre d'employés								
Entreprises d'assurance	..	..	..	..	..	..	..	..
Intermédiaires	..	..	..	..	..	..	..	..
Total	..	..	..	..	..	..	..	..

.. Non disponible

Note : Voir les métadonnées détaillées sur : http://metalinks.oecd.org/isy/20141215/2bf9.

Autriche
Tableau 1. Agrégats sélectionnés

Millions EUR

	2006	2007	2008	2009	2010	2011	2012	2013
1.1 Opérations d'assurance conclues dans le pays déclarant								
1.1.1 Opérations d'assurance, par intérêt								
Primes brutes								
Entreprises nationales	16 304	16 520	18 030	..	..	..	..	18 879
Entreprises sous contrôle étranger	4 987	5 545	6 712	..	..	..	..	6 781
Succursales d'entreprises étrangères	25	27	28	..	..	..	..	8
Ensemble des entreprises	16 942	17 345	17 976	..	..	..	..	18 887
Primes cédées								
Entreprises nationales	3 015	3 033	3 327	..	..	..	..	3 539
Entreprises sous contrôle étranger	1 267	1 264	1 710	..	..	..	..	1 127
Succursales d'entreprises étrangères	0	0	0	..	..	..	..	0
Ensemble des entreprises	3 016	3 033	3 327	..	..	..	..	3 539
Primes nettes émises								
Entreprises nationales	13 289	13 486	14 703	..	..	..	..	15 340
Entreprises sous contrôle étranger	3 720	4 281	5 002	..	..	..	..	5 654
Succursales d'entreprises étrangères	25	27	28	..	..	..	..	8
Ensemble des entreprises	13 314	13 514	14 732	..	..	..	..	15 348
1.1.2 Opérations d'assurance par risque à l'étranger, primes brutes								
Vie	414	241	273	83	991	174	72	157
Non-vie	122	153	355	121	4 630	722	662	717
Mixtes	..	..	..	398	13 176	523	626	595
dont :								
Vie	..	..	..	243	6 471	252	188	202
Non-vie	..	..	..	155	6 704	270	438	393
Total	536	393	628	602	18 797	1 419	1 360	1 469
1.1.3 Paiement par catégories d'assurance, primes brutes (vie)								
Rentes	..	1 627	1 351	..	..	..	..	1 441
Unit linked	..	1 783	2 521	2 521	2 860	2 255	1 846	1 248
Autre assurance vie	..	2 796	3 388	4 797	4 578	4 644	4 588	3 738
Total Assurance Vie	..	6 206	7 259	..	7 438	6 899	6 434	6 427
***dont :** Contrats de retraite*	..	..	..	..	..	..	..	997
1.1.4 Paiement par catégories d'assurance, primes brutes (non-vie)								
L'assurance automobile	1 240	1 293	1 240	1 243	1 260	1 316	1 386	1 487
Les assurances transport (y compris maritime et aérien)	115	113	129	118	124	140	165	174
L'assurance de fret	0	0	..	0	..	..	..	..
L'assurance incendie et des dommages aux bien	941	995	977	957	973	978	1 008	1 081
L'assurance des pertes pécuniaires	160	198	197	211	220	237	167	174
L'assurance de la responsabilité civile générale	774	808	859	870	888	922	834	860
Les assurances accidents et maladie	2 272	2 344	2 474	2 503	2 572	2 873	3 024	3 150
***dont :** Maladie*	1 444	1 490	1 581	1 598	1 653	1 704	1 762	1 841
Autres assurances non-vie	4 437	4 570	4 866	4 798	5 193	5 517	5 672	5 517
Réassurance obligatoire	-66	-54	..	..	..	..	..	..
Total assurance non-vie	9 873	10 267	10 742	10 701	11 230	11 983	12 255	12 444

Autriche
Tableau 1. Agrégats sélectionnés *(suite)*

Millions EUR

	2006	2007	2008	2009	2010	2011	2012	2013
1.2 Paiements bruts des sinistres								
Vie								
Entreprises nationales	..	805	810	167	256	314	360	358
Entreprises sous contrôle étranger	..	304	304	-	0	0	145	140
Succursales d'entreprises étrangères	..	0	0	0	0	0	..	0
Ensemble des entreprises	..	805	810	167	256	314	360	358
Non-vie								
Entreprises nationales	..	7 253	7 407	3 229	3 019	2 290	2 675	1 107
Entreprises sous contrôle étranger	..	2 974	2 992	1 108	1 531	875	1 490	905
Succursales d'entreprises étrangères	..	13	12	12	5	5	5	4
Ensemble des entreprises	..	7 266	7 419	3 241	3 024	2 296	2 681	1 111
Mixtes								
Entreprises nationales	..	..	..	10 317	10 023	10 854	11 652	11 676
Entreprises sous contrôle étranger	..	..	..	3 315	3 565	3 751	3 829	3 846
Succursales d'entreprises étrangères	..	..	..	0	0	0	..	0
Ensemble des entreprises	..	..	..	10 317	10 023	10 854	11 652	11 676
dont :								
Vie	..	..	..	5 631	5 599	6 338	6 047	6 011
Entreprises nationales	..	..	..	5 631	5 599	6 338	6 047	6 011
Entreprises sous contrôle étranger	..	..	..	1 786	2 117	2 297	2 281	2 274
Succursales d'entreprises étrangères	..	..	..	0	0	0	..	0
Ensemble des entreprises	..	..	..	5 631	5 599	6 338	6 047	6 011
Non-vie	..	..	..	4 685	4 425	4 516	5 605	5 665
Entreprises nationales	..	..	..	4 685	4 425	4 516	5 605	5 665
Entreprises sous contrôle étranger	..	..	..	1 529	1 448	1 454	1 549	1 572
Succursales d'entreprises étrangères	..	..	..	0	0	0	..	0
Ensemble des entreprises	..	..	..	4 685	4 425	4 516	5 605	5 665
Total								
Entreprises nationales	..	8 058	8 217	13 713	13 298	13 458	14 687	13 141
Entreprises sous contrôle étranger	..	3 278	3 296	4 424	5 096	4 626	5 464	4 891
Succursales d'entreprises étrangères	..	13	12	12	5	5	5	4
Ensemble des entreprises	..	8 071	8 228	13 725	13 304	13 463	14 692	13 145
1.3 Commissions								
Vie								
Entreprises nationales	854	827	796	118	129	138	75	99
Entreprises sous contrôle étranger	228	265	246	-	0	0	17	5
Succursales d'entreprises étrangères	0	0	0	0	0	0	..	0
Ensemble des entreprises	854	827	796	118	129	138	75	99
Non-vie								
Entreprises nationales	1 558	1 650	1 698	518	519	548	338	354
Entreprises sous contrôle étranger	673	726	740	97	295	302	309	319
Succursales d'entreprises étrangères	8	8	9	9	1	2	2	2
Ensemble des entreprises	1 566	1 658	1 707	527	521	549	340	356
Mixtes								
Entreprises nationales	..	..	..	1 805	1 916	1 962	2 309	2 285
Entreprises sous contrôle étranger	..	..	..	638	712	717	750	752
Succursales d'entreprises étrangères	..	..	..	0	0	0	..	0
Ensemble des entreprises	..	..	..	1 805	1 916	1 962	2 309	2 285
dont :								
Vie	..	..	..	616	688	669	692	644
Entreprises nationales	..	..	..	616	688	669	692	644
Entreprises sous contrôle étranger	..	..	..	194	256	255	253	238
Succursales d'entreprises étrangères	..	..	..	0	0	0	..	0
Ensemble des entreprises	..	..	..	616	688	669	692	644
Non-vie	..	..	..	1 189	1 228	1 292	1 616	1 641
Entreprises nationales	..	..	..	1 189	1 228	1 292	1 616	1 641
Entreprises sous contrôle étranger	..	..	..	444	456	462	497	514
Succursales d'entreprises étrangères	..	..	..	0	0	0	..	0
Ensemble des entreprises	..	..	..	1 189	1 228	1 292	1 616	1 641
Total								
Entreprises nationales	2 412	2 477	2 494	2 440	2 564	2 647	2 722	2 738
Entreprises sous contrôle étranger	901	991	986	734	1 008	1 019	1 077	1 076
Succursales d'entreprises étrangères	8	8	9	9	1	2	2	2
Ensemble des entreprises	2 420	2 486	2 503	2 450	2 565	2 649	2 724	2 740

Autriche
Tableau 1. Agrégats sélectionnés (*suite*)

Millions EUR

	2006	2007	2008	2009	2010	2011	2012	2013
1.4 Dépenses brutes d'exploitation								
Vie								
Entreprises nationales	..	1 110	1 108	136 |	146	157	95	120
Entreprises sous contrôle étranger	..	371	371	- |	0	0	0	14
Succursales d'entreprises étrangères	..	0	0	0	0	0	..	0
Ensemble des entreprises	..	1 110	1 108	136 |	146	157	95	120
Non-vie								
Entreprises nationales	..	2 769	2 738	801 |	906	672	860	697
Entreprises sous contrôle étranger	..	1 266	1 353	266 |	443	263	447	414
Succursales d'entreprises étrangères	..	10	11	16	3	3	3	3
Ensemble des entreprises	..	2 779	2 749	818 |	909	675	863	700
Mixtes								
Entreprises nationales	..	..	..	2 026 |	2 115	2 054	1 918	2 306
Entreprises sous contrôle étranger	..	..	..	644 |	723	667	695	699
Succursales d'entreprises étrangères	..	..	..	0	0	0	..	0
Ensemble des entreprises	..	..	..	2 026 |	2 115	2 054	1 918	2 306
dont :								
Vie	..	..	..	845 |	908	879	513	848
Entreprises nationales	..	..	..	845 |	908	879	513	848
Entreprises sous contrôle étranger	..	..	..	279 |	341	344	339	323
Succursales d'entreprises étrangères	..	..	..	0	0	0	..	0
Ensemble des entreprises	..	..	..	845 |	908	879	513	848
Non-vie	..	..	..	1 181 |	1 208	1 175	1 405	1 458
Entreprises nationales	..	..	..	1 181 |	1 208	1 175	1 405	1 458
Entreprises sous contrôle étranger	..	..	..	365 |	382	323	356	376
Succursales d'entreprises étrangères	..	..	..	0	0	0	..	0
Ensemble des entreprises	..	..	..	1 181 |	1 208	1 175	1 405	1 458
Total								
Entreprises nationales	..	3 879	3 845	2 963	3 167	2 883	2 873	3 124
Entreprises sous contrôle étranger	..	1 636	1 723	910	1 166	930	1 143	1 128
Succursales d'entreprises étrangères	..	10	11	16	3	3	3	3
Ensemble des entreprises	..	3 889	3 856	2 980	3 170	2 885	2 876	3 127
1.5 Opérations à l'étranger par succursale, primes brutes								
Vie								
Succursales et agences	0	34	..	85 |	139	174	72	157
Filiales	0	0	..	..	..	..	..	..
Total	414	241	..	85 |	139	174	72	157
Non-vie								
Succursales et agences	0	131	..	111 |	141	219	149	159
Filiales	0	0	..	..	..	..	..	..
Total	122	152	..	111 |	141	219	149	159
Mixtes								
Succursales et agences	..	..	..	331 |	539	480	557	480
Filiales	..	..	..	..	..	..	..	..
Total	..	..	..	331 |	539	480	557	480
dont :								
Vie	..	..	..	226 |	407	233	168	140
Succursales et agences	..	..	..	226 |	407	233	168	140
Filiales	..	..	..	..	..	..	..	..
Total	..	..	..	226 |	407	233	168	140
Non-vie	..	..	..	105 |	132	246	389	340
Succursales et agences	..	..	..	105 |	132	246	389	340
Filiales	..	..	..	..	..	..	..	..
Total	..	..	..	105 |	132	246	389	340
Total								
Succursales et agences	-	165	..	528	818	873	778	796
Filiales	-	-	..	..	..	..	..	..
Total	536	393	..	528	818	873	778	796

.. Non disponible ; - Néant ; | Rupture de série

Note : Voir les métadonnées détaillées sur : http://metalinks.oecd.org/isy/20141215/e8ff.

Autriche
Tableau 2. Nombre d'entreprises et d'employés

	2006	2007	2008	2009	2010	2011	2012	2013
2.1 Nombre d'entreprises								
Vie								
Entreprises nationales	5	4	3	3	3	3	3	3
Entreprises sous contrôle étranger	1	0	0	0	0	0	1	1
Succursales d'entreprises étrangères	0	0	0	0	0	0	0	0
Ensemble des entreprises	5	4	3	3	3	3	3	3
Non-vie								
Entreprises nationales	16	16	16	16	17	17	14	14
Entreprises sous contrôle étranger	8	8	9	8	9	8	7	7
Succursales d'entreprises étrangères	2	2	2	2	1	1	1	1
Ensemble des entreprises	18	18	18	18	18	18	15	15
Mixtes								
Entreprises nationales	28	27	28	28	28	28	27	26
Entreprises sous contrôle étranger	8	9	9	9	10	10	10	9
Succursales d'entreprises étrangères	0	0	0	0	0	0	0	0
Ensemble des entreprises	28	27	28	28	28	28	27	26
Réassurance								
Entreprises nationales	3	3	3	3	3	3	3	3
Entreprises sous contrôle étranger	2	2	2	2	2	2	2	1
Succursales d'entreprises étrangères	0	0	0	0	0	0	0	0
Ensemble des entreprises	3	3	3	3	3	3	3	3
Total								
Entreprises nationales	52	50	50	50	51	51	47	46
Entreprises sous contrôle étranger	19	19	20	19	21	20	20	18
Succursales d'entreprises étrangères	2	2	2	2	1	1	1	1
Ensemble des entreprises	54	52	52	52	52	52	48	47
2.2 Nombre d'employés								
Entreprises d'assurance	26 842	26 845	27 524	27 896	27 755	27 671	27 430	27 738
Intermédiaires	..	..	..	..	..	9 839	9 255	..
Total	..	..	..	..	..	27 671	27 430	27 738

.. Non disponible

Note : Voir les métadonnées détaillées sur : http://metalinks.oecd.org/isy/20141215/e8ff.

Belgique
Tableau 1. Agrégats sélectionnés

Millions EUR

	2006	2007	2008	2009	2010	2011	2012	2013
1.1 Opérations d'assurance conclues dans le pays déclarant								
1.1.1 Opérations d'assurance, par intérêt								
Primes brutes								
Entreprises nationales	29 396	31 489	29 224	28 488	29 575	29 363	32 640	28 180
Entreprises sous contrôle étranger	..	..	..	..	..	..	..	..
Succursales d'entreprises étrangères	..	..	..	..	..	..	..	..
Ensemble des entreprises	29 587	31 417	29 224	28 488	29 575	29 363	32 640	28 180
Primes cédées								
Entreprises nationales	1 100	1 501	1 566	1 645	1 773	1 441	2 417	2 433
Entreprises sous contrôle étranger	..	..	..	..	..	..	..	..
Succursales d'entreprises étrangères	..	..	..	..	..	..	..	..
Ensemble des entreprises	1 100	1 501	..	1 645	1 773	1 441	2 417	2 433
Primes nettes émises								
Entreprises nationales	28 296	29 988	27 658	26 843	27 802	27 922	30 223	25 746
Entreprises sous contrôle étranger	..	..	..	..	..	..	..	..
Succursales d'entreprises étrangères	..	..	..	..	..	..	..	..
Ensemble des entreprises	28 296	29 988	..	26 843	27 802	27 922	30 223	25 746
1.1.2 Opérations d'assurance par risque à l'étranger, primes brutes								
Vie	..	..	..	..	..	..	31	25
Non-vie	..	..	..	..	..	..	242	213
Mixtes	..	..	..	..	..	..	230	215
dont :								
Vie	..	..	..	..	..	..	77	51
Non-vie	..	..	..	..	..	..	153	163
Total	..	..	..	..	..	..	502	453
1.1.3 Paiement par catégories d'assurance, primes brutes (vie)								
Rentes	..	..	..	..	..	..	..	..
Unit linked	..	3 340	1 930	1 664	2 049	2 142	4 844	2 743
Autre assurance vie	..	18 839	17 520	16 740	17 092	16 324	16 235	13 499
Total Assurance Vie	..	22 179	19 450	18 404	19 141	18 467	21 078	16 242
***dont :** Contrats de retraite*	..	..	..	..	..	..	..	..
1.1.4 Paiement par catégories d'assurance, primes brutes (non-vie)								
L'assurance automobile	2 994	..	..	..	..	..	3 459	3 486
Les assurances transport (y compris maritime et aérien)	20	..	..	..	..	..	78	68
L'assurance de fret	77	..	..	..	..	..	116	99
L'assurance incendie et des dommages aux bien	1 815	..	..	..	..	..	2 573	2 690
L'assurance des pertes pécuniaires	187	..	..	..	..	..	407	399
L'assurance de la responsabilité civile générale	598	..	..	..	..	..	780	755
Les assurances accidents et maladie	2 377	..	..	..	..	..	3 361	3 553
***dont :** Maladie*	930	..	..	..	..	..	1 517	1 579
Autres assurances non-vie	448	..	..	..	..	..	737	819
Réassurance obligatoire	..	..	..	..	..	..	7	9
Total assurance non-vie	8 517	..	..	..	..	..	11 516	11 879

Belgique
Tableau 1. Agrégats sélectionnés *(suite)*

Millions EUR

	2006	2007	2008	2009	2010	2011	2012	2013
1.2 Paiements bruts des sinistres								
Vie								
Entreprises nationales	12 866	12 818	15 239	1 207 |	514	547	592	528
Entreprises sous contrôle étranger	..	..	..	..	..	..	..	..
Succursales d'entreprises étrangères	..	..	..	..	..	..	..	..
Ensemble des entreprises	12 866	12 818	15 239	..	..	..	592	528
Non-vie								
Entreprises nationales	4 621	5 027	5 269	1 120 |	1 496	1 512	1 898	1 925
Entreprises sous contrôle étranger	..	..	..	..	..	..	..	..
Succursales d'entreprises étrangères	..	..	..	..	..	..	..	..
Ensemble des entreprises	4 621	5 027	5 269	..	..	..	1 898	1 925
Mixtes								
Entreprises nationales	..	..	..	16 620 |	17 461	20 798	23 438	23 890
Entreprises sous contrôle étranger	..	..	..	..	..	..	..	..
Succursales d'entreprises étrangères	..	..	..	..	..	..	..	..
Ensemble des entreprises	..	..	..	..	..	..	23 438	23 890
dont :								
Vie	..	..	..	..	..	..	17 427	17 746
Entreprises nationales	..	..	..	11 992 |	12 194	15 232	17 427	17 746
Entreprises sous contrôle étranger	..	..	..	..	..	..	..	..
Succursales d'entreprises étrangères	..	..	..	..	..	..	..	..
Ensemble des entreprises	..	..	..	..	..	..	17 427	17 746
Non-vie	..	..	..	..	..	..	6 010	6 144
Entreprises nationales	..	..	..	4 628 |	5 267	5 566	6 010	6 144
Entreprises sous contrôle étranger	..	..	..	..	..	..	..	..
Succursales d'entreprises étrangères	..	..	..	..	..	..	..	..
Ensemble des entreprises	..	..	..	..	..	..	6 010	6 144
Total								
Entreprises nationales	17 487	17 845	20 508	18 947	19 470	22 857	25 928	26 343
Entreprises sous contrôle étranger	..	..	..	..	..	..	..	..
Succursales d'entreprises étrangères	..	..	..	..	..	..	..	..
Ensemble des entreprises	17 487	17 845	20 508	..	..	..	25 928	26 343
1.3 Commissions								
Vie								
Entreprises nationales	774	854	868	140 |	74	54	59	55
Entreprises sous contrôle étranger	..	..	..	..	..	..	..	..
Succursales d'entreprises étrangères	..	..	..	..	..	..	..	..
Ensemble des entreprises	774	854	868	..	..	..	59	55
Non-vie								
Entreprises nationales	1 240	1 308	1 376	207 |	340	318	394	387
Entreprises sous contrôle étranger	..	..	..	..	..	..	..	..
Succursales d'entreprises étrangères	..	..	..	..	..	..	..	..
Ensemble des entreprises	1 240	1 308	1 376	..	..	..	394	387
Mixtes								
Entreprises nationales	..	..	..	1 926 |	2 118	2 209	2 397	2 446
Entreprises sous contrôle étranger	..	..	..	..	..	..	..	..
Succursales d'entreprises étrangères	..	..	..	..	..	..	..	..
Ensemble des entreprises	..	..	..	..	..	..	2 397	2 446
dont :								
Vie	..	..	..	..	..	..	905	875
Entreprises nationales	..	..	..	695 |	808	826	905	875
Entreprises sous contrôle étranger	..	..	..	..	..	..	..	..
Succursales d'entreprises étrangères	..	..	..	..	..	..	..	..
Ensemble des entreprises	..	..	..	..	..	..	905	875
Non-vie	..	..	..	..	..	..	1 493	1 572
Entreprises nationales	..	..	..	1 231 |	1 310	1 382	1 493	1 572
Entreprises sous contrôle étranger	..	..	..	..	..	..	..	..
Succursales d'entreprises étrangères	..	..	..	..	..	..	..	..
Ensemble des entreprises	..	..	..	..	..	..	1 493	1 572
Total								
Entreprises nationales	2 014	2 162	2 243	2 273	2 531	2 581	2 851	2 888
Entreprises sous contrôle étranger	..	..	..	..	..	..	..	..
Succursales d'entreprises étrangères	..	..	..	..	..	..	..	..
Ensemble des entreprises	2 014	2 162	2 243	..	..	..	2 851	2 888

Belgique
Tableau 1. Agrégats sélectionnés *(suite)*

Millions EUR

	2006	2007	2008	2009	2010	2011	2012	2013
1.4 Dépenses brutes d'exploitation								
Vie								
Entreprises nationales	1 523	1 669	1 713	219 |	135	115	118	58
Entreprises sous contrôle étranger	..	..	..	..	..	..	..	..
Succursales d'entreprises étrangères	..	..	..	..	..	..	..	..
Ensemble des entreprises	1 523	1 669	1 713	..	..	..	118	58
Non-vie								
Entreprises nationales	2 468	2 584	2 653	451 |	648	621	806	379
Entreprises sous contrôle étranger	..	..	..	..	..	..	..	..
Succursales d'entreprises étrangères	..	..	..	..	..	..	..	..
Ensemble des entreprises	2 468	2 584	2 653	..	..	..	806	379
Mixtes								
Entreprises nationales	..	..	..	3 645 |	4 007	4 176	4 401	2 084
Entreprises sous contrôle étranger	..	..	..	..	..	..	..	..
Succursales d'entreprises étrangères	..	..	..	..	..	..	..	..
Ensemble des entreprises	..	..	..	..	..	..	4 401	2 084
dont :								
Vie	..	..	..	..	..	..	1 702	830
Entreprises nationales	..	..	..	1 407 |	1 560	1 597	1 702	830
Entreprises sous contrôle étranger	..	..	..	..	..	..	..	..
Succursales d'entreprises étrangères	..	..	..	..	..	..	..	..
Ensemble des entreprises	..	..	..	..	..	..	1 702	830
Non-vie	..	..	..	..	..	..	2 699	1 254
Entreprises nationales	..	..	..	2 238 |	2 446	2 579	2 699	1 254
Entreprises sous contrôle étranger	..	..	..	..	..	..	..	..
Succursales d'entreprises étrangères	..	..	..	..	..	..	..	..
Ensemble des entreprises	..	..	..	..	..	..	2 699	1 254
Total								
Entreprises nationales	3 991	4 254	4 366	4 315	4 790	4 912	5 325	2 522
Entreprises sous contrôle étranger	..	..	..	..	..	..	..	..
Succursales d'entreprises étrangères	..	..	..	..	..	..	..	..
Ensemble des entreprises	3 991	4 254	4 366	..	..	..	5 325	2 522
1.5 Opérations à l'étranger par succursale, primes brutes								
Vie								
Succursales et agences	..	..	..	..	..	..	2	2
Filiales	..	..	..	..	..	..	..	..
Total	..	..	..	..	..	..	2	2
Non-vie								
Succursales et agences	..	..	..	..	..	..	698	674
Filiales	..	..	..	..	..	..	..	..
Total	..	..	..	..	..	..	698	674
Mixtes								
Succursales et agences	..	..	..	..	..	..	442	438
Filiales	..	..	..	..	..	..	..	..
Total	..	..	..	..	..	..	442	438
dont :								
Vie	..	..	..	..	..	..	32	28
Succursales et agences	..	..	..	..	..	..	32	28
Filiales	..	..	..	..	..	..	..	..
Total	..	..	..	..	..	..	32	28
Non-vie	..	..	..	..	..	..	409	410
Succursales et agences	..	..	..	..	..	..	409	410
Filiales	..	..	..	..	..	..	..	..
Total	..	..	..	..	..	..	409	410
Total								
Succursales et agences	..	..	..	..	..	..	1 142	1 114
Filiales	..	..	..	..	..	..	..	..
Total	..	..	..	..	..	..	1 142	1 114

.. Non disponible ; | Rupture de série

Note : Voir les métadonnées détaillées sur : http://metalinks.oecd.org/isy/20141215/68c5.

Belgique
Tableau 2. Nombre d'entreprises et d'employés

	2006	2007	2008	2009	2010	2011	2012	2013
2.1 Nombre d'entreprises								
Vie								
Entreprises nationales	23	24	22	21	20	18	17	16
Entreprises sous contrôle étranger	..	..	..	..	..	..	..	..
Succursales d'entreprises étrangères	6	6	8	8	8	8	7	7
Ensemble des entreprises	29	30	30	29	28	26	24	23
Non-vie								
Entreprises nationales	62	60	57	54	54	53	49	44
Entreprises sous contrôle étranger	..	..	..	..	..	..	..	..
Succursales d'entreprises étrangères	48	43	42	41	40	44	36	36
Ensemble des entreprises	110	103	99	95	94	97	85	80
Mixtes								
Entreprises nationales	22	22	21	21	23	24	23	23
Entreprises sous contrôle étranger	..	..	..	..	..	..	..	..
Succursales d'entreprises étrangères	1	1	1	2	2	2	2	2
Ensemble des entreprises	23	23	22	23	25	26	25	25
Réassurance								
Entreprises nationales	..	..	..	1	2	2	1	1
Entreprises sous contrôle étranger	..	..	..	..	..	..	..	..
Succursales d'entreprises étrangères	..	..	..	0	0	0	1	1
Ensemble des entreprises	..	..	..	1	2	2	2	2
Total								
Entreprises nationales	107	106	100	97	99	97	90	84
Entreprises sous contrôle étranger	..	..	..	..	..	..	..	..
Succursales d'entreprises étrangères	55	50	51	51	50	54	46	46
Ensemble des entreprises	162	156	151	148	149	151	136	130
2.2 Nombre d'employés								
Entreprises d'assurance	24 818	25 115	24 422	23 588	23 833	25 083	..	..
Intermédiaires	24 798	22 891	22 901	20 897	18 075	..	..	..
Total	49 616	48 006	47 323	44 485	41 908	..	..	..

.. Non disponible

Note : Voir les métadonnées détaillées sur : http://metalinks.oecd.org/isy/20141215/68c5.

Canada
Tableau 1. Agrégats sélectionnés

Millions CAD

	2006	2007	2008	2009	2010	2011	2012	2013
1.1 Opérations d'assurance conclues dans le pays déclarant								
1.1.1 Opérations d'assurance, par intérêt								
Primes brutes								
Entreprises nationales	110 655	132 951	108 700	77 487	78 875	83 513	87 337	91 830
Entreprises sous contrôle étranger	25 853	27 285	25 807	11 354	11 288	11 273	11 465	11 237
Succursales d'entreprises étrangères	13 593	13 221	12 632	8 730	9 464	9 502	9 621	9 651
Ensemble des entreprises	124 248	146 172	121 332	86 217	88 339	93 014	96 958	101 481
Primes cédées								
Entreprises nationales	15 346	27 917	15 029	16 856	16 638	21 174	23 483	25 176
Entreprises sous contrôle étranger	5 816	6 016	7 344	2 227	2 465	2 550	2 413	2 504
Succursales d'entreprises étrangères	2 694	3 173	3 242	1 791	2 014	1 923	2 405	2 094
Ensemble des entreprises	18 040	31 090	18 271	18 648	18 651	23 097	25 888	27 270
Primes nettes émises								
Entreprises nationales	95 309	105 034	93 671	60 631	62 237	62 338	63 854	66 655
Entreprises sous contrôle étranger	20 037	21 269	18 463	9 127	8 823	8 723	9 052	8 733
Succursales d'entreprises étrangères	10 899	10 048	9 390	6 939	7 450	7 579	7 216	7 557
Ensemble des entreprises	106 208	115 082	103 061	67 570	69 687	69 917	71 070	74 212
1.1.2 Opérations d'assurance par risque à l'étranger, primes brutes								
Vie	0	0	0	..	..	..	..	..
Non-vie	0	0	0	..	..	..	..	..
Mixtes	..	..	..	..	..	..	..	..
dont :								
Vie	..	..	..	..	..	..	..	..
Non-vie	..	..	..	..	..	..	..	..
Total	-	-	-	..	..	..	..	..
1.1.3 Paiement par catégories d'assurance, primes brutes (vie)								
Rentes	..	34 395	20 077	8 943	7 815	6 457	5 276	6 263
Unit linked	..	56	66	68	70	..	..	..
Autre assurance vie	..	17 103	17 915	18 483	19 212	..	..	..
Total Assurance Vie	..	51 554	38 058	38 923	39 093	..	..	..
***dont :** Contrats de retraite*	..	10 808	1 794	1 837	1 598	..	..	..
1.1.4 Paiement par catégories d'assurance, primes brutes (non-vie)								
L'assurance automobile	20 562	20 743	20 622	17 993	18 191	20 277	21 805	22 857
Les assurances transport (y compris maritime et aérien)	680	632	667	628	650	656	672	630
L'assurance de fret	0	0	0	..	..	..	..	..
L'assurance incendie et des dommages aux bien	14 627	15 529	15 858	13 097	13 483	15 268	16 577	16 687
L'assurance des pertes pécuniaires	1 403	2 725	2 515	1 391	1 643	1 716	1 785	1 748
L'assurance de la responsabilité civile générale	5 996	5 045	5 147	4 766	4 797	5 054	5 197	5 267
Les assurances accidents et maladie	30 033	33 196	34 189	17 371	18 043	25 743	19 672	20 262
***dont :** Maladie*	921	758	852	..	..	..	..	..
Autres assurances non-vie	278	324	341	12	6	8	14	32
Réassurance obligatoire	0	0	0	..	..	..	..	..
Total assurance non-vie	74 500	78 952	80 191	55 258	56 813	68 723	65 723	67 482

Canada
Tableau 1. Agrégats sélectionnés *(suite)*

Millions CAD

	2006	2007	2008	2009	2010	2011	2012	2013
1.2 Paiements bruts des sinistres								
Vie								
Entreprises nationales	36 599	40 685	29 703	-	0	0	0	0
Entreprises sous contrôle étranger	6 329	6 348	4 379	-	0	0	0	0
Succursales d'entreprises étrangères	2 025	1 822	1 702	24	25	27	28	36
Ensemble des entreprises	38 624	42 507	31 405	24	25	27	28	36
Non-vie								
Entreprises nationales	45 305	47 786	52 305	22 318	21 444	23 354	24 435	28 506
Entreprises sous contrôle étranger	10 134	10 867	12 674	5 102	4 666	5 150	4 939	5 566
Succursales d'entreprises étrangères	5 666	5 830	6 515	4 531	5 971	5 840	4 875	5 242
Ensemble des entreprises	50 971	53 616	58 820	26 849	27 415	29 193	29 310	33 748
Mixtes								
Entreprises nationales	..	..	..	13 064	13 016	10 525	10 851	11 227
Entreprises sous contrôle étranger	..	..	..	742	773	666	731	736
Succursales d'entreprises étrangères	..	..	..	193	220	160	163	159
Ensemble des entreprises	..	..	..	13 257	13 236	10 685	11 014	11 386
dont :								
Vie	..	..	..	5 039	5 224	4 599	4 749	4 969
Entreprises nationales	..	..	..	4 931	5 096	4 523	4 650	4 869
Entreprises sous contrôle étranger	..	..	..	311	301	190	189	190
Succursales d'entreprises étrangères	..	..	..	108	128	76	99	99
Ensemble des entreprises	..	..	..	5 039	5 224	4 599	4 749	4 969
Non-vie	..	..	..	8 218	8 012	6 085	6 264	6 417
Entreprises nationales	..	..	..	8 133	7 920	6 002	6 201	6 357
Entreprises sous contrôle étranger	..	..	..	431	472	475	542	546
Succursales d'entreprises étrangères	..	..	..	85	92	83	63	60
Ensemble des entreprises	..	..	..	8 218	8 012	6 085	6 264	6 417
Total								
Entreprises nationales	81 904	88 471	82 008	35 381	34 460	33 879	35 286	39 733
Entreprises sous contrôle étranger	16 463	17 215	17 053	5 844	5 440	5 816	5 670	6 301
Succursales d'entreprises étrangères	7 691	7 652	8 217	4 748	6 216	6 026	5 066	5 437
Ensemble des entreprises	89 595	96 123	90 225	40 129	40 676	39 905	40 351	45 170
1.3 Commissions								
Vie								
Entreprises nationales	3 039	3 350	3 183	-	0	0	0	0
Entreprises sous contrôle étranger	404	407	361	-	0	0	0	0
Succursales d'entreprises étrangères	99	130	121	-	11	10	12	10
Ensemble des entreprises	3 138	3 480	3 304	-	11	10	12	10
Non-vie								
Entreprises nationales	6 117	6 235	5 961	3 855	4 055	4 305	4 719	4 781
Entreprises sous contrôle étranger	2 270	2 423	2 294	934	932	91	1 115	1 092
Succursales d'entreprises étrangères	956	1 079	1 240	1 003	1 070	1 102	1 077	1 095
Ensemble des entreprises	7 073	7 314	7 201	4 858	5 125	5 407	5 796	5 876
Mixtes								
Entreprises nationales	..	..	..	2 654	5 232	5 539	5 505	5 558
Entreprises sous contrôle étranger	..	..	..	-	377	377	258	239
Succursales d'entreprises étrangères	..	..	..	171	169	158	147	145
Ensemble des entreprises	..	..	..	2 825	5 401	5 697	5 652	5 703
dont :								
Vie	..	..	..	2 382	4 026	4 212	4 239	4 291
Entreprises nationales	..	..	..	2 276	3 920	4 115	4 150	4 213
Entreprises sous contrôle étranger	..	..	..	-	273	285	172	173
Succursales d'entreprises étrangères	..	..	..	107	106	97	89	78
Ensemble des entreprises	..	..	..	2 382	4 026	4 212	4 239	4 291
Non-vie	..	..	..	443	1 375	1 485	1 413	1 412
Entreprises nationales	..	..	..	379	1 312	1 424	1 355	1 345
Entreprises sous contrôle étranger	..	..	..	-	104	91	86	66
Succursales d'entreprises étrangères	..	..	..	64	63	61	58	67
Ensemble des entreprises	..	..	..	443	1 375	1 485	1 413	1 412
Total								
Entreprises nationales	9 156	9 585	9 144	6 509	9 287	9 844	10 224	10 339
Entreprises sous contrôle étranger	2 674	2 830	2 655	934	1 309	467	1 373	1 331
Succursales d'entreprises étrangères	1 055	1 209	1 361	1 174	1 250	1 270	1 235	1 249
Ensemble des entreprises	10 211	10 794	10 505	7 683	10 537	11 114	11 460	11 588

Canada
Tableau 1. Agrégats sélectionnés *(suite)*

Millions CAD

	2006	2007	2008	2009	2010	2011	2012	2013
1.4 Dépenses brutes d'exploitation								
Vie								
Entreprises nationales	6 497	6 146	6 367	17 |	18	20	22	23
Entreprises sous contrôle étranger	710	826	739	- |	0	0	0	..
Succursales d'entreprises étrangères	171	155	156	30 |	27	29	32	27
Ensemble des entreprises	6 668	6 301	6 523	46 |	45	49	53	50
Non-vie								
Entreprises nationales	7 119	8 059	8 294	4 412 |	4 707	5 235	5 774	6 023
Entreprises sous contrôle étranger	2 079	1 930	2 457	1 282 |	1 310	1 385	1 465	1 409
Succursales d'entreprises étrangères	1 009	987	1 011	888 |	929	931	1 001	1 017
Ensemble des entreprises	8 128	9 046	9 305	5 300 |	5 636	6 166	6 775	7 040
Mixtes								
Entreprises nationales	..	..	..	12 118 |	13 129	10 675	12 274	13 728
Entreprises sous contrôle étranger	..	..	..	583 |	557	558	557	571
Succursales d'entreprises étrangères	..	..	..	127 |	124	119	110	117
Ensemble des entreprises	..	..	..	12 245 |	13 253	10 794	12 384	13 845
dont :								
Vie	..	..	..	..	..	..	..	..
Entreprises nationales	..	..	..	..	..	..	..	..
Entreprises sous contrôle étranger	..	..	..	..	..	..	..	..
Succursales d'entreprises étrangères	..	..	..	..	..	..	..	..
Ensemble des entreprises	..	..	..	..	..	..	..	..
Non-vie	..	..	..	..	..	..	..	..
Entreprises nationales	..	..	..	..	..	..	..	..
Entreprises sous contrôle étranger	..	..	..	..	..	..	..	..
Succursales d'entreprises étrangères	..	..	..	..	..	..	..	..
Ensemble des entreprises	..	..	..	..	..	..	..	..
Total								
Entreprises nationales	13 616	14 205	14 661	16 546	17 854	15 930	18 069	19 774
Entreprises sous contrôle étranger	2 789	2 756	3 196	1 864	1 868	1 943	2 021	1 981
Succursales d'entreprises étrangères	1 180	1 142	1 167	1 045	1 079	1 079	1 143	1 161
Ensemble des entreprises	14 796	15 347	15 828	17 591	18 933	17 009	19 212	20 934
1.5 Opérations à l'étranger par succursale, primes brutes								
Vie								
Succursales et agences	5 156	5 031	4 855	..	..	..	..	..
Filiales	72 393	70 438	42 509	..	..	..	..	..
Total	77 549	75 469	47 364	- |	..	..	..	..
Non-vie								
Succursales et agences	1 134	1 521	1 584	..	..	..	..	..
Filiales	9 958	9 934	7 662	..	..	..	..	..
Total	11 092	11 455	9 246	325 |	250	545	548	1 018
Mixtes								
Succursales et agences	..	..	..	..	..	..	..	..
Filiales	..	..	..	..	..	..	..	..
Total	..	..	..	41 003 |	36 677	34 423	37 741	7 942
dont :								
Vie	..	..	..	..	..	..	..	..
Succursales et agences	..	..	..	..	..	..	..	..
Filiales	..	..	..	..	..	..	..	..
Total	..	..	..	..	..	..	..	..
Non-vie	..	..	..	..	..	..	..	..
Succursales et agences	..	..	..	..	..	..	..	..
Filiales	..	..	..	..	..	..	..	..
Total	..	..	..	..	..	..	..	..
Total								
Succursales et agences	6 290	6 552	6 439	..	..	..	..	..
Filiales	82 351	80 372	50 171	..	..	..	..	..
Total	88 641	86 924	56 610	41 328	36 927	34 968	38 289	8 959

.. Non disponible ; - Néant ; | Rupture de série

Note : Voir les métadonnées détaillées sur : http://metalinks.oecd.org/isy/20141215/2a9c.

Canada
Tableau 2. Nombre d'entreprises et d'employés

	2006	2007	2008	2009	2010	2011	2012	2013
2.1 Nombre d'entreprises								
Vie								
Entreprises nationales	81	78	76	1	1	1	1	1
Entreprises sous contrôle étranger	14	13	11	0	0	0	0	0
Succursales d'entreprises étrangères	38	35	35	9	7	5	5	5
Ensemble des entreprises	119	113	111	10	8	6	6	6
Non-vie								
Entreprises nationales	250	252	244	89	87	86	84	60
Entreprises sous contrôle étranger	38	37	38	24	23	23	23	22
Succursales d'entreprises étrangères	53	56	56	67	66	61	60	60
Ensemble des entreprises	303	308	300	156	153	147	144	120
Mixtes								
Entreprises nationales	2	2	1	46	44	43	43	34
Entreprises sous contrôle étranger	1	1	0	11	11	10	10	10
Succursales d'entreprises étrangères	3	3	4	27	26	26	21	26
Ensemble des entreprises	5	5	5	73	70	69	64	60
Réassurance								
Entreprises nationales	12	13	10	6	6	6	6	6
Entreprises sous contrôle étranger	8	8	5	5	5	6	6	6
Succursales d'entreprises étrangères	20	22	18	27	24	28	27	28
Ensemble des entreprises	32	35	28	33	30	34	33	34
Total								
Entreprises nationales	345	345	331	142	138	136	134	101
Entreprises sous contrôle étranger	61	59	54	40	39	39	39	38
Succursales d'entreprises étrangères	114	116	113	130	123	120	113	119
Ensemble des entreprises	459	461	444	272	261	256	247	220
2.2 Nombre d'employés								
Entreprises d'assurance	99 200	100 900	102 900	..	..	..	..	..
Intermédiaires	131 900	135 900	140 600	..	..	..	..	..
Total	231 100	236 800	243 500	..	..	..	..	..

.. Non disponible

Note : Voir les métadonnées détaillées sur : http://metalinks.oecd.org/isy/20141215/2a9c.

Chili
Tableau 1. Agrégats sélectionnés

Millions CLP

	2006	2007	2008	2009	2010	2011	2012	2013
1.1 Opérations d'assurance conclues dans le pays déclarant								
1.1.1 Opérations d'assurance, par intérêt								
Primes brutes								
Entreprises nationales	2 523 700	..	..	3 504 520	4 239 694	4 691 200	5 496 223	5 832 221
Entreprises sous contrôle étranger	1 435 045	..	..	2 056 579	2 335 007	2 270 671	2 821 041	3 056 166
Succursales d'entreprises étrangères	-	..	..	-	-	..	..	..
Ensemble des entreprises	2 523 700	..	..	3 504 520	4 239 694	4 691 200	5 496 223	5 832 221
Primes cédées								
Entreprises nationales	416 224	..	..	644 272	..	911 543	930 906	906 942
Entreprises sous contrôle étranger	315 460	..	..	486 353	..	648 512	671 333	647 814
Succursales d'entreprises étrangères	-	..	..	-	..	..	..	..
Ensemble des entreprises	416 224	..	..	644 272	..	911 543	930 906	906 942
Primes nettes émises								
Entreprises nationales	2 107 476	..	..	2 860 248	..	3 779 657	4 565 317	4 925 279
Entreprises sous contrôle étranger	1 119 585	..	..	1 570 226	..	1 622 159	2 149 709	2 408 352
Succursales d'entreprises étrangères	-	..	..	-	..	..	..	..
Ensemble des entreprises	2 107 476	..	..	2 860 248	..	3 779 657	4 565 317	4 925 279
1.1.2 Opérations d'assurance par risque à l'étranger, primes brutes								
Vie	0	..	..	..	..	0	..	..
Non-vie	0	..	..	..	..	0	..	..
Mixtes total	x	x	x	x	x	x	x	x
Total	-	..	..	..	..	-	..	..
1.1.3 Paiement par catégories d'assurance, primes brutes (vie)								
Rentes	..	..	..	808 248	1 067 841	1 105 236	1 623 894	1 729 819
Unit linked	..	..	..	201 107	196 316	201 183	213 028	318 975
Autre assurance vie	..	..	..	1 268 495	1 531 021	1 625 966	1 761 476	1 827 419
Total assurance vie	..	..	..	2 277 850	2 795 177	2 932 385	3 598 399	3 876 213
***dont :** Contrats de retraite*	..	..	..	0	0	1 340 726	..	..
1.1.4 Paiement par catégories d'assurance, primes brutes (non-vie)								
L'assurance automobile	..	..	..	293 508	348 409	420 964	480 767	467 370
Les assurances transport (y compris maritime et aérien)	..	..	..	69 483	75 737	92 530	93 208	117 884
L'assurance de fret	..	..	..	0	0	0	0	0
L'assurance incendie et des dommages aux bien	..	..	..	439 527	539 516	663 739	726 707	711 066
L'assurance des pertes pécuniaires	..	..	..	44 298	49 420	58 737	62 661	55 877
L'assurance de la responsabilité civile générale	..	..	..	50 340	52 327	69 048	80 035	52 154
Les assurances accidents et maladie	..	..	..	121 524	123 267	115 563	117 127	25 789
***dont :** Maladie*	..	..	..	195	571	943	1 362	1 349
Autres assurances non-vie	..	..	..	204 829	252 717	336 427	335 850	524 059
Réassurance obligatoire	..	..	..	0	0	0	0	0
Total assurance non-vie	..	..	..	1 223 509	1 441 393	1 757 008	1 896 354	1 954 198
1.2 Paiements bruts des sinistres								
Vie								
Entreprises nationales	1 213 053	..	..	2 771 258	2 989 991	2 914 714	3 393 850	3 714 398
Entreprises sous contrôle étranger	545 490	..	..	1 177 463	1 103 085	989 305	1 353 122	1 551 286
Succursales d'entreprises étrangères	0	..	..	0	0	0	..	..
Ensemble des entreprises	1 213 053	..	..	2 771 258	2 989 991	2 914 714	3 393 850	3 714 398
Non-vie								
Entreprises nationales	378 167	..	..	501 155	4 196 890	658 815	874 913	896 672
Entreprises sous contrôle étranger	258 476	..	..	300 774	3 421 645	420 283	524 939	541 982
Succursales d'entreprises étrangères	0	..	..	0	0	0	..	..
Ensemble des entreprises	378 167	..	..	501 155	4 196 890	658 815	874 913	896 672
Mixtes, ensemble des entreprises	x	x	x	x	x	x	x	x
Total								
Entreprises nationales	1 591 219	..	..	3 272 413	7 186 881	3 573 529	4 268 763	4 611 070
Entreprises sous contrôle étranger	803 966	..	..	1 478 237	4 524 730	1 409 588	1 878 061	2 093 268
Succursales d'entreprises étrangères	-	..	..	-	-	-	..	..
Ensemble des entreprises	1 591 219	..	..	3 272 413	7 186 881	3 573 529	4 268 763	4 611 070

Chili
Tableau 1. Agrégats sélectionnés *(suite)*

Millions CLP

	2006	2007	2008	2009	2010	2011	2012	2013
1.3 Commissions								
Vie								
Entreprises nationales	6 287	..	..	153 504	183 002	182 335	228 573	248 645
Entreprises sous contrôle étranger	3 739	..	..	80 584	97 836	86 321	118 560	131 550
Succursales d'entreprises étrangères	0	..	..	0	0	0	..	..
Ensemble des entreprises	6 287	..	..	153 504	183 002	182 335	228 573	248 645
Non-vie								
Entreprises nationales	89 167	..	..	145 287	171 903	205 222	224 665	230 945
Entreprises sous contrôle étranger	77 160	..	..	98 178	114 424	134 674	142 291	140 238
Succursales d'entreprises étrangères	0	..	..	0	0	0	..	..
Ensemble des entreprises	89 167	..	..	145 287	171 903	205 222	224 665	230 945
Mixtes, ensemble des entreprises	x	x	x	x	x	x	x	x
Total								
Entreprises nationales	95 454	..	..	298 791	354 905	387 557	453 238	479 590
Entreprises sous contrôle étranger	80 899	..	..	178 762	212 260	220 996	260 851	271 787
Succursales d'entreprises étrangères	-	..	..	-	-	-	..	..
Ensemble des entreprises	95 454	..	..	298 791	354 905	387 557	453 238	479 590
1.4 Dépenses brutes d'exploitation								
Vie								
Entreprises nationales	2 237 481	..	..	445 121	497 317	502 620	519 184	549 344
Entreprises sous contrôle étranger	1 249 568	..	..	238 613	271 689	242 660	250 271	268 515
Succursales d'entreprises étrangères	0	..	..	0	0	0	..	..
Ensemble des entreprises	2 237 481	..	..	445 121	497 317	502 620	519 184	549 344
Non-vie								
Entreprises nationales	466 330	..	..	263 732	290 845	331 560	339 044	359 066
Entreprises sous contrôle étranger	401 999	..	..	200 942	214 753	241 486	239 100	251 791
Succursales d'entreprises étrangères	0	..	..	0	0	0	..	..
Ensemble des entreprises	466 330	..	..	263 732	290 845	331 560	339 044	359 066
Mixtes, ensemble des entreprises	x	x	x	x	x	x	x	x
Total								
Entreprises nationales	2 703 810	..	..	708 853	788 162	834 180	858 228	908 410
Entreprises sous contrôle étranger	1 651 567	..	..	439 555	486 443	484 145	489 370	520 306
Succursales d'entreprises étrangères	-	..	..	-	-	-	..	..
Ensemble des entreprises	2 703 810	..	..	708 853	788 162	834 180	858 228	908 410
1.5 Opérations à l'étranger par succursale, primes brutes								
Vie								
Succursales et agences	0	..	..	..	..	0	..	..
Filiales	0	..	..	..	..	0	..	..
Total	0	..	..	..	..	0	..	..
Non-vie								
Succursales et agences	0	..	..	..	..	0	..	..
Filiales	0	..	..	..	..	0	..	..
Total	0	..	..	..	..	0	..	..
Mixtes total	x	x	x	x	x	x	x	x
Total								
Succursales et agences	-	..	..	..	..	-	..	..
Filiales	-	..	..	..	..	-	..	..
Total	-	..	..	..	..	-	..	..

.. Non disponible ; - Néant ; x Sans objet

Note : Voir les métadonnées détaillées sur : http://metalinks.oecd.org/isy/20141215/1dd2.

Chili
Tableau 2. Nombre d'entreprises et d'employés

	2006	2007	2008	2009	2010	2011	2012	2013
2.1 Nombre d'entreprises								
Vie								
Entreprises nationales	29	..	..	30	31	30	32	33
Entreprises sous contrôle étranger	14	..	..	12	12	12	11	12
Succursales d'entreprises étrangères	0	..	..	0	0	0	..	..
Ensemble des entreprises	29	..	..	30	31	30	32	33
Non-vie								
Entreprises nationales	21	..	..	25	26	27	28	29
Entreprises sous contrôle étranger	13	..	..	14	15	16	16	18
Succursales d'entreprises étrangères	0	..	..	0	0	0	..	..
Ensemble des entreprises	21	..	..	25	26	27	28	29
Mixtes, ensemble des entreprises	-	-	-	-	-	-	-	-
Réassurance								
Entreprises nationales	1	..	..	1	1	1	1	1
Entreprises sous contrôle étranger	1	..	..	1	1	1	1	1
Succursales d'entreprises étrangères	0	..	..	0	0	0	..	..
Ensemble des entreprises	0	..	..	1	1	1	1	1
Total								
Entreprises nationales	51	..	..	56	58	58	61	63
Entreprises sous contrôle étranger	28	..	..	27	28	29	28	31
Succursales d'entreprises étrangères	0	..	..	0	0	0	..	..
Ensemble des entreprises	51	..	..	56	58	58	61	63
2.2 Nombre d'employés								
Entreprises d'assurance	13 039	..	..	13 236	13 554	14 366	16 304	16 686
Intermédiaires	4 949	..	..	6 492	6 828	7 211	6 828	7 046
Total	17 988	..	..	19 728	20 382	21 577	23 132	23 732

.. Non disponible ; - Néant

Note : Voir les métadonnées détaillées sur : http://metalinks.oecd.org/isy/20141215/1dd2.

République tchèque
Tableau 1. Agrégats sélectionnés

Millions CZK

	2006	2007	2008	2009	2010	2011	2012	2013
1.1 Opérations d'assurance conclues dans le pays déclarant								
1.1.1 Opérations d'assurance, par intérêt								
Primes brutes								
Entreprises nationales	115 367	124 044	129 630	135 645	147 259	146 494	145 572	147 955
Entreprises sous contrôle étranger	104 203	110 225	121 743	126 354	136 170	134 999	134 114	135 671
Succursales d'entreprises étrangères	6 754	8 844	10 211	8 512	8 723	8 598	8 026	8 567
Ensemble des entreprises	122 121	132 901	139 841	144 157	155 981	155 092	153 597	156 522
Primes cédées								
Entreprises nationales	24 284	22 386	23 563	23 094	26 327	27 642	27 730	29 333
Entreprises sous contrôle étranger	23 422	21 626	22 762	21 993	23 843	24 903	24 826	26 054
Succursales d'entreprises étrangères	601	836	1 314	1 121	1 174	1 120	984	1 016
Ensemble des entreprises	24 884	23 222	24 877	24 215	27 502	28 762	28 714	30 349
Primes nettes émises								
Entreprises nationales	91 084	101 659	106 067	112 551	120 931	118 852	117 842	118 623
Entreprises sous contrôle étranger	80 780	88 598	98 981	104 361	112 327	110 096	109 288	109 617
Succursales d'entreprises étrangères	6 153	8 008	8 896	7 391	7 548	7 478	7 041	7 550
Ensemble des entreprises	97 237	109 682	114 963	119 942	128 480	126 330	124 884	126 173
1.1.2 Opérations d'assurance par risque à l'étranger, primes brutes								
Vie	0	2	2	3 626	..	2	3	0
Non-vie	1 405	1 507	1 867	86 665	..	814	931	741
Mixtes	..	..	..	..	..	1 553	1 681	1 780
dont :								
Vie	..	..	..	..	..	1	0	37
Non-vie	..	..	..	..	..	1 553	1 681	1 742
Total	1 406	1 509	1 869	90 291	..	2 370	2 614	2 521
1.1.3 Paiement par catégories d'assurance, primes brutes (vie)								
Rentes	..	2 577	2 439	2 314	2 082	1 881	1 810	1 775
Unit linked	..	18 394	21 591	24 126	33 956	36 584	37 799	34 764
Autre assurance vie	..	33 156	32 870	33 791	35 710	33 543	32 437	35 030
Total Assurance Vie	..	54 127	56 901	60 232	71 748	72 008	72 046	71 569
***dont :** Contrats de retraite*	..	..	..	..	..	..	..	..
1.1.4 Paiement par catégories d'assurance, primes brutes (non-vie)								
L'assurance automobile	37 960	39 590	40 988	41 099	38 467	35 827	34 350	35 804
Les assurances transport (y compris maritime et aérien)	384	295	235	255	289	274	243	214
L'assurance de fret	456	469	471	376	378	385	336	393
L'assurance incendie et des dommages aux bien	17 873	17 722	18 835	19 847	20 151	20 586	20 832	21 442
L'assurance des pertes pécuniaires	3 557	4 591	4 530	3 873	5 047	5 413	5 190	5 920
L'assurance de la responsabilité civile générale	9 734	10 425	11 413	11 642	12 128	12 416	12 420	12 869
Les assurances accidents et maladie	3 337	3 724	4 100	4 628	5 491	5 708	5 523	5 482
***dont :** Maladie*	0	0	0	0	0	0	0	0
Autres assurances non-vie	1 585	1 945	2 368	2 204	2 284	2 477	2 656	2 825
Réassurance obligatoire	..	..	0	0	0	0	0	0
Total assurance non-vie	74 888	78 760	82 940	83 925	84 234	83 084	81 550	84 950

République tchèque
Tableau 1. Agrégats sélectionnés *(suite)*

Millions CZK

	2006	2007	2008	2009	2010	2011	2012	2013
1.2 Paiements bruts des sinistres								
Vie								
Entreprises nationales	16 426	22 151	27 147	29 536	247	934	968	765
Entreprises sous contrôle étranger	149 534	18 046	26 391	28 702	247	934	968	765
Succursales d'entreprises étrangères	2 411	3 045	3 429	3 864	4 041	4 193	4 402	7 219
Ensemble des entreprises	18 837	25 196	30 576	33 400	4 287	5 127	5 370	7 984
Non-vie								
Entreprises nationales	37 780	36 021	37 999	41 439	3 939	2 981	3 594	5 208
Entreprises sous contrôle étranger	35 200	33 259	35 372	37 426	1 983	1 463	1 648	2 171
Succursales d'entreprises étrangères	118	316	644	903	1 001	922	746	1 184
Ensemble des entreprises	37 898	36 337	38 643	42 343	4 940	3 903	4 340	6 392
Mixtes								
Entreprises nationales	..	..	..	..	72 968	76 178	78 484	86 244
Entreprises sous contrôle étranger	..	..	..	..	69 071	72 105	74 012	81 355
Succursales d'entreprises étrangères	..	..	..	..	0	0	0	0
Ensemble des entreprises	..	..	..	..	72 968	76 178	78 484	86 244
dont :								
Vie	..	..	..	..	31 760	36 944	41 040	43 395
Entreprises nationales	..	..	..	..	31 760	36 944	41 040	43 395
Entreprises sous contrôle étranger	..	..	..	..	30 834	35 822	39 685	42 174
Succursales d'entreprises étrangères	..	..	..	..	0	0	0	0
Ensemble des entreprises	..	..	..	..	31 760	36 944	41 040	43 395
Non-vie	..	..	..	..	41 208	39 235	37 444	42 849
Entreprises nationales	..	..	..	..	41 208	39 235	37 444	42 849
Entreprises sous contrôle étranger	..	..	..	..	38 237	36 283	34 327	39 180
Succursales d'entreprises étrangères	..	..	..	..	0	0	0	0
Ensemble des entreprises	..	..	..	..	41 208	39 235	37 444	42 849
Total								
Entreprises nationales	54 206	58 172	65 146	70 975	77 154	80 094	83 046	92 217
Entreprises sous contrôle étranger	184 735	51 306	61 762	66 128	71 301	74 502	76 628	84 291
Succursales d'entreprises étrangères	2 529	3 361	4 074	4 768	5 041	5 116	5 148	8 403
Ensemble des entreprises	56 735	61 533	69 219	75 743	82 196	85 209	88 194	100 620
1.3 Commissions								
Vie								
Entreprises nationales	337	343	365	..	9	628	..	..
Entreprises sous contrôle étranger	323	331	364	..	9	628	..	..
Succursales d'entreprises étrangères	0	0	0	..	0	486	..	..
Ensemble des entreprises	337	343	365	..	9	1 114	..	..
Non-vie								
Entreprises nationales	5 607	5 117	5 102	..	313	466	..	..
Entreprises sous contrôle étranger	5 382	4 997	4 937	..	257	273	..	..
Succursales d'entreprises étrangères	124	151	260	..	214	418	..	..
Ensemble des entreprises	5 730	5 268	5 362	..	528	884	..	..
Mixtes								
Entreprises nationales	..	..	..	..	5 035	12 386	..	..
Entreprises sous contrôle étranger	..	..	..	..	4 607	11 419	..	..
Succursales d'entreprises étrangères	..	..	..	..	0	0	..	..
Ensemble des entreprises	..	..	..	..	5 035	12 386	..	..
dont :								
Vie	..	..	..	..	414	7 407	..	..
Entreprises nationales	..	..	..	..	414	7 407	..	..
Entreprises sous contrôle étranger	..	..	..	..	414	7 243	..	..
Succursales d'entreprises étrangères	..	..	..	..	0	0	..	..
Ensemble des entreprises	..	..	..	..	414	7 407	..	..
Non-vie	..	..	..	..	4 620	4 980	..	..
Entreprises nationales	..	..	..	..	4 620	4 980	..	..
Entreprises sous contrôle étranger	..	..	..	..	4 193	4 176	..	..
Succursales d'entreprises étrangères	..	..	..	..	0	0	..	..
Ensemble des entreprises	..	..	..	..	4 620	4 980	..	..
Total								
Entreprises nationales	5 944	5 460	5 467	..	5 357	13 481	..	..
Entreprises sous contrôle étranger	5 705	5 328	5 301	..	4 873	12 320	..	..
Succursales d'entreprises étrangères	124	151	260	..	214	904	..	..
Ensemble des entreprises	6 068	5 611	5 727	..	5 572	14 384	..	..

République tchèque
Tableau 1. Agrégats sélectionnés *(suite)*

Millions CZK

	2006	2007	2008	2009	2010	2011	2012	2013
1.4 Dépenses brutes d'exploitation								
Vie								
Entreprises nationales	9 456	10 736	11 748	12 964	1 060 |	1 085	1 132	748
Entreprises sous contrôle étranger	8 621	9 694	11 453	12 557	1 060 |	1 085	1 132	748
Succursales d'entreprises étrangères	1 444	1 645	1 672	1 387	1 440	1 617	1 659	1 587
Ensemble des entreprises	10 900	12 382	13 421	14 351	2 499 |	2 702	2 791	2 335
Non-vie								
Entreprises nationales	18 734	20 071	21 259	22 391	2 303 |	2 559	1 970	1 795
Entreprises sous contrôle étranger	16 849	18 197	19 100	19 946	1 446 |	1 509	1 152	987
Succursales d'entreprises étrangères	176	533	721	735	874	933	277	715
Ensemble des entreprises	18 910	20 603	21 980	23 126	3 177 |	3 491	2 247	2 510
Mixtes								
Entreprises nationales	..	..	..	..	31 688 |	33 219	21 405	21 863
Entreprises sous contrôle étranger	..	..	..	..	25 999 |	31 001	20 417	20 499
Succursales d'entreprises étrangères	..	..	..	..	0	0	0	0
Ensemble des entreprises	..	..	..	..	31 688 |	33 219	21 405	21 863
dont :								
Vie	..	..	..	..	12 087 |	13 363	12 009	11 670
Entreprises nationales	..	..	..	..	12 087 |	13 363	12 009	11 670
Entreprises sous contrôle étranger	..	..	..	..	11 605 |	12 861	11 604	11 231
Succursales d'entreprises étrangères	..	..	..	..	0	0	0	0
Ensemble des entreprises	..	..	..	..	12 087 |	13 363	12 009	11 670
Non-vie	..	..	..	..	19 601 |	19 856	9 396	10 193
Entreprises nationales	..	..	..	..	19 601 |	19 856	9 396	10 193
Entreprises sous contrôle étranger	..	..	..	..	17 994 |	18 140	8 814	9 268
Succursales d'entreprises étrangères	..	..	..	..	0	0	0	0
Ensemble des entreprises	..	..	..	..	19 601 |	19 856	9 396	10 193
Total								
Entreprises nationales	28 190	30 807	33 007	35 356	35 050	36 863	24 507	24 407
Entreprises sous contrôle étranger	25 470	27 891	30 553	32 503	28 505	33 595	22 701	22 234
Succursales d'entreprises étrangères	1 621	2 178	2 393	2 122	2 314	2 550	1 936	2 302
Ensemble des entreprises	29 810	32 985	35 400	37 477	37 364	39 413	26 443	26 708
1.5 Opérations à l'étranger par succursale, primes brutes								
Vie								
Succursales et agences	65	259	612	1 077	- |	0	0	0
Filiales	..	..	..	..	..	..	..	..
Total	1	259	612	1 077	- |	0	0	0
Non-vie								
Succursales et agences	1	7	20	421	437 |	318	307	323
Filiales	..	..	..	..	..	..	..	..
Total	65	7	20	421	437 |	318	307	323
Mixtes								
Succursales et agences	..	..	..	..	1 264 |	1 294	1 359	3 714
Filiales	..	..	..	..	..	..	..	..
Total	..	..	..	..	1 264 |	1 294	1 359	3 714
dont :								
Vie	..	..	..	..	1 254 |	1 244	1 317	1 737
Succursales et agences	..	..	..	..	1 254 |	1 244	1 317	1 737
Filiales	..	..	..	..	..	..	..	..
Total	..	..	..	..	1 254 |	1 244	1 317	1 737
Non-vie	..	..	..	..	10 |	49	42	1 977
Succursales et agences	..	..	..	..	10 |	49	42	1 977
Filiales	..	..	..	..	..	..	..	..
Total	..	..	..	..	10 |	49	42	1 977
Total								
Succursales et agences	66	266	632	1 498	1 701	1 612	1 666	4 037
Filiales	..	..	..	..	..	..	..	..
Total	66	266	632	1 498	1 701	1 612	1 666	4 037

.. Non disponible ; - Néant ; | Rupture de série

Note : Voir les métadonnées détaillées sur : http://metalinks.oecd.org/isy/20141215/5020.

République tchèque
Tableau 2. Nombre d'entreprises et d'employés

	2006	2007	2008	2009	2010	2011	2012	2013
2.1 Nombre d'entreprises								
Vie								
Entreprises nationales	3	3	3	3	3	3	3	2
Entreprises sous contrôle étranger	3	3	3	3	3	3	3	2
Succursales d'entreprises étrangères	3	3	4	4	4	4	3	3
Ensemble des entreprises	6	6	7	7	7	7	6	5
Non-vie								
Entreprises nationales	15	16	17	17	17	17	16	16
Entreprises sous contrôle étranger	6	8	9	9	9	9	8	8
Succursales d'entreprises étrangères	11	13	12	12	13	14	15	15
Ensemble des entreprises	26	29	29	29	30	31	31	31
Mixtes								
Entreprises nationales	15	15	15	15	15	15	15	15
Entreprises sous contrôle étranger	11	11	12	12	12	12	12	12
Succursales d'entreprises étrangères	2	2	2	1	0	0	0	0
Ensemble des entreprises	17	17	17	16	15	15	15	15
Réassurance								
Entreprises nationales	0	0	1	1	1	1	1	1
Entreprises sous contrôle étranger	0	0	1	1	1	1	1	1
Succursales d'entreprises étrangères	0	0	0	0	0	..	..	..
Ensemble des entreprises	0	0	1	1	1	1	1	1
Total								
Entreprises nationales	33	34	36	36	36	36	35	34
Entreprises sous contrôle étranger	20	22	25	25	25	25	24	23
Succursales d'entreprises étrangères	16	18	18	17	17	18	18	18
Ensemble des entreprises	49	52	54	53	53	54	53	52
2.2 Nombre d'employés								
Entreprises d'assurance	14 351	14 511	14 770	14 594	..	..	..	..
Intermédiaires	50 121	67 529	78 980	96 957	..	..	..	..
Total	64 472	82 040	93 750	111 551	..	..	..	..

.. Non disponible

Note : Voir les métadonnées détaillées sur : http://metalinks.oecd.org/isy/20141215/5020.

Danemark
Tableau 1. Agrégats sélectionnés

Millions DKK

	2006	2007	2008	2009	2010	2011	2012	2013
1.1 Opérations d'assurance conclues dans le pays déclarant								
1.1.1 Opérations d'assurance, par intérêt								
Primes brutes								
Entreprises nationales	140 755	154 914	165 712	161 090	171 554	181 700	189 673	1 268 025
Entreprises sous contrôle étranger	25 893	26 723	28 089	25 454	27 763	34 560	34 996	39 736
Succursales d'entreprises étrangères	..	..	-	..	..	..	..	..
Ensemble des entreprises	140 755	154 914	165 712	..	..	181 700	189 673	1 268 025
Primes cédées								
Entreprises nationales	4 774	4 351	3 809	4 213	6 015	7 676	7 009	7 417
Entreprises sous contrôle étranger	1 878	1 190	668	706	1 456	3 427	3 293	3 199
Succursales d'entreprises étrangères	..	..	..	..	..	..	..	..
Ensemble des entreprises	..	..	..	..	..	7 676	7 009	7 417
Primes nettes émises								
Entreprises nationales	135 981	150 564	161 253	156 877	165 540	174 024	182 664	1 260 608
Entreprises sous contrôle étranger	24 015	25 533	27 216	24 748	26 307	31 132	31 703	36 537
Succursales d'entreprises étrangères	..	..	-	..	..	..	..	..
Ensemble des entreprises	92 708	150 564	..	..	..	174 024	182 664	1 260 608
1.1.2 Opérations d'assurance par risque à l'étranger, primes brutes								
Vie	..	..	..	..	..	3 099	3 530	1 125
Non-vie	..	..	..	..	..	13 950	14 359	14 611
Mixtes total	x	x	x	x	x	x	x	x
Total	..	..	..	..	..	17 050	17 889	15 737
1.1.3 Paiement par catégories d'assurance, primes brutes (vie)								
Rentes	..	81 851	88 863	..	..	..	..	..
Unit linked	..	16 410	19 479	..	..	..	..	..
Autre assurance vie	..	0	0	..	..	..	..	..
Total assurance vie	..	98 261	108 342	..	..	..	129 477	133 294
***dont**: Contrats de retraite*	..	..	..	..	..	..	..	..
1.1.4 Paiement par catégories d'assurance, primes brutes (non-vie)								
L'assurance automobile	..	..	..	..	..	16 520	16 511	16 304
Les assurances transport (y compris maritime et aérien)	..	..	..	..	..	1 328	1 397	1 263
L'assurance de fret	..	..	..	..	..	..	..	..
L'assurance incendie et des dommages aux bien	..	..	..	..	..	15 003	20 461	20 737
L'assurance des pertes pécuniaires	..	..	..	..	..	336	359	372
L'assurance de la responsabilité civile générale	..	..	..	..	..	1 857	2 023	2 061
Les assurances accidents et maladie	..	..	..	..	..	13 403	13 553	12 611
***dont**: Maladie*	..	..	..	..	..	900	1 013	1 051
Autres assurances non-vie	..	..	..	..	..	3 983	4 465	4 659
Réassurance obligatoire	..	..	..	..	..	451	638	653
Total assurance non-vie	..	..	..	..	..	52 882	59 407	58 661
1.2 Paiements bruts des sinistres								
Vie								
Entreprises nationales	61 075	69 357	69 915	69 241	77 577	86 498	92 230	111 119
Entreprises sous contrôle étranger	12 883	14 428	14 555	13 699	16 488	20 780	22 286	24 154
Succursales d'entreprises étrangères	..	..	..	..	..	..	..	..
Ensemble des entreprises	..	..	..	82 940	77 577	86 498	92 230	111 119
Non-vie								
Entreprises nationales	29 714	38 066	37 672	39 988	42 282	45 935	40 906	43 547
Entreprises sous contrôle étranger	4 940	6 440	5 673	6 018	6 002	7 484	6 308	6 731
Succursales d'entreprises étrangères	..	..	..	..	..	..	..	..
Ensemble des entreprises	..	..	..	46 006	42 282	45 935	40 906	43 547
Mixtes, ensemble des entreprises	x	x	x	x	x	x	x	x
Total								
Entreprises nationales	90 789	107 423	107 587	109 229	119 859	132 433	133 136	154 666
Entreprises sous contrôle étranger	17 823	20 868	20 227	19 716	22 490	28 264	28 594	30 885
Succursales d'entreprises étrangères	..	..	..	..	..	..	..	..
Ensemble des entreprises	..	..	..	128 945	119 859	132 433	133 136	154 666

Danemark
Tableau 1. Agrégats sélectionnés *(suite)*

Millions DKK

	2006	2007	2008	2009	2010	2011	2012	2013
1.3 Commissions								
Vie								
Entreprises nationales	640	651	697	493	226	235	194	182
Entreprises sous contrôle étranger	127	112	193	98	97	77	59	43
Succursales d'entreprises étrangères	..	..	..	..	..	..	..	..
Ensemble des entreprises	..	..	..	..	..	235	194	182
Non-vie								
Entreprises nationales	1 414	1 531	1 158	1 194	1 309	1 257	1 434	1 380
Entreprises sous contrôle étranger	648	585	171	230	292	257	367	361
Succursales d'entreprises étrangères	..	..	..	..	..	..	..	..
Ensemble des entreprises	..	..	..	..	..	1 257	1 434	1 380
Mixtes, ensemble des entreprises	x	x	x	x	x	x	x	x
Total								
Entreprises nationales	2 054	2 182	1 855	1 687	1 535	1 492	1 629	1 562
Entreprises sous contrôle étranger	775	697	364	328	389	334	426	405
Succursales d'entreprises étrangères	..	..	..	..	..	..	..	..
Ensemble des entreprises	..	..	..	..	..	1 492	1 629	1 562
1.4 Dépenses brutes d'exploitation								
Vie								
Entreprises nationales	4 629	4 909	5 152	4 930	4 685	5 136	5 088	4 954
Entreprises sous contrôle étranger	1 201	1 249	1 334	1 385	1 340	1 325	1 316	1 326
Succursales d'entreprises étrangères	..	..	..	..	..	..	..	..
Ensemble des entreprises	..	..	..	6 315	4 685	5 136	5 088	4 954
Non-vie								
Entreprises nationales	9 089	9 278	9 383	9 179	9 713	10 241	10 292	10 391
Entreprises sous contrôle étranger	3 332	2 292	1 624	1 688	1 577	1 940	2 124	2 200
Succursales d'entreprises étrangères	..	..	..	..	..	..	..	..
Ensemble des entreprises	..	..	..	10 867	9 713	10 241	10 292	10 391
Mixtes, ensemble des entreprises	x	x	x	x	x	x	x	x
Total								
Entreprises nationales	13 718	14 187	14 535	14 109	14 398	15 377	15 380	15 345
Entreprises sous contrôle étranger	4 533	3 541	2 958	3 073	2 917	3 265	3 440	3 526
Succursales d'entreprises étrangères	..	..	..	..	..	..	..	..
Ensemble des entreprises	..	..	..	17 182	14 398	15 377	15 380	15 345
1.5 Opérations à l'étranger par succursale, primes brutes								
Vie								
Succursales et agences	..	..	..	478	423	353	..	..
Filiales	..	..	..	..	..	..	..	..
Total	..	..	..	..	..	353	..	..
Non-vie								
Succursales et agences	1 183	7 933	9 626	647	8 805	9 995	10 646	10 031
Filiales	..	..	..	..	..	..	..	..
Total	..	..	..	..	..	9 995	10 646	10 031
Mixtes total	x	x	x	x	x	x	x	x
Total								
Succursales et agences	1 183	7 933	9 626	1 126	9 227	10 348	10 646	10 031
Filiales	..	..	..	..	..	..	..	..
Total	..	..	..	..	..	10 348	10 646	10 031

.. Non disponible ; - Néant ; x Sans objet

Note : Voir les métadonnées détaillées sur : http://metalinks.oecd.org/isy/20141215/55b1.

Danemark
Tableau 2. Nombre d'entreprises et d'employés

	2006	2007	2008	2009	2010	2011	2012	2013
2.1 Nombre d'entreprises								
Vie								
Entreprises nationales	64	63	63	59	55	55	47	39
Entreprises sous contrôle étranger	10	10	9	8	8	8	7	5
Succursales d'entreprises étrangères	..	..	..	4	4	6	6	1
Ensemble des entreprises	..	..	..	71	59	61	53	40
Non-vie								
Entreprises nationales	109	106	113	100	87	85	76	77
Entreprises sous contrôle étranger	10	8	11	10	8	8	6	6
Succursales d'entreprises étrangères	..	..	..	10	45	41	38	48
Ensemble des entreprises	..	..	..	120	132	126	114	125
Mixtes, ensemble des entreprises	-	-	-	-	-	-	-	-
Réassurance								
Entreprises nationales	11	12	12	10	9	9	9	7
Entreprises sous contrôle étranger	2	2	..	1	0	0	..	..
Succursales d'entreprises étrangères	..	..	..	..	..	..	..	..
Ensemble des entreprises	..	..	..	11	..	9	9	7
Total								
Entreprises nationales	184	181	..	169	..	149	132	123
Entreprises sous contrôle étranger	22	20	..	19	..	16	13	11
Succursales d'entreprises étrangères	..	..	..	14	..	47	44	49
Ensemble des entreprises	..	..	..	202	..	196	176	172
2.2 Nombre d'employés								
Entreprises d'assurance	14 259	15 995	16 274	16 455	16 051	16 130	15 835	15 377
Intermédiaires	..	..	..	..	..	..	..	..
Total	..	..	..	..	..	16 130	15 835	15 377

.. Non disponible ; - Néant

Note : Voir les métadonnées détaillées sur : http://metalinks.oecd.org/isy/20141215/55b1.

Estonie
Tableau 1. Agrégats sélectionnés

Millions EUR

	2006	2007	2008	2009	2010	2011	2012	2013
1.1 Opérations d'assurance conclues dans le pays déclarant								
1.1.1 Opérations d'assurance, par intérêt								
Primes brutes								
Entreprises nationales	300	..	..	281	427	403	430	523
Entreprises sous contrôle étranger	270	..	..	188	406	380	407	499
Succursales d'entreprises étrangères	..	..	..	41	-	-	51	60
Ensemble des entreprises	101	..	..	247	427	403	480	583
Primes cédées								
Entreprises nationales	31	..	..	25	20	20	..	27
Entreprises sous contrôle étranger	11	..	..	10	13	11	..	18
Succursales d'entreprises étrangères	..	..	..	..	-	-	..	..
Ensemble des entreprises	1	..	..	..	20	20	..	..
Primes nettes émises								
Entreprises nationales	270	..	..	256	406	383	..	496
Entreprises sous contrôle étranger	259	..	..	178	393	368	..	481
Succursales d'entreprises étrangères	..	..	..	..	-	-	..	..
Ensemble des entreprises	99	..	..	..	406	383	..	..
1.1.2 Opérations d'assurance par risque à l'étranger, primes brutes								
Vie	..	..	..	..	96	90	..	..
Non-vie	..	..	..	..	62	68	..	..
Mixtes total	x	x	x	x	x	x	x	x
Total	..	..	..	..	158	158	..	..
1.1.3 Paiement par catégories d'assurance, primes brutes (vie)								
Rentes	..	..	..	6	8	9	10	17
Unit linked	..	..	..	33	104	84	27	87
Autre assurance vie	..	..	..	37	61	67	30	66
Total assurance vie	..	..	..	76	173	160	68	171
dont : *Contrats de retraite*	..	..	..	-	1	26	30	33
1.1.4 Paiement par catégories d'assurance, primes brutes (non-vie)								
L'assurance automobile	..	..	..	161	148	142	143	229
Les assurances transport (y compris maritime et aérien)	..	..	..	1	1	1	3	2
L'assurance de fret	..	..	..	1	2	2	..	3
L'assurance incendie et des dommages aux bien	..	..	..	56	63	63	59	99
L'assurance des pertes pécuniaires	..	..	..	12	4	5	5	8
L'assurance de la responsabilité civile générale	..	..	..	5	8	9	6	15
Les assurances accidents et maladie	..	..	..	7	28	30	15	40
dont : *Maladie*	..	..	..	..	..	..	..	9
Autres assurances non-vie	..	..	..	0	1	1	1	9
Réassurance obligatoire	..	..	..	..	0	0	..	8
Total assurance non-vie	..	..	..	242	254	253	231	412
1.2 Paiements bruts des sinistres								
Vie								
Entreprises nationales	23	..	..	44	82	115	112	101
Entreprises sous contrôle étranger	23	..	..	16	82	115	112	101
Succursales d'entreprises étrangères	..	..	..	..	-	0	..	..
Ensemble des entreprises	..	..	..	44	82	115	112	101
Non-vie								
Entreprises nationales	104	..	..	121	153	154	147	197
Entreprises sous contrôle étranger	86	..	..	86	139	141	134	184
Succursales d'entreprises étrangères	..	..	..	28	-	0	..	33
Ensemble des entreprises	..	..	..	149	153	154	147	230
Mixtes, ensemble des entreprises	x	x	x	x	x	x	x	x
Total								
Entreprises nationales	127	..	..	165	235	270	259	298
Entreprises sous contrôle étranger	109	..	..	102	221	256	246	285
Succursales d'entreprises étrangères	..	..	..	28	-	-	..	33
Ensemble des entreprises	..	..	..	193	235	270	259	331

Estonie

Tableau 1. Agrégats sélectionnés *(suite)*

Millions EUR

	2006	2007	2008	2009	2010	2011	2012	2013
1.3 Commissions								
Vie								
Entreprises nationales	8	..	..	..	3	8	9	19
Entreprises sous contrôle étranger	8	..	..	..	3	8	9	19
Succursales d'entreprises étrangères	..	..	..	..	-	0	..	..
Ensemble des entreprises	..	..	..	..	3	8	9	19
Non-vie								
Entreprises nationales	18	..	..	..	17	17	4	72
Entreprises sous contrôle étranger	15	..	..	..	16	15	2	67
Succursales d'entreprises étrangères	..	..	..	..	-	0	..	..
Ensemble des entreprises	..	..	..	..	17	17	4	72
Mixtes, ensemble des entreprises	x	x	x	x	x	x	x	x
Total								
Entreprises nationales	26	..	..	..	20	25	13	90
Entreprises sous contrôle étranger	23	..	..	..	18	23	11	86
Succursales d'entreprises étrangères	..	..	..	..	-	-	..	..
Ensemble des entreprises	..	..	..	..	20	25	13	90
1.4 Dépenses brutes d'exploitation								
Vie								
Entreprises nationales	11	..	..	..	21	24	23	9
Entreprises sous contrôle étranger	11	..	..	..	21	24	23	9
Succursales d'entreprises étrangères	..	..	..	..	-	0	..	..
Ensemble des entreprises	..	..	..	..	21	24	23	9
Non-vie								
Entreprises nationales	47	..	..	..	71	74	73	27
Entreprises sous contrôle étranger	41	..	..	..	64	67	67	25
Succursales d'entreprises étrangères	..	..	..	..	-	0	..	..
Ensemble des entreprises	..	..	..	..	71	74	73	27
Mixtes, ensemble des entreprises	x	x	x	x	x	x	x	x
Total								
Entreprises nationales	58	..	..	..	92	98	96	37
Entreprises sous contrôle étranger	52	..	..	..	85	91	90	35
Succursales d'entreprises étrangères	..	..	..	..	-	-	..	..
Ensemble des entreprises	..	..	..	..	92	98	96	37
1.5 Opérations à l'étranger par succursale, primes brutes								
Vie								
Succursales et agences	..	..	..	47	96	90	85	94
Filiales	..	..	..	..	-	0	..	..
Total	..	..	..	47	96	90	85	94
Non-vie								
Succursales et agences	-	..	..	28	62	68	96	170
Filiales	..	..	..	..	-	0	..	..
Total	..	..	..	28	62	68	96	170
Mixtes total	x	x	x	x	x	x	x	x
Total								
Succursales et agences	-	..	..	75	158	158	181	264
Filiales	..	..	..	..	-	-	..	..
Total	..	..	..	75	158	158	181	264

.. Non disponible ; - Néant ; x Sans objet

Note : Voir les métadonnées détaillées sur : http://metalinks.oecd.org/isy/20141215/5868.

Estonie
Tableau 2. Nombre d'entreprises et d'employés

	2006	2007	2008	2009	2010	2011	2012	2013
2.1 Nombre d'entreprises								
Vie								
Entreprises nationales	5	..	..	5	5	4	4	4
Entreprises sous contrôle étranger	5	..	..	4	5	4	4	4
Succursales d'entreprises étrangères	0	..	..	0	0	0	1	1
Ensemble des entreprises	5	..	..	5	5	4	5	5
Non-vie								
Entreprises nationales	8	..	..	7	8	8	8	8
Entreprises sous contrôle étranger	6	..	..	4	5	5	5	5
Succursales d'entreprises étrangères	5	..	..	5	0	0	4	4
Ensemble des entreprises	13	..	..	12	8	8	12	12
Mixtes, ensemble des entreprises	-	-	-	-	-	-	-	-
Réassurance								
Entreprises nationales	0	..	..	..	0	0	..	0
Entreprises sous contrôle étranger	0	..	..	..	0	0	..	0
Succursales d'entreprises étrangères	0	..	..	..	0	0	..	..
Ensemble des entreprises	0	..	..	..	0	0	..	..
Total								
Entreprises nationales	13	..	..	..	13	12	12	12
Entreprises sous contrôle étranger	11	..	..	..	10	9	9	9
Succursales d'entreprises étrangères	5	..	..	..	0	0	5	5
Ensemble des entreprises	18	..	..	..	13	12	17	17
2.2 Nombre d'employés								
Entreprises d'assurance	1 575	..	..	1 737	2 702	1 867	1 903	2 596
Intermédiaires	..	..	..	..	..	814	849	1 271
Total	..	..	..	1 737	..	2 681	2 752	3 867

.. Non disponible ; - Néant

Note : Voir les métadonnées détaillées sur : http://metalinks.oecd.org/isy/20141215/5868.

Finlande
Tableau 1. Agrégats sélectionnés

Millions EUR

	2006	2007	2008	2009	2010	2011	2012	2013
1.1 Opérations d'assurance conclues dans le pays déclarant								
1.1.1 Opérations d'assurance, par intérêt								
Primes brutes								
Entreprises nationales	6 224	6 057	6 207	6 817	8 770	7 279	7 279	9 834
Entreprises sous contrôle étranger	..	..	..	2 053	..	..	2 317	3 357
Succursales d'entreprises étrangères	-	-	..	..	..	..	..	..
Ensemble des entreprises	6 220	6 051	6 203	6 817	8 770	7 279	7 279	9 834
Primes cédées								
Entreprises nationales	214	237	251	245	242	240	240	257
Entreprises sous contrôle étranger	..	..	..	28	..	..	20	19
Succursales d'entreprises étrangères	-	-	..	..	..	..	..	..
Ensemble des entreprises	214	237	251	245	242	240	240	257
Primes nettes émises								
Entreprises nationales	6 011	5 820	5 956	6 781	8 528	7 039	7 039	9 577
Entreprises sous contrôle étranger	..	..	..	2 053	..	..	2 297	3 338
Succursales d'entreprises étrangères	-	-	..	..	..	..	..	..
Ensemble des entreprises	6 011	5 820	5 956	6 781	8 528	7 039	7 039	9 577
1.1.2 Opérations d'assurance par risque à l'étranger, primes brutes								
Vie	60	196	2	..	..	..	..	..
Non-vie	42	53	61	..	..	..	..	..
Mixtes total	..	..	..	..	..	..	..	..
Total	102	249	64	..	..	..	..	..
1.1.3 Paiement par catégories d'assurance, primes brutes (vie)								
Rentes	..	1 279	1 659	1 127	2 798	1 988	1 988	2 458
Unit linked	..	1 271	829	2 114	1 297	1 255	1 255	2 509
Autre assurance vie	..	230	319	104	1 120	505	505	614
Total assurance vie	..	2 779	2 808	3 345	5 215	3 749	3 749	5 581
***dont :** Contrats de retraite*	..	887	1 022	949	1 491	828	828	819
1.1.4 Paiement par catégories d'assurance, primes brutes (non-vie)								
L'assurance automobile	1 196	1 182	1 236	1 292	1 282	1 389	1 474	1 520
Les assurances transport (y compris maritime et aérien)	56	70	55	57	60	64	68	70
L'assurance de fret	57	61	59	54	49	50	53	55
L'assurance incendie et des dommages aux bien	657	687	726	765	750	828	864	929
L'assurance des pertes pécuniaires	26	32	31	36	41	38	33	33
L'assurance de la responsabilité civile générale	160	178	176	167	169	191	191	239
Les assurances accidents et maladie	765	827	863	852	846	938	1 024	1 048
***dont :** Maladie*	122	137	161	176	191	218	245	264
Autres assurances non-vie	112	108	113	115	117	129	131	144
Réassurance obligatoire	0	136	134	..	122	132	149	149
Total assurance non-vie	3 151	3 281	3 394	3 467	3 435	3 759	3 986	4 187
1.2 Paiements bruts des sinistres								
Vie								
Entreprises nationales	2 934	3 011	3 493	2 855	3 919	3 592	3 917	3 927
Entreprises sous contrôle étranger	..	..	..	..	..	1 013	1 479	1 399
Succursales d'entreprises étrangères	..	..	..	..	..	..	..	..
Ensemble des entreprises	2 934	3 011	3 493	2 855	3 919	3 592	3 917	3 927
Non-vie								
Entreprises nationales	2 247	2 221	2 350	2 345	2 568	2 706	2 873	2 858
Entreprises sous contrôle étranger	..	..	..	..	..	676	696	741
Succursales d'entreprises étrangères	0	0	..	..	..	..	..	..
Ensemble des entreprises	2 247	2 221	2 350	2 345	2 568	2 706	2 873	2 858
Mixtes, ensemble des entreprises	..	..	..	..	..	..	..	..
Total								
Entreprises nationales	5 180	5 232	5 843	5 201	6 487	6 298	6 790	6 785
Entreprises sous contrôle étranger	..	..	..	..	..	1 689	2 175	2 140
Succursales d'entreprises étrangères	-	-	..	..	..	..	..	..
Ensemble des entreprises	5 180	5 232	5 843	5 201	6 487	6 298	6 790	6 785

Finlande
Tableau 1. Agrégats sélectionnés *(suite)*

Millions EUR

	2006	2007	2008	2009	2010	2011	2012	2013
1.3 Commissions								
Vie								
Entreprises nationales	65	57	54	54	64	81	68	90
Entreprises sous contrôle étranger	..	..	..	..	..	7	6	9
Succursales d'entreprises étrangères	..	..	..	..	..	..	..	..
Ensemble des entreprises	65	57	54	54	64	81	68	90
Non-vie								
Entreprises nationales	50	68	75	68	99	90	102	58
Entreprises sous contrôle étranger	..	..	..	..	..	13	16	21
Succursales d'entreprises étrangères	0	0	..	..	..	..	..	..
Ensemble des entreprises	50	68	75	68	99	90	102	58
Mixtes, ensemble des entreprises	..	..	..	..	..	..	..	..
Total								
Entreprises nationales	115	125	130	122	163	171	170	148
Entreprises sous contrôle étranger	..	..	..	..	..	21	22	30
Succursales d'entreprises étrangères	-	-	..	..	..	..	..	..
Ensemble des entreprises	115	125	130	122	163	171	170	148
1.4 Dépenses brutes d'exploitation								
Vie								
Entreprises nationales	203	216	216	230	255	275	283	302
Entreprises sous contrôle étranger	..	..	..	..	..	39	36	34
Succursales d'entreprises étrangères	..	..	..	..	..	..	..	..
Ensemble des entreprises	203	216	216	230	255	275	283	302
Non-vie								
Entreprises nationales	607	627	670	690	699	738	778	827
Entreprises sous contrôle étranger	..	..	..	..	..	138	143	161
Succursales d'entreprises étrangères	0	0	..	..	..	..	..	..
Ensemble des entreprises	607	627	670	690	699	738	778	827
Mixtes, ensemble des entreprises	..	..	..	..	..	..	..	..
Total								
Entreprises nationales	810	843	886	921	954	1 013	1 061	1 129
Entreprises sous contrôle étranger	..	..	..	..	..	177	179	195
Succursales d'entreprises étrangères	-	-	..	..	..	..	..	..
Ensemble des entreprises	810	843	886	921	954	1 013	1 061	1 129
1.5 Opérations à l'étranger par succursale, primes brutes								
Vie								
Succursales et agences	81	196	380	480	598	614	203	162
Filiales	..	..	..	..	..	..	..	..
Total	74	196	377	480	598	614	203	162
Non-vie								
Succursales et agences	43	48	61	9	..	..	..	..
Filiales	..	53	..	..	..	..	..	..
Total	..	53	..	9	..	..	..	..
Mixtes total	..	..	..	..	..	..	..	..
Total								
Succursales et agences	124	244	441	490	598	614	203	162
Filiales	..	53	..	..	..	..	..	..
Total	74	249	377	490	598	614	203	162

.. Non disponible ; - Néant

Note : Voir les métadonnées détaillées sur : http://metalinks.oecd.org/isy/20141215/b12f.

Finlande
Tableau 2. Nombre d'entreprises et d'employés

	2006	2007	2008	2009	2010	2011	2012	2013
2.1 Nombre d'entreprises								
Vie								
Entreprises nationales	14	12	12	12	11	11	13	13
Entreprises sous contrôle étranger	0	0	..	..	..	1	1	1
Succursales d'entreprises étrangères	0	0	..	..	..	..	..	..
Ensemble des entreprises	14	12	12	12	11	11	13	13
Non-vie								
Entreprises nationales	110	104	104	103	79	78	42	42
Entreprises sous contrôle étranger	0	0	..	..	..	1	1	1
Succursales d'entreprises étrangères	0	0	..	..	..	..	..	..
Ensemble des entreprises	110	104	104	103	79	78	42	42
Mixtes, ensemble des entreprises	..	..	..	..	..	..	..	..
Réassurance								
Entreprises nationales	4	4	2	2	2	2	..	..
Entreprises sous contrôle étranger	0	0	..	..	..	..	..	..
Succursales d'entreprises étrangères	0	0	..	..	..	..	..	..
Ensemble des entreprises	4	4	2	2	2	2	..	..
Total								
Entreprises nationales	128	120	118	117	92	91	55	55
Entreprises sous contrôle étranger	0	0	..	..	..	2	2	2
Succursales d'entreprises étrangères	0	0	..	..	..	..	..	..
Ensemble des entreprises	128	120	118	117	92	91	55	55
2.2 Nombre d'employés								
Entreprises d'assurance	8 720	7 506	9 268	9 316	9 221	9 321	9 321	9 231
Intermédiaires	314	267	330	331	331	338	342	203
Total	9 034	7 773	9 598	9 647	9 552	9 659	9 663	9 434

.. Non disponible
Note : Voir les métadonnées détaillées sur : http://metalinks.oecd.org/isy/20141215/b12f.

France
Tableau 1. Agrégats sélectionnés

Millions EUR

	2006	2007	2008	2009	2010	2011	2012	2013
1.1 Opérations d'assurance conclues dans le pays déclarant								
1.1.1 Opérations d'assurance, par intérêt								
Primes brutes								
Entreprises nationales	240 265	236 767	197 407	216 463	224 190	207 586	201 207	207 521
Entreprises sous contrôle étranger	..	..	..	..	..	..	..	..
Succursales d'entreprises étrangères	841	913	190	190	84	95	104	103
Ensemble des entreprises	233 073	228 470	190 005	216 654	224 274	207 680	201 310	207 624
Primes cédées								
Entreprises nationales	23 210	22 824	19 742	18 050	19 192	20 994	21 638	22 115
Entreprises sous contrôle étranger	..	..	..	..	..	..	..	..
Succursales d'entreprises étrangères	86	96	16	17	18	19	18	19
Ensemble des entreprises	23 296	22 920	19 758	18 067	19 210	21 013	21 657	22 135
Primes nettes émises								
Entreprises nationales	219 922	213 940	177 666	198 413	204 998	186 592	179 568	185 406
Entreprises sous contrôle étranger	..	..	..	..	..	..	..	..
Succursales d'entreprises étrangères	755	817	174	178	66	76	85	84
Ensemble des entreprises	211 164	205 749	170 371	198 591	205 064	186 668	179 654	185 490
1.1.2 Opérations d'assurance par risque à l'étranger, primes brutes								
Vie	177	130	188	430	429	107	83	259
Non-vie	368	353	455	367	391	1 592	1 589	1 735
Mixtes	..	..	..	..	..	227	206	636
dont :								
Vie	..	..	..	..	..	226	206	167
Non-vie	..	..	..	..	..	1	1	469
Total	545	483	644	797	821	1 926	1 879	2 631
1.1.3 Paiement par catégories d'assurance, primes brutes (vie)								
Rentes	..	..	..	..	..	..	..	..
Unit linked	..	..	..	46 699	220 612	..	..	..
Autre assurance vie	..	..	..	..	..	..	..	..
Total Assurance Vie	..	..	..	..	..	..	..	..
***dont :** Contrats de retraite*	..	..	..	..	..	..	..	..
1.1.4 Paiement par catégories d'assurance, primes brutes (non-vie)								
L'assurance automobile	..	..	..	..	..	..	..	..
Les assurances transport (y compris maritime et aérien)	..	..	..	..	..	..	..	..
L'assurance de fret	..	..	..	..	..	..	..	..
L'assurance incendie et des dommages aux bien	..	..	..	..	..	..	..	..
L'assurance des pertes pécuniaires	..	..	..	..	..	..	..	..
L'assurance de la responsabilité civile générale	..	..	..	..	..	..	..	..
Les assurances accidents et maladie	..	..	..	..	..	..	..	..
***dont :** Maladie*	..	..	..	..	..	..	..	..
Autres assurances non-vie	..	..	..	..	..	..	..	..
Réassurance obligatoire	..	..	..	..	..	..	..	..
Total assurance non-vie	90 120	82 568	67 702	68 945	71 329	71 324	76 295	..

France
Tableau 1. Agrégats sélectionnés (*suite*)

Millions EUR

	2006	2007	2008	2009	2010	2011	2012	2013
1.2 Paiements bruts des sinistres								
Vie								
Entreprises nationales	83 618	85 940	97 535	21 613 |	22 766	30 961	31 131	25 663
Entreprises sous contrôle étranger	..	..	..	..	..	..	..	..
Succursales d'entreprises étrangères	667	640	..	..	..	..	..	..
Ensemble des entreprises	84 285	86 581	97 535	21 613 |	22 766	30 961	31 131	25 663
Non-vie								
Entreprises nationales	59 110	41 457	42 247	43 467 |	49 368	48 584	50 472	45 317
Entreprises sous contrôle étranger	..	..	..	..	..	..	..	..
Succursales d'entreprises étrangères	82	90	88	95	44	51	59	59
Ensemble des entreprises	59 191	41 547	42 514	43 562 |	49 412	48 635	50 531	45 376
Mixtes								
Entreprises nationales	..	..	..	75 111 |	73 529	93 502	98 016	97 287
Entreprises sous contrôle étranger	..	..	..	..	..	..	..	..
Succursales d'entreprises étrangères	..	..	..	..	..	..	..	..
Ensemble des entreprises	..	..	..	75 111 |	73 529	93 502	98 016	97 287
dont :								
Vie	..	..	..	..	..	..	..	88 620
Entreprises nationales	..	..	..	..	..	..	..	88 620
Entreprises sous contrôle étranger	..	..	..	..	..	..	..	..
Succursales d'entreprises étrangères	..	..	..	..	..	..	..	..
Ensemble des entreprises	..	..	..	..	..	..	..	88 620
Non-vie	..	..	..	..	..	..	..	8 667
Entreprises nationales	..	..	..	..	..	..	..	8 667
Entreprises sous contrôle étranger	..	..	..	..	..	..	..	..
Succursales d'entreprises étrangères	..	..	..	..	..	..	..	..
Ensemble des entreprises	..	..	..	..	..	..	..	8 667
Total								
Entreprises nationales	142 727	127 397	139 781	140 191	145 663	173 047	179 619	168 267
Entreprises sous contrôle étranger	..	..	..	..	..	..	..	..
Succursales d'entreprises étrangères	749	731	88	95	44	51	59	59
Ensemble des entreprises	143 476	128 128	140 049	140 286	145 707	173 098	179 678	168 326
1.3 Commissions								
Vie								
Entreprises nationales	6 036	6 966	6 222	6 323	1 323 |	1 682	1 705	..
Entreprises sous contrôle étranger	..	..	..	..	..	..	..	..
Succursales d'entreprises étrangères	80	88	..	..	..	..	..	..
Ensemble des entreprises	6 116	7 053	6 222	6 323	1 323 |	1 682	1 705	..
Non-vie								
Entreprises nationales	9 118	9 110	9 569	9 983	10 198 |	10 449	10 610	..
Entreprises sous contrôle étranger	..	..	..	..	..	..	..	..
Succursales d'entreprises étrangères	51	54	61	66	18	19	22	..
Ensemble des entreprises	9 168	9 164	9 630	10 048	10 215 |	10 468	10 633	..
Mixtes								
Entreprises nationales	..	..	..	..	5 201 |	5 915	5 717	..
Entreprises sous contrôle étranger	..	..	..	..	..	..	..	..
Succursales d'entreprises étrangères	..	..	..	..	..	..	..	..
Ensemble des entreprises	..	..	..	..	5 201 |	5 915	5 717	..
dont :								
Vie	..	..	..	..	..	4 985	4 677	..
Entreprises nationales	..	..	..	..	..	4 985	4 677	..
Entreprises sous contrôle étranger	..	..	..	..	..	..	..	..
Succursales d'entreprises étrangères	..	..	..	..	..	..	..	..
Ensemble des entreprises	..	..	..	..	..	4 985	4 677	..
Non-vie	..	..	..	..	..	930	1 041	..
Entreprises nationales	..	..	..	..	..	930	1 041	..
Entreprises sous contrôle étranger	..	..	..	..	..	..	..	..
Succursales d'entreprises étrangères	..	..	..	..	..	..	..	..
Ensemble des entreprises	..	..	..	..	..	930	1 041	..
Total								
Entreprises nationales	15 154	16 076	15 791	16 306	16 722	18 046	18 033	..
Entreprises sous contrôle étranger	..	..	..	..	..	..	..	..
Succursales d'entreprises étrangères	131	141	61	66	18	19	22	..
Ensemble des entreprises	15 284	16 217	15 852	16 371	16 739	18 065	18 055	..

France
Tableau 1. Agrégats sélectionnés *(suite)*

Millions EUR

	2006	2007	2008	2009	2010	2011	2012	2013
1.4 Dépenses brutes d'exploitation								
Vie								
Entreprises nationales	4 140	3 938	4 825	2 481 |	719	842	2 982	2 828
Entreprises sous contrôle étranger	..	..	..	..	..	..	..	..
Succursales d'entreprises étrangères	27	34	..	..	..	..	..	..
Ensemble des entreprises	4 168	3 972	4 825	2 481 |	719	842	2 982	2 828
Non-vie								
Entreprises nationales	6 740	4 913	5 406	14 448 |	5 842	5 487	15 726	15 969
Entreprises sous contrôle étranger	..	..	..	..	..	..	..	..
Succursales d'entreprises étrangères	14	19	16	17	8	10	9	..
Ensemble des entreprises	6 754	4 931	5 421	14 465 |	5 849	5 497	15 726	15 969
Mixtes								
Entreprises nationales	..	..	..	11 460 |	4 505	4 937	12 392	12 957
Entreprises sous contrôle étranger	..	..	..	..	..	..	..	..
Succursales d'entreprises étrangères	..	..	..	..	..	..	..	..
Ensemble des entreprises	..	..	..	11 460 |	4 505	4 937	12 392	12 957
dont :								
Vie	..	..	..	..	..	..	..	10 533
Entreprises nationales	..	..	..	..	..	..	..	10 533
Entreprises sous contrôle étranger	..	..	..	..	..	..	..	..
Succursales d'entreprises étrangères	..	..	..	..	..	..	..	..
Ensemble des entreprises	..	..	..	..	..	..	..	10 533
Non-vie	..	..	..	..	..	..	..	2 424
Entreprises nationales	..	..	..	..	..	..	..	2 424
Entreprises sous contrôle étranger	..	..	..	..	..	..	..	..
Succursales d'entreprises étrangères	..	..	..	..	..	..	..	..
Ensemble des entreprises	..	..	..	..	..	..	..	2 424
Total								
Entreprises nationales	10 881	8 851	10 230	28 389	11 066	11 266	31 100	31 754
Entreprises sous contrôle étranger	..	..	..	..	..	..	..	..
Succursales d'entreprises étrangères	41	53	16	17	8	10	9	..
Ensemble des entreprises	10 922	8 904	10 246	28 406	11 074	11 276	31 100	31 754
1.5 Opérations à l'étranger par succursale, primes brutes								
Vie								
Succursales et agences	876	963	908	1 205	1 761	1 929	1 895	2 691
Filiales	..	..	..	..	..	..	..	..
Total	876	963	908	1 205	1 761	1 929	1 895	2 691
Non-vie								
Succursales et agences	3 095	3 538	3 929	4 191	5 111	5 592	4 107	4 176
Filiales	..	..	..	..	..	..	..	..
Total	3 095	3 538	3 928	4 191	5 111	5 592	4 107	4 176
Mixtes								
Succursales et agences	..	..	..	..	..	..	..	..
Filiales	..	..	..	..	..	..	..	..
Total	..	..	..	..	..	..	..	..
dont :								
Vie	..	..	..	..	..	..	..	..
Succursales et agences	..	..	..	..	..	..	..	..
Filiales	..	..	..	..	..	..	..	..
Total	..	..	..	..	..	..	..	..
Non-vie	..	..	..	..	..	..	..	..
Succursales et agences	..	..	..	..	..	..	..	..
Filiales	..	..	..	..	..	..	..	..
Total	..	..	..	..	..	..	..	..
Total								
Succursales et agences	3 971	4 501	4 837	5 396	6 872	7 521	6 001	6 867
Filiales	..	..	..	..	..	..	..	..
Total	3 971	4 501	4 836	5 396	6 872	7 521	6 001	6 867

.. Non disponible ; | Rupture de série

Note : Voir les métadonnées détaillées sur : http://metalinks.oecd.org/isy/20141215/2f2c.

France
Tableau 2. Nombre d'entreprises et d'employés

	2006	2007	2008	2009	2010	2011	2012	2013
2.1 Nombre d'entreprises								
Vie								
Entreprises nationales	70	67	64	63	61	61	62	59
Entreprises sous contrôle étranger	1	1	0	..	..	..	..	..
Succursales d'entreprises étrangères	0	..	..	..	..	..	..	..
Ensemble des entreprises	71	68	64	63	61	61	62	59
Non-vie								
Entreprises nationales	263	241	226	259	257	250	221	212
Entreprises sous contrôle étranger	10	10	10	9	8	7	5	..
Succursales d'entreprises étrangères	0	..	..	..	..	..	..	4
Ensemble des entreprises	273	251	236	259	257	250	221	216
Mixtes								
Entreprises nationales	45	41	43	38	39	40	40	38
Entreprises sous contrôle étranger	0	..	..	..	..	..	..	..
Succursales d'entreprises étrangères	0	..	..	..	..	..	..	..
Ensemble des entreprises	45	41	43	38	39	40	40	38
Réassurance								
Entreprises nationales	29	27	26	26	24	20	16	16
Entreprises sous contrôle étranger	0	..	..	..	..	..	..	..
Succursales d'entreprises étrangères	0	..	..	..	..	..	..	..
Ensemble des entreprises	29	27	26	26	24	20	16	16
Total								
Entreprises nationales	..	376	359	386	381	371	339	325
Entreprises sous contrôle étranger	..	11	10	..	..	7	5	..
Succursales d'entreprises étrangères	..	..	..	..	..	..	..	4
Ensemble des entreprises	..	387	369	386	381	371	339	329
2.2 Nombre d'employés								
Entreprises d'assurance	..	..	..	..	..	..	..	..
Intermédiaires	..	..	..	..	..	..	..	..
Total	..	..	..	..	..	..	..	..

.. Non disponible

Note : Voir les métadonnées détaillées sur : http://metalinks.oecd.org/isy/20141215/2f2c.

Allemagne
Tableau 1. Agrégats sélectionnés

Millions EUR

	2006	2007	2008	2009	2010	2011	2012	2013
1.1 Opérations d'assurance conclues dans le pays déclarant								
1.1.1 Opérations d'assurance, par intérêt								
Primes brutes								
Entreprises nationales	208 076	202 207	203 214	174 647	180 083	178 145	233 661	243 304
Entreprises sous contrôle étranger	39 834	40 282	40 241	35 702	37 912	35 602	37 194	39 396
Succursales d'entreprises étrangères	2 502	2 490	3 000	3 000	1 744	5 560	8 062	7 963
Ensemble des entreprises	210 579	204 697	206 214	177 647	181 828	183 705	235 634	251 267
Primes cédées								
Entreprises nationales	25 511	24 193	22 757	15 976	14 656	15 996	23 045	25 709
Entreprises sous contrôle étranger	5 689	6 281	5 838	3 899	3 414	3 905	3 947	4 645
Succursales d'entreprises étrangères	315	311	362	..	..	..	100	108
Ensemble des entreprises	25 826	24 504	23 119	..	..	..	23 145	25 817
Primes nettes émises								
Entreprises nationales	182 565	178 014	180 457	158 671	165 427	162 149	210 616	217 596
Entreprises sous contrôle étranger	34 146	34 000	34 403	31 804	34 499	31 696	33 247	34 751
Succursales d'entreprises étrangères	2 187	2 180	2 639	..	..	..	1 873	7 854
Ensemble des entreprises	184 753	180 194	183 096	..	..	..	212 489	225 450
1.1.2 Opérations d'assurance par risque à l'étranger, primes brutes								
Vie	349	..	..	..	..	..	..	..
Non-vie	5 205	..	..	..	..	..	..	..
Mixtes total	x	x	x	x	x	x	x	x
Total	5 554	..	..	..	..	..	..	..
1.1.3 Paiement par catégories d'assurance, primes brutes (vie)								
Rentes	17 860	18 050	18 333	23 949	27 898	27 237	29 443	32 863
Unit linked	9 075	10 053	11 051	12 113	13 466	12 808	12 721	12 919
Autre assurance vie	47 096	46 395	45 885	44 304	44 734	40 660	40 822	41 934
Total assurance vie	74 031	74 498	75 269	80 365	86 098	80 705	82 986	87 716
***dont :** Contrats de retraite*	..	..	..	..	..	..	..	..
1.1.4 Paiement par catégories d'assurance, primes brutes (non-vie)								
L'assurance automobile	28 177	26 945	26 110	25 745	24 680	26 350	27 577	28 592
Les assurances transport (y compris maritime et aérien)	6 058	4 822	4 701	4 689	4 535	4 156	4 537	4 476
L'assurance de fret	..	..	..	..	..	..	..	..
L'assurance incendie et des dommages aux bien	57 841	50 434	30 254	32 555	33 154	36 611	34 420	36 832
L'assurance des pertes pécuniaires	2 357	2 370	2 484	1 245	2 910	2 979	2 754	2 815
L'assurance de la responsabilité civile générale	12 525	12 030	11 801	11 887	11 648	12 321	12 623	13 265
Les assurances accidents et maladie	38 669	39 349	39 990	50 621	45 055	47 235	48 823	49 395
***dont :** Maladie*	30 821	31 557	32 225	33 350	37 290	39 555	41 036	41 747
Autres assurances non-vie	3 881	3 996	4 147	3 819	4 195	4 316	4 794	4 841
Réassurance obligatoire	..	..	..	..	..	..	..	..
Total assurance non-vie	122 329	119 109	119 487	130 561	126 177	133 968	135 526	140 215
1.2 Paiements bruts des sinistres								
Vie								
Entreprises nationales	65 173	64 051	69 881	62 837	71 181	85 244	66 288	69 267
Entreprises sous contrôle étranger	13 376	13 539	15 304	..	..	..	15 284	17 017
Succursales d'entreprises étrangères	698	..	..	..	..	..	..	..
Ensemble des entreprises	65 173	64 051	69 881	62 837	71 181	85 244	66 288	69 267
Non-vie								
Entreprises nationales	77 332	79 720	79 917	91 083	84 864	93 574	101 839	113 293
Entreprises sous contrôle étranger	9 080	9 636	9 337	..	..	..	12 192	12 402
Succursales d'entreprises étrangères	797	..	..	..	..	..	..	..
Ensemble des entreprises	77 332	79 720	79 917	91 083	84 864	93 574	101 839	113 293
Mixtes, ensemble des entreprises	x	x	x	x	x	x	x	x
Total								
Entreprises nationales	142 505	143 771	149 797	153 920	156 045	178 818	168 127	182 560
Entreprises sous contrôle étranger	22 455	23 174	24 641	..	..	..	27 475	29 419
Succursales d'entreprises étrangères	1 495	..	..	..	..	..	..	..
Ensemble des entreprises	142 505	143 771	149 797	153 920	156 045	178 818	168 127	182 560

Allemagne
Tableau 1. Agrégats sélectionnés *(suite)*

Millions EUR

	2006	2007	2008	2009	2010	2011	2012	2013
1.3 Commissions								
Vie								
Entreprises nationales	5 120	5 380	5 229	5 514	5 875	6 312	6 005	5 367
Entreprises sous contrôle étranger	1 694	1 771	1 929	..	..	..	1 771	1 604
Succursales d'entreprises étrangères	66	..	..	..	..	..	..	..
Ensemble des entreprises	5 120	5 380	5 229	5 514	5 875	6 312	6 005	5 367
Non-vie								
Entreprises nationales	8 911	8 829	9 369	9 904	9 627	9 908	10 069	10 048
Entreprises sous contrôle étranger	1 876	1 882	2 005	..	..	..	1 985	1 720
Succursales d'entreprises étrangères	156	..	..	..	..	..	..	..
Ensemble des entreprises	8 911	8 829	9 369	9 904	9 627	9 908	10 069	10 048
Mixtes, ensemble des entreprises	x	x	x	x	x	x	x	x
Total								
Entreprises nationales	14 031	14 208	14 598	15 419	15 502	16 220	16 074	15 416
Entreprises sous contrôle étranger	3 570	3 652	3 934	..	..	..	3 756	3 323
Succursales d'entreprises étrangères	221	..	..	..	..	..	..	..
Ensemble des entreprises	14 031	14 208	14 598	15 419	15 502	16 220	16 074	15 416
1.4 Dépenses brutes d'exploitation								
Vie								
Entreprises nationales	13 438	13 016	13 339	9 827	14 203	14 545	4 051	3 954
Entreprises sous contrôle étranger	2 947	3 041	3 214	..	..	..	925	921
Succursales d'entreprises étrangères	155	..	..	..	..	..	..	..
Ensemble des entreprises	13 438	13 016	13 339	9 827	14 203	14 545	4 051	3 954
Non-vie								
Entreprises nationales	27 745	26 505	26 694	30 298	27 565	28 382	11 593	11 599
Entreprises sous contrôle étranger	3 571	3 641	3 664	..	..	..	1 528	1 400
Succursales d'entreprises étrangères	271	..	..	..	..	..	..	..
Ensemble des entreprises	27 745	26 505	26 694	30 298	27 565	28 382	11 593	11 599
Mixtes, ensemble des entreprises	x	x	x	x	x	x	x	x
Total								
Entreprises nationales	41 183	39 521	40 034	40 125	41 768	42 927	15 644	15 553
Entreprises sous contrôle étranger	6 518	6 681	6 878	..	..	..	2 453	2 321
Succursales d'entreprises étrangères	427	..	..	..	..	..	..	..
Ensemble des entreprises	41 183	39 521	40 034	40 125	41 768	42 927	15 644	15 553
1.5 Opérations à l'étranger par succursale, primes brutes								
Vie								
Succursales et agences	155	158	160	142	..	..	..	..
Filiales	..	..	..	..	..	..	..	..
Total	155	158	160	142	..	..	..	..
Non-vie								
Succursales et agences	1 312	1 336	991	988	..	..	..	..
Filiales	..	..	..	..	..	..	..	..
Total	1 312	1 336	991	988	..	..	..	..
Mixtes total	x	x	x	x	x	x	x	x
Total								
Succursales et agences	1 467	1 494	1 151	1 129	..	..	..	..
Filiales	..	..	..	..	..	..	..	..
Total	1 467	1 494	1 151	1 129	..	..	..	..

.. Non disponible ; x Sans objet

Note : Voir les métadonnées détaillées sur : http://metalinks.oecd.org/isy/20141215/fce9.

Allemagne
Tableau 2. Nombre d'entreprises et d'employés

	2006	2007	2008	2009	2010	2011	2012	2013
2.1 Nombre d'entreprises								
Vie								
Entreprises nationales	102	102	100	96	96	95	90	91
Entreprises sous contrôle étranger	22	23	21	22	19	20	19	17
Succursales d'entreprises étrangères	20	21	24	21	21	20	19	2
Ensemble des entreprises	122	123	124	117	117	115	109	93
Non-vie								
Entreprises nationales	279	279	278	266	261	265	256	259
Entreprises sous contrôle étranger	34	34	32	27	25	25	25	23
Succursales d'entreprises étrangères	64	67	68	64	72	69	62	3
Ensemble des entreprises	343	346	346	330	333	334	318	262
Mixtes, ensemble des entreprises	-	-	-	-	-	-	-	-
Réassurance								
Entreprises nationales	45	41	41	38	35	33	30	29
Entreprises sous contrôle étranger	10	10	10	5	5	5	6	4
Succursales d'entreprises étrangères	0	0	0	0	7	7	7	1
Ensemble des entreprises	45	41	41	38	42	40	37	30
Total								
Entreprises nationales	426	422	419	400	392	393	376	379
Entreprises sous contrôle étranger	66	67	63	54	49	50	50	44
Succursales d'entreprises étrangères	84	88	92	85	100	96	88	6
Ensemble des entreprises	510	510	511	485	492	489	464	385
2.2 Nombre d'employés								
Entreprises d'assurance	156 282	140 228	128 180	140 609	123 595	125 783	126 625	128 755
Intermédiaires	33 276	32 525	29 991	8 120	27 927	27 952	27 407	27 331
Total	189 558	172 753	158 171	148 729	151 522	153 735	154 032	156 086

- Néant

Note : Voir les métadonnées détaillées sur : http://metalinks.oecd.org/isy/20141215/fce9.

Grèce
Tableau 1. Agrégats sélectionnés

Millions EUR

	2006	2007	2008	2009	2010	2011	2012	2013
1.1 Opérations d'assurance conclues dans le pays déclarant								
1.1.1 Opérations d'assurance, par intérêt								
Primes brutes								
Entreprises nationales	4 444	5 141	4 851	2 354	4 818	4 691	4 289	4 071
Entreprises sous contrôle étranger	..	2 027	..	1 208	1 877	2 130	2 071	1 730
Succursales d'entreprises étrangères	338	75	460	481	427	261	211	0
Ensemble des entreprises	4 782	5 216	5 311	5 194	5 246	4 952	4 499	4 071
Primes cédées								
Entreprises nationales	425	581	528	193	523	737	534	824
Entreprises sous contrôle étranger	..	272	..	96	226	439	235	214
Succursales d'entreprises étrangères	37	3	106	116	96	90	0	0
Ensemble des entreprises	462	583	633	310	619	827	534	824
Primes nettes émises								
Entreprises nationales	4 019	4 561	4 323	2 161	4 295	3 954	3 754	3 247
Entreprises sous contrôle étranger	..	1 755	..	1 111	1 651	1 691	1 836	1 516
Succursales d'entreprises étrangères	301	72	354	365	332	171	211	0
Ensemble des entreprises	4 320	4 633	4 678	2 526	4 627	4 125	3 965	3 247
1.1.2 Opérations d'assurance par risque à l'étranger, primes brutes								
Vie	..	..	..	..	..	..	..	..
Non-vie	..	..	..	..	..	..	..	..
Mixtes	..	..	..	..	..	..	..	..
dont :								
Vie	..	..	..	..	..	..	..	..
Non-vie	..	..	..	..	..	..	..	..
Total	..	..	..	..	..	..	..	..
1.1.3 Paiement par catégories d'assurance, primes brutes (vie)								
Rentes	..	..	180	..	..	..	165	142
Unit linked	..	728	560	..	..	..	368	240
Autre assurance vie	..	1 792	1 756	..	..	..	1 406	1 299
Total Assurance Vie	..	2 520	2 496	..	..	..	1 939	1 681
***dont :** Contrats de retraite*	..	282	237	..	..	..	205	143
1.1.4 Paiement par catégories d'assurance, primes brutes (non-vie)								
L'assurance automobile	..	1 636	1 691	1 713	1 965	1 840	1 569	1 417
Les assurances transport (y compris maritime et aérien)	..	37	36	33	28	25	21	19
L'assurance de fret	..	49	51	37	33	27	24	24
L'assurance incendie et des dommages aux bien	..	573	603	604	576	529	538	529
L'assurance des pertes pécuniaires	..	70	75	81	65	69	78	69
L'assurance de la responsabilité civile générale	..	80	82	86	81	73	78	76
Les assurances accidents et maladie	..	74	82	79	76	76	68	64
***dont :** Maladie*	..	..	11	20	18	19	20	0
Autres assurances non-vie	..	169	189	181	153	146	179	188
Réassurance obligatoire	..	0	0	..	0	0	0	0
Total assurance non-vie	..	2 690	2 809	2 814	2 995	2 786	2 556	2 386

Grèce
Tableau 1. Agrégats sélectionnés *(suite)*

Millions EUR

	2006	2007	2008	2009	2010	2011	2012	2013
1.2 Paiements bruts des sinistres								
Vie								
Entreprises nationales	..	1 238	1 289	655	692	822	1 300	1 072
Entreprises sous contrôle étranger	..	734	..	524	506	591	1 017	707
Succursales d'entreprises étrangères	..	..	183	240	269	263	0	0
Ensemble des entreprises	..	1 238	1 471	894	961	1 085	1 300	1 072
Non-vie								
Entreprises nationales	..	1 209	1 285	540	550	501	431	373
Entreprises sous contrôle étranger	..	289	..	139	144	146	142	121
Succursales d'entreprises étrangères	..	..	57	70	35	47	0	1
Ensemble des entreprises	..	1 209	1 342	610	586	549	431	375
Mixtes								
Entreprises nationales	..	..	..	1 270	1 317	1 408	1 291	1 096
Entreprises sous contrôle étranger	..	..	..	399	422	430	441	364
Succursales d'entreprises étrangères	..	..	..	..	0	0	0	0
Ensemble des entreprises	..	..	..	1 270	1 317	1 408	1 291	1 096
dont :								
Vie	..	..	..	648	703	866	791	669
Entreprises nationales	..	..	..	648	703	866	791	669
Entreprises sous contrôle étranger	..	..	..	194	255	285	282	226
Succursales d'entreprises étrangères	..	..	..	..	0	0	0	0
Ensemble des entreprises	..	..	..	648	703	866	791	669
Non-vie	..	..	..	622	614	541	501	426
Entreprises nationales	..	..	..	622	614	541	501	426
Entreprises sous contrôle étranger	..	..	..	205	166	145	159	138
Succursales d'entreprises étrangères	..	..	..	..	0	0	0	0
Ensemble des entreprises	..	..	..	622	614	541	501	426
Total								
Entreprises nationales	..	2 446	2 574	2 464	2 559	2 731	3 022	2 541
Entreprises sous contrôle étranger	..	1 023	..	1 061	1 072	1 167	1 600	1 192
Succursales d'entreprises étrangères	..	..	239	310	304	310	0	1
Ensemble des entreprises	..	2 446	2 813	2 774	2 864	3 042	3 022	2 542
1.3 Commissions								
Vie								
Entreprises nationales	..	323	267	..	..	..	..	..
Entreprises sous contrôle étranger	..	169	139	..	..	..	..	..
Succursales d'entreprises étrangères	..	..	42	..	..	..	..	..
Ensemble des entreprises	..	323	309	..	..	..	..	..
Non-vie								
Entreprises nationales	..	505	425	..	..	..	..	..
Entreprises sous contrôle étranger	..	110	121	..	..	..	..	..
Succursales d'entreprises étrangères	..	..	37	..	..	..	..	..
Ensemble des entreprises	..	505	462	..	..	..	..	..
Mixtes								
Entreprises nationales	..	..	..	..	..	..	..	..
Entreprises sous contrôle étranger	..	..	..	..	..	..	..	..
Succursales d'entreprises étrangères	..	..	..	..	..	..	..	..
Ensemble des entreprises	..	..	..	..	..	..	..	..
dont :								
Vie	..	..	..	..	..	..	..	..
Entreprises nationales	..	..	..	..	..	..	..	..
Entreprises sous contrôle étranger	..	..	..	..	..	..	..	..
Succursales d'entreprises étrangères	..	..	..	..	..	..	..	..
Ensemble des entreprises	..	..	..	..	..	..	..	..
Non-vie	..	..	..	..	..	..	..	..
Entreprises nationales	..	..	..	..	..	..	..	..
Entreprises sous contrôle étranger	..	..	..	..	..	..	..	..
Succursales d'entreprises étrangères	..	..	..	..	..	..	..	..
Ensemble des entreprises	..	..	..	..	..	..	..	..
Total								
Entreprises nationales	..	827	692	..	..	..	..	..
Entreprises sous contrôle étranger	..	279	259	..	..	..	..	..
Succursales d'entreprises étrangères	..	..	79	..	..	..	..	..
Ensemble des entreprises	..	827	771	..	..	..	..	..

Grèce
Tableau 1. Agrégats sélectionnés *(suite)*

Millions EUR

	2006	2007	2008	2009	2010	2011	2012	2013
1.4 Dépenses brutes d'exploitation								
Vie								
Entreprises nationales	..	345	305	192 |	177	182	82	79
Entreprises sous contrôle étranger	..	225	168	163 |	137	139	75	66
Succursales d'entreprises étrangères	..	..	32	62	59	57	0	0
Ensemble des entreprises	..	345	336	254 |	236	239	82	79
Non-vie								
Entreprises nationales	..	369	412	342 |	395	373	104	124
Entreprises sous contrôle étranger	..	137	113	113 |	135	137	59	61
Succursales d'entreprises étrangères	..	..	18	64	53	60	1	0
Ensemble des entreprises	..	369	430	406 |	448	432	106	124
Mixtes								
Entreprises nationales	..	..	..	509 |	608	543	67	169
Entreprises sous contrôle étranger	..	..	..	158 |	189	191	16	57
Succursales d'entreprises étrangères	..	..	..	..	0	0	0	0
Ensemble des entreprises	..	..	..	509 |	608	543	67	169
dont :								
Vie	..	..	..	157 |	195	176	36	53
Entreprises nationales	..	..	..	157 |	195	176	36	53
Entreprises sous contrôle étranger	..	..	..	51 |	70	69	11	21
Succursales d'entreprises étrangères	..	..	..	..	0	0	0	0
Ensemble des entreprises	..	..	..	157 |	195	176	36	53
Non-vie	..	..	..	352 |	413	368	31	116
Entreprises nationales	..	..	..	352 |	413	368	31	116
Entreprises sous contrôle étranger	..	..	..	106 |	119	122	4	36
Succursales d'entreprises étrangères	..	..	..	..	0	0	0	0
Ensemble des entreprises	..	..	..	352 |	413	368	31	116
Total								
Entreprises nationales	..	713	717	1 043	1 179	1 098	253	372
Entreprises sous contrôle étranger	..	362	282	434	461	467	150	184
Succursales d'entreprises étrangères	..	..	49	125	112	117	1	0
Ensemble des entreprises	..	713	766	1 169	1 291	1 215	254	372
1.5 Opérations à l'étranger par succursale, primes brutes								
Vie								
Succursales et agences	..	..	9	3	16	0	..	..
Filiales	..	..	..	..	..	..	..	..
Total	..	..	9	..	16	0	..	..
Non-vie								
Succursales et agences	..	..	3	2	14	0	..	..
Filiales	..	..	..	..	..	..	..	..
Total	..	..	3	..	14	0	..	..
Mixtes								
Succursales et agences	..	..	..	..	..	..	..	..
Filiales	..	..	..	..	..	..	..	..
Total	..	..	..	..	..	..	..	..
dont :								
Vie	..	..	..	..	..	..	..	..
Succursales et agences	..	..	..	..	..	..	..	..
Filiales	..	..	..	..	..	..	..	..
Total	..	..	..	..	..	..	..	..
Non-vie	..	..	..	..	..	..	..	..
Succursales et agences	..	..	..	..	..	..	..	..
Filiales	..	..	..	..	..	..	..	..
Total	..	..	..	..	..	..	..	..
Total								
Succursales et agences	..	..	12	6	30	-	..	..
Filiales	..	..	..	..	..	..	..	..
Total	..	..	12	..	30	-	..	..

.. Non disponible ; - Néant ; | Rupture de série

Note : Voir les métadonnées détaillées sur : http://metalinks.oecd.org/isy/20141215/cd71.

Grèce
Tableau 2. Nombre d'entreprises et d'employés

	2006	2007	2008	2009	2010	2011	2012	2013
2.1 Nombre d'entreprises								
Vie								
Entreprises nationales	16	14	14	14	11	10	11	11
Entreprises sous contrôle étranger	..	9	9	9	6	6	7	7
Succursales d'entreprises étrangères	4	1	3	3	1	1	0	0
Ensemble des entreprises	20	15	26	17	12	11	11	11
Non-vie								
Entreprises nationales	41	43	42	30	32	31	31	28
Entreprises sous contrôle étranger	..	12	12	10	7	7	7	7
Succursales d'entreprises étrangères	29	10	18	17	2	2	2	2
Ensemble des entreprises	70	53	72	47	34	33	33	30
Mixtes								
Entreprises nationales	12	12	12	11	12	11	11	11
Entreprises sous contrôle étranger	..	3	3	4	4	4	4	4
Succursales d'entreprises étrangères	0	0	0	..	0	0	0	0
Ensemble des entreprises	12	12	15	11	12	11	11	11
Réassurance								
Entreprises nationales	..	0	0	..	0	0	0	0
Entreprises sous contrôle étranger	..	0	0	..	0	0	0	0
Succursales d'entreprises étrangères	0	0	0	..	0	0	0	0
Ensemble des entreprises	0	0	0	..	0	0	0	0
Total								
Entreprises nationales	69	69	68	55	55	52	53	50
Entreprises sous contrôle étranger	..	24	24	..	17	17	18	18
Succursales d'entreprises étrangères	33	11	21	20	3	3	2	2
Ensemble des entreprises	102	80	113	75	58	55	55	52
2.2 Nombre d'employés								
Entreprises d'assurance	9 500	8 820	8 653	..	..	..	..	..
Intermédiaires	..	18 915	18 915	..	..	..	..	..
Total	..	27 735	27 568	..	..	..	..	..

.. Non disponible

Note : Voir les métadonnées détaillées sur : http://metalinks.oecd.org/isy/20141215/cd71.

Hongrie
Tableau 1. Agrégats sélectionnés

Millions HUF

	2006	2007	2008	2009	2010	2011	2012	2013
1.1 Opérations d'assurance conclues dans le pays déclarant								
1.1.1 Opérations d'assurance, par intérêt								
Primes brutes								
Entreprises nationales	818 234	930 754	885 590	825 793	842 781	815 038	760 249	801 210
Entreprises sous contrôle étranger	690 033	795 422	774 940	788 388	802 202	770 794	718 932	763 286
Succursales d'entreprises étrangères	-	-	..	..	..	..	..	..
Ensemble des entreprises	818 234	930 754	885 590	825 793	842 781	815 038	760 249	801 210
Primes cédées								
Entreprises nationales	113 152	126 880	110 046	131 366	134 572	131 231	127 261	111 755
Entreprises sous contrôle étranger	97 952	112 063	98 068	121 701	123 702	120 088	118 373	104 254
Succursales d'entreprises étrangères	-	-	..	..	..	..	..	..
Ensemble des entreprises	113 152	126 880	110 046	131 366	134 572	131 231	127 261	111 755
Primes nettes émises								
Entreprises nationales	705 082	803 873	775 544	694 427	708 209	683 807	632 989	689 455
Entreprises sous contrôle étranger	592 081	683 359	676 872	666 687	678 500	650 706	600 559	659 032
Succursales d'entreprises étrangères	-	-	..	..	..	..	..	..
Ensemble des entreprises	705 082	803 873	775 544	694 427	708 209	683 807	632 989	689 455
1.1.2 Opérations d'assurance par risque à l'étranger, primes brutes								
Vie	80	428	964	1 831 |	2 501	30 145	3 284	3 358
Non-vie	5 247	6 110	7 168	1 243 |	1 568	2 165	1 257	1 840
Mixtes	..	..	..	3 701 |	5 030	5 326	7 943	4 500
dont :								
Vie	..	..	..	39 |	64	80	279	781
Non-vie	..	..	..	3 662 |	4 965	5 246	7 665	3 719
Total	5 327	6 538	8 132	6 775	9 099	37 636	12 484	9 698
1.1.3 Paiement par catégories d'assurance, primes brutes (vie)								
Rentes	..	5 897	9 843	6 234	4 459	4 247	3 529	2 975
Unit linked	..	338 898	289 155	253 623	295 752	298 106	261 098	286 919
Autre assurance vie	..	166 296	165 725	155 725	147 947	142 599	138 251	146 439
Total Assurance Vie	..	511 091	464 724	415 582	448 159	444 952	402 878	436 333
***dont :** Contrats de retraite*	..	103	85	68	51	37	..	19
1.1.4 Paiement par catégories d'assurance, primes brutes (non-vie)								
L'assurance automobile	233 234	235 046	228 627	219 468	200 559	164 432	147 428	144 515
Les assurances transport (y compris maritime et aérien)	1 783	1 208	742	1 080	1 098	933	663	661
L'assurance de fret	3 042	3 206	3 008	2 615	2 798	3 082	2 405	2 552
L'assurance incendie et des dommages aux bien	120 595	130 337	137 801	138 136	140 943	147 551	152 904	159 562
L'assurance des pertes pécuniaires	4 496	5 303	4 633	4 387	3 829	4 922	2 930	3 739
L'assurance de la responsabilité civile générale	17 526	17 389	18 806	18 556	17 560	17 956	18 856	20 074
Les assurances accidents et maladie	17 625	20 139	20 215	19 161	20 323	22 596	23 361	25 922
***dont :** Maladie*	6 497	6 979	8 238	7 593	7 599	5 929	7 128	8 559
Autres assurances non-vie	7 255	7 206	7 009	6 780	7 479	8 811	8 758	7 781
Réassurance obligatoire	0	0	0	..	..	..	..	..
Total assurance non-vie	405 555	419 835	420 840	410 183	394 588	370 284	357 305	364 806

Hongrie
Tableau 1. Agrégats sélectionnés *(suite)*

Millions HUF

	2006	2007	2008	2009	2010	2011	2012	2013
1.2 Paiements bruts des sinistres								
Vie								
Entreprises nationales	164 021	266 583	303 727	132 391	142 272	170 016	153 649	139 994
Entreprises sous contrôle étranger	135 566	224 961	261 985	124 751	131 643	158 484	150 320	129 594
Succursales d'entreprises étrangères	0	0	..	..	..	..	..	..
Ensemble des entreprises	164 021	266 583	303 727	132 391	142 272	170 016	153 649	139 994
Non-vie								
Entreprises nationales	210 971	220 574	217 975	18 943	19 173	18 824	22 516	25 692
Entreprises sous contrôle étranger	183 938	201 787	191 543	9 618	12 193	11 865	11 387	12 611
Succursales d'entreprises étrangères	..	..	..	..	..	..	..	..
Ensemble des entreprises	210 971	220 574	217 975	18 943	19 173	18 824	22 516	25 692
Mixtes								
Entreprises nationales	..	..	..	359 394	441 811	411 093	413 298	422 789
Entreprises sous contrôle étranger	..	..	..	359 394	441 811	411 093	413 298	422 789
Succursales d'entreprises étrangères	..	..	..	..	..	..	..	..
Ensemble des entreprises	..	..	..	359 394	441 811	411 093	413 298	422 789
dont :								
Vie	..	..	..	176 947	228 884	236 953	240 059	242 802
Entreprises nationales	..	..	..	176 947	228 884	236 953	240 059	242 802
Entreprises sous contrôle étranger	..	..	..	176 947	228 884	236 953	240 059	242 802
Succursales d'entreprises étrangères	..	..	..	..	..	..	..	..
Ensemble des entreprises	..	..	..	176 947	228 884	236 953	240 059	242 802
Non-vie	..	..	..	182 447	212 928	174 139	173 240	179 988
Entreprises nationales	..	..	..	182 447	212 928	174 139	173 240	179 988
Entreprises sous contrôle étranger	..	..	..	182 447	212 928	174 139	173 240	179 988
Succursales d'entreprises étrangères	..	..	..	..	..	..	..	..
Ensemble des entreprises	..	..	..	182 447	212 928	174 139	173 240	179 988
Total								
Entreprises nationales	374 992	487 158	521 702	510 729	603 256	599 932	589 464	588 475
Entreprises sous contrôle étranger	319 504	426 748	453 528	493 763	585 648	581 441	575 006	564 995
Succursales d'entreprises étrangères	-	-	..	..	..	..	..	..
Ensemble des entreprises	374 992	487 158	521 702	510 729	603 256	599 932	589 464	588 475
1.3 Commissions								
Vie								
Entreprises nationales	42 010	55 422	55 718	21 500	23 836	23 907	20 760	14 900
Entreprises sous contrôle étranger	40 093	53 509	51 963	16 617	13 107	13 391	14 215	11 559
Succursales d'entreprises étrangères	0	0	..	..	..	..	..	..
Ensemble des entreprises	42 010	55 422	55 718	21 500	23 836	23 907	20 760	14 900
Non-vie								
Entreprises nationales	45 836	50 156	52 409	5 302	5 722	6 479	6 319	7 349
Entreprises sous contrôle étranger	39 618	42 825	45 215	2 933	5 088	5 335	4 457	4 813
Succursales d'entreprises étrangères	..	..	..	..	..	..	..	..
Ensemble des entreprises	45 836	50 156	52 409	5 302	5 722	6 479	6 319	7 349
Mixtes								
Entreprises nationales	..	..	..	72 427	74 369	74 891	69 058	75 007
Entreprises sous contrôle étranger	..	..	..	72 427	74 369	74 891	69 058	75 007
Succursales d'entreprises étrangères	..	..	..	..	..	..	..	..
Ensemble des entreprises	..	..	..	72 427	74 369	74 891	69 058	75 007
dont :								
Vie	..	..	..	27 160	28 121	30 426	26 909	29 847
Entreprises nationales	..	..	..	27 160	28 121	30 426	26 909	29 847
Entreprises sous contrôle étranger	..	..	..	27 160	28 121	30 426	26 909	29 847
Succursales d'entreprises étrangères	..	..	..	..	..	..	..	..
Ensemble des entreprises	..	..	..	27 160	28 121	30 426	26 909	29 847
Non-vie	..	..	..	45 267	46 248	44 465	42 148	45 160
Entreprises nationales	..	..	..	45 267	46 248	44 465	42 148	45 160
Entreprises sous contrôle étranger	..	..	..	45 267	46 248	44 465	42 148	45 160
Succursales d'entreprises étrangères	..	..	..	..	..	..	..	..
Ensemble des entreprises	..	..	..	45 267	46 248	44 465	42 148	45 160
Total								
Entreprises nationales	87 846	105 577	108 127	99 230	103 927	105 277	96 136	97 256
Entreprises sous contrôle étranger	79 711	96 334	97 179	91 977	92 564	93 617	87 729	91 380
Succursales d'entreprises étrangères	-	-	..	..	..	..	..	..
Ensemble des entreprises	87 846	105 577	108 127	99 230	103 927	105 277	96 136	97 256

Hongrie
Tableau 1. Agrégats sélectionnés *(suite)*

Millions HUF

	2006	2007	2008	2009	2010	2011	2012	2013
1.4 Dépenses brutes d'exploitation								
Vie								
Entreprises nationales	94 082	99 435	105 164	42 768 |	56 566	52 633	37 846	32 595
Entreprises sous contrôle étranger	87 204	93 033	92 507	15 559 |	37 256	36 587	32 963	27 473
Succursales d'entreprises étrangères	0	0	..	..	..	..	..	..
Ensemble des entreprises	94 082	99 435	105 164	42 768 |	56 566	52 633	37 846	32 595
Non-vie								
Entreprises nationales	115 742	125 391	132 374	14 175 |	15 324	17 229	16 277	17 413
Entreprises sous contrôle étranger	96 548	103 020	106 404	7 192 |	11 678	12 859	10 465	11 126
Succursales d'entreprises étrangères	..	..	..	..	..	..	..	..
Ensemble des entreprises	115 742	125 391	132 374	14 175 |	15 324	17 229	16 277	17 413
Mixtes								
Entreprises nationales	..	..	..	160 403 |	175 554	170 062	155 577	172 680
Entreprises sous contrôle étranger	..	..	..	160 403 |	175 554	170 062	155 577	172 680
Succursales d'entreprises étrangères	..	..	..	..	..	..	..	..
Ensemble des entreprises	..	..	..	160 403 |	175 554	170 062	155 577	172 680
dont :								
Vie	..	..	..	47 882 |	65 371	68 791	55 125	56 633
Entreprises nationales	..	..	..	47 882 |	65 371	68 791	55 125	56 633
Entreprises sous contrôle étranger	..	..	..	47 882 |	65 371	68 791	55 125	56 633
Succursales d'entreprises étrangères	..	..	..	..	..	..	..	..
Ensemble des entreprises	..	..	..	47 882 |	65 371	68 791	55 125	56 633
Non-vie	..	..	..	112 521 |	110 183	101 271	100 451	116 047
Entreprises nationales	..	..	..	112 521 |	110 183	101 271	100 451	116 047
Entreprises sous contrôle étranger	..	..	..	112 521 |	110 183	101 271	100 451	116 047
Succursales d'entreprises étrangères	..	..	..	..	..	..	..	..
Ensemble des entreprises	..	..	..	112 521 |	110 183	101 271	100 451	116 047
Total								
Entreprises nationales	209 823	224 826	237 538	217 346	247 444	239 924	209 699	222 687
Entreprises sous contrôle étranger	183 752	196 054	198 911	183 154	224 487	219 509	199 004	211 279
Succursales d'entreprises étrangères	-	-	..	..	..	..	..	..
Ensemble des entreprises	209 823	224 826	237 538	217 346	247 444	239 924	209 699	222 687
1.5 Opérations à l'étranger par succursale, primes brutes								
Vie								
Succursales et agences	..	..	..	..	..	..	..	..
Filiales	..	..	..	..	..	..	..	..
Total	..	..	..	..	..	..	..	..
Non-vie								
Succursales et agences	..	..	..	..	..	..	..	..
Filiales	..	..	..	..	..	..	..	..
Total	..	..	..	..	..	..	..	..
Mixtes								
Succursales et agences	..	..	..	..	..	..	..	..
Filiales	..	..	..	..	..	..	..	..
Total	..	..	..	..	..	..	..	..
dont :								
Vie	..	..	..	..	..	..	..	..
Succursales et agences	..	..	..	..	..	..	..	..
Filiales	..	..	..	..	..	..	..	..
Total	..	..	..	..	..	..	..	..
Non-vie	..	..	..	..	..	..	..	..
Succursales et agences	..	..	..	..	..	..	..	..
Filiales	..	..	..	..	..	..	..	..
Total	..	..	..	..	..	..	..	..
Total								
Succursales et agences	..	..	..	..	..	..	..	..
Filiales	..	..	..	..	..	..	..	..
Total	..	..	..	..	..	..	..	..

.. Non disponible ; - Néant ; | Rupture de série

Note : Voir les métadonnées détaillées sur : http://metalinks.oecd.org/isy/20141215/8d22.

Hongrie
Tableau 2. Nombre d'entreprises et d'employés

	2006	2007	2008	2009	2010	2011	2012	2013
2.1 Nombre d'entreprises								
Vie								
Entreprises nationales	9	12	11	12	12	12	12	10
Entreprises sous contrôle étranger	6	8	8	9	9	9	9	7
Succursales d'entreprises étrangères	0	0	0	0	0	..	..	..
Ensemble des entreprises	9	12	11	12	12	12	12	10
Non-vie								
Entreprises nationales	12	12	13	15	15	15	13	12
Entreprises sous contrôle étranger	5	4	7	7	9	9	7	6
Succursales d'entreprises étrangères	7	8	11	11	14	12	14	14
Ensemble des entreprises	19	20	24	26	29	27	27	26
Mixtes								
Entreprises nationales	12	10	11	10	10	10	10	10
Entreprises sous contrôle étranger	11	11	10	10	10	10	10	10
Succursales d'entreprises étrangères	0	0	1	1	0	1	1	1
Ensemble des entreprises	12	10	12	11	10	11	11	11
Réassurance								
Entreprises nationales	0	0	0	..	..	..	..	..
Entreprises sous contrôle étranger	0	0	0	..	..	..	..	..
Succursales d'entreprises étrangères	0	0	0	..	..	..	..	..
Ensemble des entreprises	0	0	0	..	..	..	..	..
Total								
Entreprises nationales	33	34	35	37	37	37	35	32
Entreprises sous contrôle étranger	22	23	25	26	28	28	26	23
Succursales d'entreprises étrangères	7	8	12	12	14	13	15	15
Ensemble des entreprises	40	42	47	49	51	50	50	47
2.2 Nombre d'employés								
Entreprises d'assurance	15 838	14 181	14 467	..	10 547	9 580	9 701	9 363
Intermédiaires	15 449	14 561	15 384	..	17 067	16 950	13 572	13 083
Total	31 287	28 742	29 851	..	27 615	26 530	23 273	22 445

.. Non disponible

Note : Voir les métadonnées détaillées sur : http://metalinks.oecd.org/isy/20141215/8d22.

Islande
Tableau 1. Agrégats sélectionnés

Millions ISK

	2006	2007	2008	2009	2010	2011	2012	2013
1.1 Opérations d'assurance conclues dans le pays déclarant								
1.1.1 Opérations d'assurance, par intérêt								
Primes brutes								
Entreprises nationales	33 165	37 519	41 724	34 293	46 636	48 117	50 490	51 142
Entreprises sous contrôle étranger	-	-	-	3 732	4 082	4 464	4 788	5 088
Succursales d'entreprises étrangères	0	-	-	-	-	-	..	..
Ensemble des entreprises	32 601	37 435	41 721	34 293	46 636	48 117	50 490	51 142
Primes cédées								
Entreprises nationales	4 621	3 127	3 061	2 546	3 621	3 425	3 371	3 136
Entreprises sous contrôle étranger	-	-	-	260	476	328	318	310
Succursales d'entreprises étrangères	..	-	-	-	-	-	..	..
Ensemble des entreprises	..	2 696	3 061	2 546	3 621	3 425	3 371	3 136
Primes nettes émises								
Entreprises nationales	28 322	34 392	38 663	31 747	43 015	44 692	47 118	48 005
Entreprises sous contrôle étranger	-	-	-	3 472	3 606	4 136	4 470	4 779
Succursales d'entreprises étrangères	..	-	-	-	-	-	..	..
Ensemble des entreprises	2 138	34 944	38 674	31 747	43 015	44 692	47 118	48 005
1.1.2 Opérations d'assurance par risque à l'étranger, primes brutes								
Vie	..	..	0	6 786	3 510	0	0	0
Non-vie	..	521	2 215	41 886	43 506	2 528	2 632	2 156
Mixtes total	x	x	x	x	x	x	x	x
Total	..	521	2 215	48 673	47 016	2 528	2 632	2 156
1.1.3 Paiement par catégories d'assurance, primes brutes (vie)								
Rentes	..	36	0	47	65	57	61	61
Unit linked	..	562	185	108	104	110	87	86
Autre assurance vie	..	2 398	2 867	3 118	3 216	3 227	3 532	3 913
Total assurance vie	..	2 996	3 052	3 273	3 385	3 395	3 680	4 061
***dont :** Contrats de retraite*	..	0	..	0	0	0	0	0
1.1.4 Paiement par catégories d'assurance, primes brutes (non-vie)								
L'assurance automobile	14 396	..	19 153	20 424	20 479	20 205	21 226	21 522
Les assurances transport (y compris maritime et aérien)	1 284	..	2 691	2 204	2 483	2 629	2 746	3 372
L'assurance de fret	503	..	703	577	602	632	667	638
L'assurance incendie et des dommages aux bien	7 681	..	8 182	11 557	12 193	12 838	14 028	13 816
L'assurance des pertes pécuniaires	79	..	164	58	77	100	77	45
L'assurance de la responsabilité civile générale	2 530	..	2 316	2 452	2 372	2 782	2 932	2 556
Les assurances accidents et maladie	3 150	..	4 141	4 707	5 012	5 318	5 108	5 102
***dont :** Maladie*	556	..	1 912	717	..	..	..	..
Autres assurances non-vie	0	..	0	0	12	27	27	30
Réassurance obligatoire	0	..	0	0	0	0	0	0
Total assurance non-vie	29 623	..	39 262	41 980	43 230	44 530	46 809	47 081
1.2 Paiements bruts des sinistres								
Vie								
Entreprises nationales	1 971	1 075	1 003	1 101	882	1 139	1 434	1 381
Entreprises sous contrôle étranger	0	0	0	26	15	21	56	47
Succursales d'entreprises étrangères	..	..	0	..	0	..	..	..
Ensemble des entreprises	..	..	1 003	1 101	882	1 139	1 434	1 381
Non-vie								
Entreprises nationales	20 532	25 048	29 986	33 871	27 092	28 721	30 190	31 417
Entreprises sous contrôle étranger	0	0	0	2 858	2 859	3 132	2 931	3 412
Succursales d'entreprises étrangères	0	0	0	0	0	..	..	..
Ensemble des entreprises	20 532	25 048	29 986	33 871	27 092	28 721	30 190	31 417
Mixtes, ensemble des entreprises	x	x	x	x	x	x	x	x
Total								
Entreprises nationales	22 503	26 123	30 989	34 972	27 974	29 861	31 624	32 798
Entreprises sous contrôle étranger	-	-	-	2 884	2 874	3 152	2 987	3 459
Succursales d'entreprises étrangères	-	-	-	-	-	..	..	..
Ensemble des entreprises	20 532	25 048	30 989	34 972	27 974	29 861	31 624	32 798

Islande

Tableau 1. Agrégats sélectionnés *(suite)*

Millions ISK

	2006	2007	2008	2009	2010	2011	2012	2013
1.3 Commissions								
Vie								
Entreprises nationales	95	59	47	57	41	74	71	66
Entreprises sous contrôle étranger	0	0	0	4	6	4	12	20
Succursales d'entreprises étrangères	..	..	0	..	0	..	..	..
Ensemble des entreprises	..	..	47	57	41	74	71	66
Non-vie								
Entreprises nationales	403	126	125	168	121	101	122	102
Entreprises sous contrôle étranger	0	0	0	20	0	0	0	0
Succursales d'entreprises étrangères	0	0	0	0	0	..	..	..
Ensemble des entreprises	403	126	125	168	121	101	122	102
Mixtes, ensemble des entreprises	x	x	x	x	x	x	x	x
Total								
Entreprises nationales	498	185	172	224	162	175	193	168
Entreprises sous contrôle étranger	-	-	-	24	6	4	12	20
Succursales d'entreprises étrangères	-	-	-	-	-	..	..	..
Ensemble des entreprises	403	126	172	224	162	175	193	168
1.4 Dépenses brutes d'exploitation								
Vie								
Entreprises nationales	865	792	873	782	851	945	1 119	1 384
Entreprises sous contrôle étranger	0	..	0	43	52	57	77	90
Succursales d'entreprises étrangères	..	..	0	..	0	..	..	..
Ensemble des entreprises	..	792	873	782	851	945	1 119	1 384
Non-vie								
Entreprises nationales	5 541	6 210	7 224	7 646	8 563	9 081	9 987	9 860
Entreprises sous contrôle étranger	0	..	0	785	859	965	996	1 084
Succursales d'entreprises étrangères	0	..	0	0	0	..	..	..
Ensemble des entreprises	5 541	6 210	7 224	7 646	8 563	9 081	9 987	9 860
Mixtes, ensemble des entreprises	x	x	x	x	x	x	x	x
Total								
Entreprises nationales	6 405	7 002	8 098	8 428	9 414	10 027	11 106	11 244
Entreprises sous contrôle étranger	-	..	-	828	911	1 022	1 072	1 173
Succursales d'entreprises étrangères	-	..	-	-	-	..	..	..
Ensemble des entreprises	5 541	7 002	8 098	8 428	9 414	10 027	11 106	11 244
1.5 Opérations à l'étranger par succursale, primes brutes								
Vie								
Succursales et agences	0	0	0	0	0	0	0	..
Filiales	0	0	..	0	0	0	0	..
Total	0	0	..	0	0	0	0	..
Non-vie								
Succursales et agences	0	0	0	0	277	551	914	..
Filiales	19	0	..	0	0	0	0	..
Total	19	0	..	0	277	551	914	..
Mixtes total	x	x	x	x	x	x	x	x
Total								
Succursales et agences	-	-	-	-	277	551	914	..
Filiales	19	-	..	-	-	-	-	..
Total	19	-	..	-	277	551	914	..

.. Non disponible ; - Néant ; x Sans objet

Note : Voir les métadonnées détaillées sur : http://metalinks.oecd.org/isy/20141215/7dc0.

Islande
Tableau 2. Nombre d'entreprises et d'employés

	2006	2007	2008	2009	2010	2011	2012	2013
2.1 Nombre d'entreprises								
Vie								
Entreprises nationales	4	4	4	5	5	5	5	5
Entreprises sous contrôle étranger	0	0	0	1	1	1	1	1
Succursales d'entreprises étrangères	1	1	1	0	0	0	1	1
Ensemble des entreprises	5	5	5	5	5	5	6	6
Non-vie								
Entreprises nationales	7	7	7	6	6	6	6	5
Entreprises sous contrôle étranger	0	0	0	1	1	1	1	1
Succursales d'entreprises étrangères	0	0	0	0	0	0	1	1
Ensemble des entreprises	7	7	7	6	6	6	7	6
Mixtes, ensemble des entreprises	-	-	-	-	-	-	-	-
Réassurance								
Entreprises nationales	1	1	1	2	2	2	2	2
Entreprises sous contrôle étranger	0	0	0	0	0	0	0	..
Succursales d'entreprises étrangères	0	0	0	0	0	0	0	..
Ensemble des entreprises	1	1	1	2	2	2	2	2
Total								
Entreprises nationales	12	12	12	13	13	13	13	12
Entreprises sous contrôle étranger	0	0	0	2	2	2	2	2
Succursales d'entreprises étrangères	1	1	1	0	0	0	2	2
Ensemble des entreprises	13	13	13	13	13	13	15	14
2.2 Nombre d'employés								
Entreprises d'assurance	572	591	596	615	617	652	641	614
Intermédiaires	..	..	..	..	..	0	..	..
Total	..	..	..	617	617	652	..	614

.. Non disponible ; - Néant

Note : Voir les métadonnées détaillées sur : http://metalinks.oecd.org/isy/20141215/7dc0.

Irlande
Tableau 1. Agrégats sélectionnés

Millions EUR

	2006	2007	2008	2009	2010	2011	2012	2013
1.1 Opérations d'assurance conclues dans le pays déclarant								
1.1.1 Opérations d'assurance, par intérêt								
Primes brutes								
Entreprises nationales	34 855	44 230	57 485	32 162	31 340	30 304	33 133	31 818
Entreprises sous contrôle étranger	..	..	..	..	-	..	..	..
Succursales d'entreprises étrangères	1 852	1 931	1 901	1 425	2 840	1 731	2 348	2 301
Ensemble des entreprises	36 515	46 161	59 376	33 587	34 180	32 035	35 481	34 119
Primes cédées								
Entreprises nationales	3 178	4 112	8 965	3 068	2 950	3 478	3 755	3 908
Entreprises sous contrôle étranger	..	..	..	..	-	..	..	..
Succursales d'entreprises étrangères	248	479	370	283	800	772	356	268
Ensemble des entreprises	3 426	4 591	9 335	3 351	3 750	4 250	4 111	4 176
Primes nettes émises								
Entreprises nationales	31 677	40 118	48 520	29 094	28 390	26 826	29 379	27 910
Entreprises sous contrôle étranger	..	..	..	..	-	..	..	..
Succursales d'entreprises étrangères	1 604	1 452	1 531	1 142	2 040	960	1 992	2 033
Ensemble des entreprises	34 179	41 570	34 630	30 236	30 430	27 786	31 371	29 943
1.1.2 Opérations d'assurance par risque à l'étranger, primes brutes								
Vie	15 834	20 461	16 045	14 534	15 779	15 627	15 038	16 125
Non-vie	3 470	3 542	3 540	2 868	3 016	3 195	3 676	3 826
Mixtes total	x	x	x	x	x	x	x	x
Total	19 304	24 003	19 585	17 402	18 796	18 821	18 714	19 951
1.1.3 Paiement par catégories d'assurance, primes brutes (vie)								
Rentes	..	..	..	..	..	..	..	..
Unit linked	..	..	..	..	..	..	..	..
Autre assurance vie	..	..	..	..	..	..	..	..
Total assurance vie	..	..	..	..	..	..	28 140	27 207
***dont :** Contrats de retraite*	..	..	..	..	..	..	..	..
1.1.4 Paiement par catégories d'assurance, primes brutes (non-vie)								
L'assurance automobile	2 098	2 203	2 036	1 687	1 649	1 423	1 486	1 435
Les assurances transport (y compris maritime et aérien)	143	147	205	175	204	237	243	183
L'assurance de fret	..	..	..	..	..	0	..	..
L'assurance incendie et des dommages aux bien	1 805	1 873	1 757	1 667	1 785	1 728	1 906	1 763
L'assurance des pertes pécuniaires	..	93	109	91	47	67	..	105
L'assurance de la responsabilité civile générale	1 509	1 484	1 348	1 133	1 108	1 072	1 147	1 127
Les assurances accidents et maladie	957	1 060	1 254	1 278	1 267	1 432	1 288	1 171
***dont :** Maladie*	..	..	..	..	..	..	..	..
Autres assurances non-vie	713	605	563	474	518	485	563	504
Réassurance obligatoire	152	108	4 836	137	168	284	374	330
Total assurance non-vie	..	7 573	12 108	6 642	6 745	6 729	7 007	6 618
1.2 Paiements bruts des sinistres								
Vie								
Entreprises nationales	11 940	18 380	18 876	16 760	21 393	..	27 921	28 263
Entreprises sous contrôle étranger	..	..	..	..	0	..	..	..
Succursales d'entreprises étrangères	939	1 440	1 333	1 095	626	..	..	1 235
Ensemble des entreprises	12 879	19 820	20 209	17 855	22 019	..	27 921	29 498
Non-vie								
Entreprises nationales	2 867	1 999	5 051	4 196	4 438	4 938	4 842	4 369
Entreprises sous contrôle étranger	..	..	..	..	0	..	..	..
Succursales d'entreprises étrangères	567	425	531	38	474	1 023	983	677
Ensemble des entreprises	3 434	2 424	5 582	4 234	4 912	5 961	5 825	5 046
Mixtes, ensemble des entreprises	x	x	x	x	x	x	x	x
Total								
Entreprises nationales	14 807	20 379	23 927	20 956	25 831	4 938	39 667	39 523
Entreprises sous contrôle étranger	..	..	..	..	-	..	..	..
Succursales d'entreprises étrangères	1 506	1 865	1 864	1 133	1 099	1 023	983	1 912
Ensemble des entreprises	16 313	22 244	25 791	22 089	26 931	5 961	40 650	41 435

Irlande
Tableau 1. Agrégats sélectionnés *(suite)*

Millions EUR

	2006	2007	2008	2009	2010	2011	2012	2013
1.3 Commissions								
Vie								
Entreprises nationales	..	..	..	1 371	1 310	..	1 593	1 844
Entreprises sous contrôle étranger	..	..	..	..	0	..	..	..
Succursales d'entreprises étrangères	..	..	..	37	25	..	..	43
Ensemble des entreprises	..	..	..	1 408	1 335	..	1 593	1 887
Non-vie								
Entreprises nationales	..	..	..	857	767	764	657	737
Entreprises sous contrôle étranger	..	..	..	..	0	..	..	..
Succursales d'entreprises étrangères	..	..	..	120	130	104	171	130
Ensemble des entreprises	..	..	..	977	897	868	828	867
Mixtes, ensemble des entreprises	x	x	x	x	x	x	x	x
Total								
Entreprises nationales	..	..	..	2 228	2 077	764	2 250	2 581
Entreprises sous contrôle étranger	..	..	..	..	-	..	..	..
Succursales d'entreprises étrangères	..	..	..	157	155	104	171	173
Ensemble des entreprises	..	..	..	2 385	2 232	868	2 420	2 754
1.4 Dépenses brutes d'exploitation								
Vie								
Entreprises nationales	981	1 240	1 170	1 152	1 127	..	1 268	1 346
Entreprises sous contrôle étranger	..	..	..	..	0	..	..	..
Succursales d'entreprises étrangères	103	93	101	99	68	..	..	154
Ensemble des entreprises	1 084	1 333	1 254	1 251	1 195	..	1 268	1 500
Non-vie								
Entreprises nationales	698	641	761	668	726	688	622	650
Entreprises sous contrôle étranger	..	..	..	..	0	..	..	..
Succursales d'entreprises étrangères	96	115	150	72	79	186	295	159
Ensemble des entreprises	794	756	911	740	805	874	917	809
Mixtes, ensemble des entreprises	x	x	x	x	x	x	x	x
Total								
Entreprises nationales	1 679	1 881	1 931	1 820	1 853	688	2 529	2 650
Entreprises sous contrôle étranger	..	..	..	..	-	..	..	..
Succursales d'entreprises étrangères	199	208	251	171	147	186	295	313
Ensemble des entreprises	1 878	2 089	2 165	1 991	2 000	874	2 824	2 963
1.5 Opérations à l'étranger par succursale, primes brutes								
Vie								
Succursales et agences	3 332	3 065	5 810	3 026	3 701	2 434	3 422	5 563
Filiales	..	..	..	..	0	..	..	..
Total	3 332	3 065	5 810	3 026	3 701	2 434	3 422	5 563
Non-vie								
Succursales et agences	1 877	2 403	2 487	5 322	8 628	9 626	9 599	9 228
Filiales	..	..	..	..	0	..	..	..
Total	1 877	2 403	2 486	5 322	8 628	9 626	9 599	9 228
Mixtes total	x	x	x	x	x	x	x	x
Total								
Succursales et agences	5 209	5 468	8 297	8 348	12 329	12 060	13 021	14 791
Filiales	..	..	..	..	-	..	..	..
Total	5 209	5 468	8 296	8 348	12 329	12 060	13 021	14 791

.. Non disponible ; - Néant ; x Sans objet

Note : Voir les métadonnées détaillées sur : http://metalinks.oecd.org/isy/20141215/524e.

Irlande
Tableau 2. Nombre d'entreprises et d'employés

	2006	2007	2008	2009	2010	2011	2012	2013
2.1 Nombre d'entreprises								
Vie								
Entreprises nationales	53	54	59	59	61	62	55	53
Entreprises sous contrôle étranger	..	..	..	..	0	0	0	..
Succursales d'entreprises étrangères	10	11	12	10	10	9	8	8
Ensemble des entreprises	63	65	71	69	71	71	63	61
Non-vie								
Entreprises nationales	132	135	133	129	123	121	111	104
Entreprises sous contrôle étranger	..	..	..	..	0	0	0	..
Succursales d'entreprises étrangères	32	31	32	29	30	28	28	27
Ensemble des entreprises	164	166	165	158	153	149	139	131
Mixtes, ensemble des entreprises	-	-	-	-	-	-	-	-
Réassurance								
Entreprises nationales	..	..	119	120	115	102	87	77
Entreprises sous contrôle étranger	..	..	..	..	0	0	0	..
Succursales d'entreprises étrangères	..	..	3	0	3	0	0	0
Ensemble des entreprises	..	..	119	120	118	102	87	77
Total								
Entreprises nationales	185	189	311	..	299	285	253	234
Entreprises sous contrôle étranger	..	..	..	..	0	..	..	..
Succursales d'entreprises étrangères	42	42	44	..	43	37	36	35
Ensemble des entreprises	227	231	355	..	342	322	289	269
2.2 Nombre d'employés								
Entreprises d'assurance	12 593	12 168	13 021	11 476	10 626	9 696	8 682	8 887
Intermédiaires	..	..	..	..	..	..	..	..
Total	..	..	..	..	..	9 696	8 682	8 887

.. Non disponible ; - Néant

Note : Voir les métadonnées détaillées sur : http://metalinks.oecd.org/isy/20141215/524e.

Israël

Tableau 1. Agrégats sélectionnés

Millions ILS

	2006	2007	2008	2009	2010	2011	2012	2013
1.1 Opérations d'assurance conclues dans le pays déclarant								
1.1.1 Opérations d'assurance, par intérêt								
Primes brutes								
Entreprises nationales	34 552	36 109	38 666	40 320	42 003	45 317	48 086	50 339
Entreprises sous contrôle étranger	7 157	7 683	8 294	8 397	8 903	9 663	840	889
Succursales d'entreprises étrangères	59	-	..	-	-	..	..	..
Ensemble des entreprises	34 611	36 109	38 666	40 320	42 003	45 317	48 086	50 339
Primes cédées								
Entreprises nationales	4 822	4 590	5 179	6 367	5 868	6 529	6 877	6 418
Entreprises sous contrôle étranger	724	739	730	..	816	894	185	164
Succursales d'entreprises étrangères	-	-	..	..	..	..	..	..
Ensemble des entreprises	4 822	4 590	5 179	6 367	5 868	6 529	6 877	6 418
Primes nettes émises								
Entreprises nationales	29 730	31 519	33 487	33 953	36 135	38 788	41 209	43 921
Entreprises sous contrôle étranger	6 432	6 943	7 564	8 397	8 087	8 769	656	726
Succursales d'entreprises étrangères	59	-	..	-	..	..	..	..
Ensemble des entreprises	29 789	31 519	33 487	33 953	36 135	38 788	41 209	43 921
1.1.2 Opérations d'assurance par risque à l'étranger, primes brutes								
Vie	0	..	0	- |	..	..	..	..
Non-vie	21	..	15	2 234 |	..	..	..	..
Mixtes	..	..	..	38 085 |	..	3	..	..
dont :								
Vie	..	..	..	19 785 |	..	..	..	..
Non-vie	..	..	..	18 300 |	..	3	..	..
Total	21	..	15	40 320	..	3	..	..
1.1.3 Paiement par catégories d'assurance, primes brutes (vie)								
Rentes	..	..	1 630	1 445	1 772	1 593	1 542	1 361
Unit linked	..	..	10 763	13 950	14 974	16 662	17 673	18 557
Autre assurance vie	..	..	6 948	4 373	4 911	5 654	6 242	6 709
Total Assurance Vie	..	..	19 341	19 768	21 656	23 909	25 458	26 627
dont : *Contrats de retraite*	..	..	..	13 512	14 762	..	..	..
1.1.4 Paiement par catégories d'assurance, primes brutes (non-vie)								
L'assurance automobile	..	..	9 928	10 201	9 867	10 358	10 673	11 040
Les assurances transport (y compris maritime et aérien)	..	..	40	44	43	41	41	38
L'assurance de fret	..	..	167	156	160	173	180	169
L'assurance incendie et des dommages aux bien	..	..	3 097	3 256	3 326	3 475	4 082	4 283
L'assurance des pertes pécuniaires	..	..	84	209	226	0	277	284
L'assurance de la responsabilité civile générale	..	..	2 144	2 343	2 353	2 354	2 487	2 575
Les assurances accidents et maladie	..	..	3 008	3 402	3 607	3 950	4 396	4 869
dont : *Maladie*	..	..	2 671	2 930	3 066	..	3 580	3 859
Autres assurances non-vie	..	..	858	927	766	1 056	492	452
Réassurance obligatoire	..	..	..	0	0	..	..	..
Total assurance non-vie	..	..	19 325	20 538	20 347	21 408	22 628	23 712

Israël
Tableau 1. Agrégats sélectionnés *(suite)*

Millions ILS

	2006	2007	2008	2009	2010	2011	2012	2013
1.2 Paiements bruts des sinistres								
Vie								
Entreprises nationales	..	..	8 567	..	..	..	..	0
Entreprises sous contrôle étranger	..	..	2 639	..	0	..	..	..
Succursales d'entreprises étrangères	..	..	..	..	..	..	..	..
Ensemble des entreprises	..	..	8 567	..	0	..	..	0
Non-vie								
Entreprises nationales	..	..	14 109	1 082	1 138	1 303	1 395	2 013
Entreprises sous contrôle étranger	..	..	1 490	12	0	..	..	..
Succursales d'entreprises étrangères	..	..	..	..	..	..	..	..
Ensemble des entreprises	..	..	14 109	1 082	1 138	1 303	1 395	2 013
Mixtes								
Entreprises nationales	..	..	..	21 015	22 199	24 636	25 830	24 594
Entreprises sous contrôle étranger	..	..	..	4 256	4 398	5 004	393	280
Succursales d'entreprises étrangères	..	..	..	..	..	..	..	..
Ensemble des entreprises	..	..	..	21 015	22 199	24 636	25 830	24 594
dont :								
Vie	..	..	..	9 208	10 349	11 651	12 472	12 644
Entreprises nationales	..	..	..	9 208	10 349	11 651	12 472	12 644
Entreprises sous contrôle étranger	..	..	..	2 716	3 054	3 564	27	18
Succursales d'entreprises étrangères	..	..	..	..	..	..	..	..
Ensemble des entreprises	..	..	..	9 208	10 349	11 651	12 472	12 644
Non-vie	..	..	..	11 807	11 849	12 985	13 358	11 949
Entreprises nationales	..	..	..	11 807	11 849	12 985	13 358	11 949
Entreprises sous contrôle étranger	..	..	..	1 540	1 344	1 440	366	262
Succursales d'entreprises étrangères	..	..	..	..	..	..	..	..
Ensemble des entreprises	..	..	..	11 807	11 849	12 985	13 358	11 949
Total								
Entreprises nationales	..	..	22 676	22 096	23 337	25 939	27 225	26 607
Entreprises sous contrôle étranger	..	..	4 129	4 268	4 398	5 004	393	280
Succursales d'entreprises étrangères	..	..	..	..	..	..	..	..
Ensemble des entreprises	..	..	22 676	22 096	23 337	25 939	27 225	26 607
1.3 Commissions								
Vie								
Entreprises nationales	..	..	1 989	..	0	..	..	0
Entreprises sous contrôle étranger	..	..	574	..	0	..	..	..
Succursales d'entreprises étrangères	..	..	..	..	..	..	..	..
Ensemble des entreprises	..	..	1 989	..	0	..	..	0
Non-vie								
Entreprises nationales	..	..	2 584	143	1 138	159	175	248
Entreprises sous contrôle étranger	..	..	283	-	0	..	..	..
Succursales d'entreprises étrangères	..	..	..	..	..	..	..	..
Ensemble des entreprises	..	..	2 584	143	1 138	159	175	248
Mixtes								
Entreprises nationales	..	..	..	4 497	4 783	5 070	5 512	5 688
Entreprises sous contrôle étranger	..	..	..	844	897	947	41	39
Succursales d'entreprises étrangères	..	..	..	..	..	..	..	..
Ensemble des entreprises	..	..	..	4 497	4 783	5 070	5 512	5 688
dont :								
Vie	..	..	..	2 011	2 201	2 328	2 577	2 571
Entreprises nationales	..	..	..	2 011	2 201	2 328	2 577	2 571
Entreprises sous contrôle étranger	..	..	..	571	614	635	1	1
Succursales d'entreprises étrangères	..	..	..	..	..	..	..	..
Ensemble des entreprises	..	..	..	2 011	2 201	2 328	2 577	2 571
Non-vie	..	..	..	2 486	2 583	2 742	2 936	3 118
Entreprises nationales	..	..	..	2 486	2 583	2 742	2 936	3 118
Entreprises sous contrôle étranger	..	..	..	273	283	312	40	38
Succursales d'entreprises étrangères	..	..	..	..	..	..	..	..
Ensemble des entreprises	..	..	..	2 486	2 583	2 742	2 936	3 118
Total								
Entreprises nationales	..	..	4 574	4 640	5 921	5 229	5 688	5 936
Entreprises sous contrôle étranger	..	..	857	844	897	947	41	39
Succursales d'entreprises étrangères	..	..	..	..	..	..	..	..
Ensemble des entreprises	..	..	4 574	4 640	5 921	5 229	5 688	5 936

Israël
Tableau 1. Agrégats sélectionnés *(suite)*

Millions ILS

	2006	2007	2008	2009	2010	2011	2012	2013
1.4 Dépenses brutes d'exploitation								
Vie								
Entreprises nationales	..	..	..	..	0	..	..	1
Entreprises sous contrôle étranger	..	..	..	..	0	..	..	..
Succursales d'entreprises étrangères	..	..	..	..	..	..	..	..
Ensemble des entreprises	..	..	..	..	0	..	..	1
Non-vie								
Entreprises nationales	..	..	..	250 |	184	306	305	449
Entreprises sous contrôle étranger	..	..	..	24 |	0	..	..	..
Succursales d'entreprises étrangères	..	..	..	..	..	..	..	..
Ensemble des entreprises	..	..	..	250 |	184	306	305	449
Mixtes								
Entreprises nationales	..	..	..	3 798 |	4 136	5 198	5 270	5 285
Entreprises sous contrôle étranger	..	..	..	812 |	881	1 158	260	272
Succursales d'entreprises étrangères	..	..	..	..	..	..	..	..
Ensemble des entreprises	..	..	..	3 798 |	4 136	5 198	5 270	5 285
dont :								
Vie	..	..	..	1 784 |	1 965	2 104	2 323	2 542
Entreprises nationales	..	..	..	1 784 |	1 965	2 104	2 323	2 542
Entreprises sous contrôle étranger	..	..	..	465 |	521	565	53	61
Succursales d'entreprises étrangères	..	..	..	..	..	..	..	..
Ensemble des entreprises	..	..	..	1 784 |	1 965	2 104	2 323	2 542
Non-vie	..	..	..	2 014 |	2 172	2 445	2 373	2 502
Entreprises nationales	..	..	..	2 014 |	2 172	2 445	2 373	2 502
Entreprises sous contrôle étranger	..	..	..	347 |	360	368	208	212
Succursales d'entreprises étrangères	..	..	..	..	..	..	..	..
Ensemble des entreprises	..	..	..	2 014 |	2 172	2 445	2 373	2 502
Total								
Entreprises nationales	..	..	180	4 048	4 321	5 504	5 574	5 736
Entreprises sous contrôle étranger	..	..	2 086	836	881	1 158	260	272
Succursales d'entreprises étrangères	..	..	501	..	..	..	..	..
Ensemble des entreprises	..	..	..	4 048	4 321	5 504	5 574	5 736
1.5 Opérations à l'étranger par succursale, primes brutes								
Vie								
Succursales et agences	..	..	0	..	..	..	..	..
Filiales	..	..	0	..	..	..	..	..
Total	..	..	0	..	..	..	..	..
Non-vie								
Succursales et agences	..	..	0	..	..	..	..	..
Filiales	..	..	0	..	..	..	..	..
Total	..	..	0	..	..	..	..	..
Mixtes								
Succursales et agences	..	..	..	..	..	..	..	..
Filiales	..	..	..	..	..	..	..	..
Total	..	..	..	..	..	..	..	..
dont :								
Vie	..	..	..	..	..	..	..	..
Succursales et agences	..	..	..	..	..	..	..	..
Filiales	..	..	..	..	..	..	..	..
Total	..	..	..	..	..	..	..	..
Non-vie	..	..	..	..	..	..	..	..
Succursales et agences	..	..	..	..	..	..	..	..
Filiales	..	..	..	..	..	..	..	..
Total	..	..	..	..	..	..	..	..
Total								
Succursales et agences	..	..	-	..	..	..	..	..
Filiales	..	..	-	..	..	..	..	..
Total	..	..	-	..	..	..	..	..

.. Non disponible ; - Néant ; | Rupture de série

Note : Voir les métadonnées détaillées sur : http://metalinks.oecd.org/isy/20141215/63ce..

Les données statistiques concernant Israël sont fournies par et sous la responsabilité des autorités israéliennes compétentes. L'utilisation de ces données par l'OCDE est sans préjudice du statut des hauteurs du Golan, de Jérusalem Est et des colonies de peuplement israéliennes en Cisjordanie aux termes du droit international.

Israël

Tableau 2. Nombre d'entreprises et d'employés

	2006	2007	2008	2009	2010	2011	2012	2013
2.1 Nombre d'entreprises								
Vie								
Entreprises nationales	0	0	0	0	..	..	..	1
Entreprises sous contrôle étranger	0	0	0	..	..	..	..	..
Succursales d'entreprises étrangères	0	0	0	..	..	..	..	..
Ensemble des entreprises	0	0	0	..	0	..	..	1
Non-vie								
Entreprises nationales	10	11	11	11	11	10	10	12
Entreprises sous contrôle étranger	1	1	2	1	..	..	..	..
Succursales d'entreprises étrangères	2	2	2	2	2	..	2	2
Ensemble des entreprises	12	13	13	13	13	10	12	14
Mixtes								
Entreprises nationales	13	12	13	13	13	13	13	10
Entreprises sous contrôle étranger	3	2	1	2	3	2	1	1
Succursales d'entreprises étrangères	0	0	0	..	..	2	..	..
Ensemble des entreprises	13	12	13	..	13	15	13	10
Réassurance								
Entreprises nationales	0	0	0	0	0	..	..	..
Entreprises sous contrôle étranger	0	0	0	..	..	..	..	..
Succursales d'entreprises étrangères	0	0	0	..	..	..	..	..
Ensemble des entreprises	0	0	0	..	0	..	..	..
Total								
Entreprises nationales	23	23	24	24	24	23	23	23
Entreprises sous contrôle étranger	4	3	3	3	3	2	1	1
Succursales d'entreprises étrangères	2	2	2	2	2	2	2	2
Ensemble des entreprises	25	25	26	13	26	25	25	25
2.2 Nombre d'employés								
Entreprises d'assurance	12 407	..	12 630	..	..	..	..	..
Intermédiaires	11 000	11 358	11 553	..	..	..	..	..
Total	23 407	11 358	24 183	..	..	..	..	..

.. Non disponible

Note : Voir les métadonnées détaillées sur : http://metalinks.oecd.org/isy/20141215/63ce..

Les données statistiques concernant Israël sont fournies par et sous la responsabilité des autorités israéliennes compétentes. L'utilisation de ces données par l'OCDE est sans préjudice du statut des hauteurs du Golan, de Jérusalem Est et des colonies de peuplement israéliennes en Cisjordanie aux termes du droit international.

Italie
Tableau 1. Agrégats sélectionnés

Millions EUR

	2006	2007	2008	2009	2010	2011	2012	2013
1.1 Opérations d'assurance conclues dans le pays déclarant								
1.1.1 Opérations d'assurance, par intérêt								
Primes brutes								
Entreprises nationales	109 675	100 571	92 648	118 279	127 810	112 362	107 192	120 973
Entreprises sous contrôle étranger	24 593	32 405	26 017	34 921	37 340	32 577	29 138	34 302
Succursales d'entreprises étrangères	7 797	6 915	5 376	1 818	355	416	399	373
Ensemble des entreprises	117 472	107 486	98 024	120 097	128 165	112 778	107 591	121 345
Primes cédées								
Entreprises nationales	5 792	5 998	5 481	5 436	5 257	5 043	5 178	4 513
Entreprises sous contrôle étranger	1 290	2 146	1 644	669	1 624	1 166	1 392	1 116
Succursales d'entreprises étrangères	454	294	101	92	52	57	45	49
Ensemble des entreprises	6 245	6 292	5 581	5 528	5 308	5 099	5 223	4 563
Primes nettes émises								
Entreprises nationales	103 883	94 573	87 167	112 843	122 553	107 319	102 014	116 459
Entreprises sous contrôle étranger	23 302	30 259	24 372	34 251	35 715	31 411	27 746	33 186
Succursales d'entreprises étrangères	7 343	6 620	5 276	1 726	304	359	354	323
Ensemble des entreprises	111 226	101 194	92 443	114 569	122 857	107 678	102 368	116 782
1.1.2 Opérations d'assurance par risque à l'étranger, primes brutes								
Vie	1 443	929	990	8 |	6	1	0	1
Non-vie	691	519	451	79 |	88	60	50	53
Mixtes	..	..	..	1 356 |	1 554	1 608	1 935	2 044
dont :								
Vie	..	..	..	1 020 |	1 216	1 213	1 327	1 232
Non-vie	..	..	..	336 |	339	395	607	811
Total	2 134	1 447	1 441	1 442	1 648	1 670	1 984	2 098
1.1.3 Paiement par catégories d'assurance, primes brutes (vie)								
Rentes	..	1 538	1 324	1 253	1 077	1 309	1 243	1 012
Unit linked	..	14 981	10 442	9 732	15 409	12 496	13 800	15 497
Autre assurance vie	..	44 921	42 799	70 130	73 627	60 064	54 597	68 501
Total Assurance Vie	..	61 439	54 565	81 116	90 114	73 869	69 639	85 010
***dont :** Contrats de retraite*	..	2 120	3 227	3 548	4 026	4 116	4 296	3 825
1.1.4 Paiement par catégories d'assurance, primes brutes (non-vie)								
L'assurance automobile	21 811	21 640	20 858	20 169	19 886	20 815	20 247	18 661
Les assurances transport (y compris maritime et aérien)	532	485	460	473	461	432	366	327
L'assurance de fret	317	313	291	243	225	234	227	208
L'assurance incendie et des dommages aux bien	5 555	5 482	5 226	5 184	5 090	5 127	5 056	5 269
L'assurance des pertes pécuniaires	1 386	1 532	1 490	1 434	1 319	1 223	961	967
L'assurance de la responsabilité civile générale	3 361	3 368	3 349	3 384	3 006	2 979	2 972	2 905
Les assurances accidents et maladie	5 154	5 388	5 400	5 428	5 281	5 306	5 151	5 144
***dont :** Maladie*	1 927	2 135	2 190	2 230	2 210	2 229	2 150	2 114
Autres assurances non-vie	783	848	880	922	897	944	698	1 163
Réassurance obligatoire	414	303	266	227	240	275	417	0
Total assurance non-vie	39 313	39 358	38 219	37 463	36 405	37 333	36 095	34 646

Italie
Tableau 1. Agrégats sélectionnés *(suite)*

Millions EUR

	2006	2007	2008	2009	2010	2011	2012	2013
1.2 Paiements bruts des sinistres								
Vie								
Entreprises nationales	57 381	73 429	66 127	21 489 |	28 862	31 179	29 764	23 754
Entreprises sous contrôle étranger	14 524	25 181	22 354	8 319 |	9 213	14 849	14 078	11 058
Succursales d'entreprises étrangères	0	0	0	0	0	0	0	0
Ensemble des entreprises	57 381	73 429	66 127	21 489 |	28 862	31 179	29 764	23 754
Non-vie								
Entreprises nationales	23 833	25 030	27 361	5 736 |	5 907	5 191	5 084	5 061
Entreprises sous contrôle étranger	3 603	6 311	6 857	1 892 |	1 767	1 748	1 802	1 758
Succursales d'entreprises étrangères	978	949	1 133	1 319	217	249	257	231
Ensemble des entreprises	24 811	25 979	28 494	7 055 |	6 124	5 440	5 341	5 292
Mixtes								
Entreprises nationales	..	..	..	58 580 |	59 344	66 523	67 451	64 138
Entreprises sous contrôle étranger	..	..	..	16 313 |	16 318	17 536	16 282	16 899
Succursales d'entreprises étrangères	..	..	..	0	0	0	0	0
Ensemble des entreprises	..	..	..	58 580 |	59 344	66 523	67 451	64 138
dont :								
Vie	..	..	..	36 286 |	37 621	45 192	47 143	44 754
Entreprises nationales	..	..	..	36 286 |	37 621	45 192	47 143	44 754
Entreprises sous contrôle étranger	..	..	..	10 864 |	11 065	12 633	11 858	12 685
Succursales d'entreprises étrangères	..	..	..	0	0	0	0	0
Ensemble des entreprises	..	..	..	36 286 |	37 621	45 192	47 143	44 754
Non-vie	..	..	..	22 294 |	21 723	21 330	20 308	19 384
Entreprises nationales	..	..	..	22 294 |	21 723	21 330	20 308	19 384
Entreprises sous contrôle étranger	..	..	..	5 448 |	217	4 903	4 424	4 215
Succursales d'entreprises étrangères	..	..	..	0	0	0	0	0
Ensemble des entreprises	..	..	..	22 294 |	21 723	21 330	20 308	19 384
Total								
Entreprises nationales	81 215	98 460	93 487	85 805	94 113	102 893	102 298	92 953
Entreprises sous contrôle étranger	18 127	31 492	29 211	26 524	27 298	34 132	32 162	29 715
Succursales d'entreprises étrangères	978	949	1 133	1 319	217	249	257	231
Ensemble des entreprises	82 193	99 408	94 620	87 124	94 331	103 141	102 555	93 185
1.3 Commissions								
Vie								
Entreprises nationales	3 702	3 673	3 065	886 |	988	727	601	576
Entreprises sous contrôle étranger	1 106	1 497	1 159	565 |	607	532	405	384
Succursales d'entreprises étrangères	0	0	0	0	0	0	0	0
Ensemble des entreprises	3 702	3 673	3 065	886 |	988	727	601	576
Non-vie								
Entreprises nationales	6 653	6 892	6 925	1 777 |	1 932	1 721	1 620	1 576
Entreprises sous contrôle étranger	1 179	1 935	1 900	628 |	655	629	560	548
Succursales d'entreprises étrangères	289	284	319	336	72	82	78	73
Ensemble des entreprises	6 942	7 176	7 244	2 113 |	2 004	1 803	1 698	1 649
Mixtes								
Entreprises nationales	..	..	..	7 468 |	7 578	7 516	7 101	7 278
Entreprises sous contrôle étranger	..	..	..	2 094 |	2 041	1 916	1 778	1 830
Succursales d'entreprises étrangères	..	..	..	0	0	0	0	0
Ensemble des entreprises	..	..	..	7 468 |	7 578	7 516	7 101	7 278
dont :								
Vie	..	..	..	2 313 |	2 384	2 187	1 868	2 088
Entreprises nationales	..	..	..	2 313 |	2 384	2 187	1 868	2 088
Entreprises sous contrôle étranger	..	..	..	746 |	696	560	413	450
Succursales d'entreprises étrangères	..	..	..	0	0	0	0	0
Ensemble des entreprises	..	..	..	2 313 |	2 384	2 187	1 868	2 088
Non-vie	..	..	..	5 155 |	5 194	5 329	5 232	5 190
Entreprises nationales	..	..	..	5 155 |	5 194	5 329	5 232	5 190
Entreprises sous contrôle étranger	..	..	..	1 348 |	1 346	1 356	1 366	1 380
Succursales d'entreprises étrangères	..	..	..	0	0	0	0	0
Ensemble des entreprises	..	..	..	5 155 |	5 194	5 329	5 232	5 190
Total								
Entreprises nationales	10 355	10 565	9 990	10 131	10 498	9 964	9 322	9 431
Entreprises sous contrôle étranger	2 284	3 433	3 058	3 288	3 304	3 078	2 743	2 763
Succursales d'entreprises étrangères	289	284	319	336	72	82	78	73
Ensemble des entreprises	10 643	10 849	10 309	10 466	10 570	10 046	9 399	9 504

Italie
Tableau 1. Agrégats sélectionnés *(suite)*

Millions EUR

	2006	2007	2008	2009	2010	2011	2012	2013
1.4 Dépenses brutes d'exploitation								
Vie								
Entreprises nationales	898	962	918	1 172 |	1 310	1 033	912	876
Entreprises sous contrôle étranger	207	320	313	724 |	778	734	600	570
Succursales d'entreprises étrangères	0	0	0	0	0	0	0	0
Ensemble des entreprises	898	962	918	1 172 |	1 310	1 033	912	876
Non-vie								
Entreprises nationales	1 613	1 815	1 696	2 410 |	2 443	2 324	2 168	2 154
Entreprises sous contrôle étranger	348	591	505	874 |	884	873	750	794
Succursales d'entreprises étrangères	122	127	128	512	109	119	115	112
Ensemble des entreprises	1 735	1 942	1 823	2 922 |	2 552	2 442	2 283	2 266
Mixtes								
Entreprises nationales	..	..	..	9 289 |	9 367	9 381	9 321	9 490
Entreprises sous contrôle étranger	..	..	..	2 533 |	2 485	2 363	2 304	2 294
Succursales d'entreprises étrangères	..	..	..	0	0	0	0	0
Ensemble des entreprises	..	..	..	9 289 |	9 367	9 381	9 321	9 490
dont :								
Vie	..	..	..	3 006 |	3 069	2 867	2 788	2 970
Entreprises nationales	..	..	..	3 006 |	3 069	2 867	2 788	2 970
Entreprises sous contrôle étranger	..	..	..	905 |	857	724	635	628
Succursales d'entreprises étrangères	..	..	..	0	0	0	0	0
Ensemble des entreprises	..	..	..	3 006 |	3 069	2 867	2 788	2 970
Non-vie	..	..	..	6 284 |	6 299	6 514	6 532	6 520
Entreprises nationales	..	..	..	6 284 |	6 299	6 514	6 532	6 520
Entreprises sous contrôle étranger	..	..	..	1 629 |	1 628	1 639	1 669	1 667
Succursales d'entreprises étrangères	..	..	..	0	0	0	0	0
Ensemble des entreprises	..	..	..	6 284 |	6 299	6 514	6 532	6 520
Total								
Entreprises nationales	2 512	2 777	2 613	12 871	13 121	12 737	12 401	12 520
Entreprises sous contrôle étranger	555	911	818	4 131	4 147	3 971	3 653	3 658
Succursales d'entreprises étrangères	122	127	128	512	109	119	115	112
Ensemble des entreprises	2 634	2 904	2 741	13 384	13 229	12 856	12 516	12 633
1.5 Opérations à l'étranger par succursale, primes brutes								
Vie								
Succursales et agences	96	94	79	0 |	0	0	0	0
Filiales	35 790	43 990	39 277	1 175 |	1 327	1 938	2 813	3 333
Total	35 886	44 084	39 356	1 175 |	1 327	1 938	2 813	3 333
Non-vie								
Succursales et agences	597	550	542	28 |	22	24	9	12
Filiales	13 827	14 810	16 952	- |	29	0	0	0
Total	14 424	15 359	17 494	28 |	51	24	9	12
Mixtes								
Succursales et agences	..	..	..	603 |	667	717	762	823
Filiales	..	..	..	57 773 |	58 418	56 657	57 155	56 340
Total	..	..	..	58 376 |	59 085	57 375	57 917	57 163
dont :								
Vie	..	..	..	40 905 |	41 238	38 781	39 265	39 445
Succursales et agences	..	..	..	83 |	88	106	127	154
Filiales	..	..	..	40 821 |	41 151	38 675	39 138	39 291
Total	..	..	..	40 905 |	41 238	38 781	39 265	39 445
Non-vie	..	..	..	17 471 |	17 847	18 593	18 652	17 718
Succursales et agences	..	..	..	520 |	579	611	634	668
Filiales	..	..	..	16 952 |	17 268	17 982	18 018	17 049
Total	..	..	..	17 471 |	17 847	18 593	18 652	17 718
Total								
Succursales et agences	694	643	622	631	689	741	771	835
Filiales	49 617	58 800	56 229	58 948	59 775	58 596	59 968	59 673
Total	50 310	59 443	56 850	59 579	60 464	59 337	60 739	60 508

.. Non disponible ; - Néant ; | Rupture de série

Note : Voir les métadonnées détaillées sur : http://metalinks.oecd.org/isy/20141215/e628.

Italie

Tableau 2. Nombre d'entreprises et d'employés

	2006	2007	2008	2009	2010	2011	2012	2013
2.1 Nombre d'entreprises								
Vie								
Entreprises nationales	70	68	65	48	45	43	41	41
Entreprises sous contrôle étranger	28	29	30	25	23	24	23	23
Succursales d'entreprises étrangères	19	18	14	16	20	21	20	17
Ensemble des entreprises	89	86	79	64	65	64	61	58
Non-vie								
Entreprises nationales	78	77	80	77	76	71	69	67
Entreprises sous contrôle étranger	24	27	29	29	25	24	21	20
Succursales d'entreprises étrangères	53	54	54	53	55	59	61	65
Ensemble des entreprises	131	131	134	130	131	130	130	132
Mixtes								
Entreprises nationales	19	17	17	31	30	28	25	23
Entreprises sous contrôle étranger	4	4	4	10	10	11	9	8
Succursales d'entreprises étrangères	0	1	9	9	9	9	12	13
Ensemble des entreprises	19	18	26	40	39	37	37	36
Réassurance								
Entreprises nationales	2	1	1	0	0	0	0	0
Entreprises sous contrôle étranger	2	1	1	0	0	0	0	0
Succursales d'entreprises étrangères	6	6	7	7	7	8	7	7
Ensemble des entreprises	8	7	8	7	7	8	7	7
Total								
Entreprises nationales	169	163	163	156	151	142	135	131
Entreprises sous contrôle étranger	58	61	64	64	58	59	53	51
Succursales d'entreprises étrangères	78	80	84	85	91	97	100	102
Ensemble des entreprises	247	243	247	241	242	239	235	233
2.2 Nombre d'employés								
Entreprises d'assurance	39 473	38 660	39 233	41 549	41 234	40 817	40 798	39 887
Intermédiaires	90 500	210 000	217 180	220 903	221 417	226 235	220 130	227 444
Total	129 973	248 660	256 413	262 452	262 651	267 052	260 928	267 331

Note : Voir les métadonnées détaillées sur : http://metalinks.oecd.org/isy/20141215/e628.

Japon
Tableau 1. Agrégats sélectionnés

Millions JPY

	2006	2007	2008	2009	2010	2011	2012	2013
1.1 Opérations d'assurance conclues dans le pays déclarant								
1.1.1 Opérations d'assurance, par intérêt								
Primes brutes								
Entreprises nationales	35 119 328	38 286 351	41 153 951	41 054 599	40 592 027	41 906 428	44 184 695	33 038 529
Entreprises sous contrôle étranger	4 690 077	5 386 638	4 570 251	4 138 808	3 937 600	4 089 357	6 746 278	5 482 000
Succursales d'entreprises étrangères	3 052 878	3 094 930	3 101 278	3 051 836	3 184 939	4 051 225	2 028 538	1 699 621
Ensemble des entreprises	37 439 234	41 381 281	44 255 229	44 106 435	43 776 966	45 360 413	37 140 563	34 738 150
Primes cédées								
Entreprises nationales	2 470 135	2 298 853	2 355 437	2 236 509	2 211 394	2 596 877	3 820 152	1 742 457
Entreprises sous contrôle étranger	790 459	732 209	959 460	852 369	827 426	1 012 341	2 083 368	1 500 435
Succursales d'entreprises étrangères	407 170	404 984	974 015	438 803	381 244	554 339	20 507	38 391
Ensemble des entreprises	2 877 305	2 703 837	3 329 452	2 675 312	2 592 633	3 041 779	2 188 965	1 780 848
Primes nettes émises								
Entreprises nationales	32 649 192	35 987 500	38 798 513	38 818 088	38 380 635	39 309 551	40 364 544	31 296 072
Entreprises sous contrôle étranger	3 899 617	4 654 432	3 610 791	3 286 440	3 080 177	3 077 014	4 662 910	3 981 565
Succursales d'entreprises étrangères	2 646 184	2 690 432	2 128 085	2 614 781	2 804 409	3 500 605	2 008 031	1 661 230
Ensemble des entreprises	35 295 376	38 677 932	40 926 598	41 432 869	41 185 044	42 322 354	34 951 598	32 957 302
1.1.2 Opérations d'assurance par risque à l'étranger, primes brutes								
Vie	0	0	0	..	..	..	..	..
Non-vie	..	..	..	..	..	..	..	..
Mixtes total	x	x	x	x	x	x	x	x
Total	-	-	-	..	..	..	..	..
1.1.3 Paiement par catégories d'assurance, primes brutes (vie)								
Rentes	..	..	..	..	..	..	4 374 166	4 312 468
Unit linked	..	..	..	..	..	..	..	..
Autre assurance vie	..	..	..	..	..	..	29 076 673	27 864 772
Total assurance vie	..	30 909 689	34 063 950	34 116 113	34 454 319	35 863 385	33 450 839	32 177 240
***dont :** Contrats de retraite*	..	..	..	..	..	..	3 683 892	3 851 878
1.1.4 Paiement par catégories d'assurance, primes brutes (non-vie)								
L'assurance automobile	3 583 810	3 690 387	3 642 285	3 642 285	3 541 931	3 650 671	5 268 338	..
Les assurances transport (y compris maritime et aérien)	323 870	340 705	316 510	316 510	305 343	305 977	149 531	..
L'assurance de fret	75 833	77 007	76 230	76 230	64 556	67 288	217 090	..
L'assurance incendie et des dommages aux bien	1 564 308	1 546 742	1 560 319	1 560 319	1 619 666	1 762 054	1 787 943	..
L'assurance des pertes pécuniaires	61 045	62 388	..	..	..	..	216 797	..
L'assurance de la responsabilité civile générale	499 619	499 585	503 436	503 436	521 081	535 395	519 985	..
Les assurances accidents et maladie	887 764	876 220	857 015	857 015	1 211 200	1 262 653	780 078	..
***dont :** Maladie*	..	..	..	..	..	..	-216	..
Autres assurances non-vie	2 676 702	2 451 512	..	..	..	2 096 987	132 908	..
Réassurance obligatoire	..	..	..	..	..	..	..	..
Total assurance non-vie	9 672 951	9 544 546	9 048 425	9 049 235	7 263 777	9 730 581	9 072 670	..
1.2 Paiements bruts des sinistres								
Vie								
Entreprises nationales	17 927 556	25 148 216	33 689 120	33 689 120	30 677 277	29 178 265	31 012 138	33 069 327
Entreprises sous contrôle étranger	2 790 716	2 859 004	3 391 492	3 391 509	2 821 726	2 738 842	5 218 820	6 584 738
Succursales d'entreprises étrangères	1 045 140	1 142 966	2 129 021	2 129 021	1 372 136	1 583 330	673 623	709 471
Ensemble des entreprises	18 972 696	26 291 182	35 818 141	35 818 141	32 049 413	30 761 595	31 685 761	33 778 798
Non-vie								
Entreprises nationales	4 288 734	4 312 683	4 535 152	4 235 152	4 243 987	9 249 885	6 215 207	..
Entreprises sous contrôle étranger	35 388	38 505	137 240	137 240	218 720	400 264	251 245	..
Succursales d'entreprises étrangères	162 175	177 134	58 211	58 211	174 446	366 743	..	..
Ensemble des entreprises	4 450 909	4 489 817	4 593 363	4 293 363	4 418 433	9 616 628	..	..
Mixtes, ensemble des entreprises	x	x	x	x	x	x	x	x
Total								
Entreprises nationales	22 216 290	29 460 899	38 224 272	37 924 272	34 921 264	38 428 150	37 227 345	33 069 327
Entreprises sous contrôle étranger	2 826 104	2 897 509	3 528 732	3 528 749	3 040 446	3 139 106	5 470 065	6 584 738
Succursales d'entreprises étrangères	1 207 315	1 320 100	2 187 232	2 187 232	1 546 582	1 950 073	673 623	709 471
Ensemble des entreprises	23 423 605	30 780 999	40 411 504	40 111 504	36 467 846	40 378 223	31 685 761	33 778 798

Japon
Tableau 1. Agrégats sélectionnés *(suite)*

Millions JPY

	2006	2007	2008	2009	2010	2011	2012	2013
1.3 Commissions								
Vie								
Entreprises nationales	..	..	..	..	..	..	..	..
Entreprises sous contrôle étranger	..	..	..	..	..	..	..	..
Succursales d'entreprises étrangères	..	..	..	..	..	..	..	..
Ensemble des entreprises	..	..	..	..	..	..	..	..
Non-vie								
Entreprises nationales	1 233 039	1 222 519	1 248 888	1 248 888	1 190 122	1 241 891	1 141 653	..
Entreprises sous contrôle étranger	-14 614	-15 248	17 123	17 123	70 683	71 775	48 003	..
Succursales d'entreprises étrangères	63 557	63 864	64 076	64 076	64 395	67 079	..	..
Ensemble des entreprises	1 296 596	1 286 383	1 330 087	1 312 964	1 254 517	1 308 970	..	..
Mixtes, ensemble des entreprises	x	x	x	x	x	x	x	x
Total								
Entreprises nationales	1 233 039	1 222 519	1 248 888	1 248 888	1 190 122	1 241 891	1 141 653	..
Entreprises sous contrôle étranger	-14 614	-15 248	17 123	17 123	70 683	71 775	48 003	..
Succursales d'entreprises étrangères	63 557	63 864	64 076	64 076	64 395	67 079	..	..
Ensemble des entreprises	1 296 596	1 286 383	1 330 087	1 312 964	1 254 517	1 308 970	..	..
1.4 Dépenses brutes d'exploitation								
Vie								
Entreprises nationales	3 226 547	3 527 543	3 815 075	3 815 075	3 768 382	3 679 493	4 030 195	4 068 896
Entreprises sous contrôle étranger	572 709	620 276	565 470	567 522	529 937	494 700	838 416	862 622
Succursales d'entreprises étrangères	488 130	489 572	509 117	509 117	537 616	565 754	319 261	320 576
Ensemble des entreprises	3 714 677	4 017 115	4 324 192	4 324 192	4 305 998	4 245 247	4 349 456	4 389 472
Non-vie								
Entreprises nationales	1 610 024	1 690 859	1 744 828	1 744 828	1 637 090	1 688 096	1 229 758	..
Entreprises sous contrôle étranger	27 230	29 467	30 565	30 565	87 975	85 470	69 136	..
Succursales d'entreprises étrangères	115 452	120 405	112 093	112 093	114 656	124 057	..	..
Ensemble des entreprises	1 725 476	1 811 264	1 856 921	1 856 921	1 751 746	1 812 153	..	..
Mixtes, ensemble des entreprises	x	x	x	x	x	x	x	x
Total								
Entreprises nationales	4 836 571	5 218 402	5 559 903	5 559 903	5 405 472	5 367 589	5 259 953	4 068 896
Entreprises sous contrôle étranger	599 939	649 743	596 035	598 087	617 912	580 170	907 552	862 622
Succursales d'entreprises étrangères	603 582	609 977	621 210	621 210	652 272	689 811	319 261	320 576
Ensemble des entreprises	5 440 153	5 828 379	6 181 113	6 181 113	6 057 744	6 057 400	4 349 456	4 389 472
1.5 Opérations à l'étranger par succursale, primes brutes								
Vie								
Succursales et agences	0	0	0	..	..	..	..	..
Filiales	0	0	0	..	..	..	..	..
Total	0	0	0	..	..	..	..	..
Non-vie								
Succursales et agences	..	..	..	..	..	..	..	..
Filiales	..	..	..	..	..	..	..	..
Total	337 395	..	..	..	..	..	..	..
Mixtes total	x	x	x	x	x	x	x	x
Total								
Succursales et agences	-	-	-	..	..	..	..	..
Filiales	-	-	-	..	..	..	..	..
Total	337 395	-	-	..	..	..	..	..

.. Non disponible ; - Néant ; x Sans objet

Note : Voir les métadonnées détaillées sur : http://metalinks.oecd.org/isy/20141215/2185.

Japon
Tableau 2. Nombre d'entreprises et d'employés

	2006	2007	2008	2009	2010	2011	2012	2013
2.1 Nombre d'entreprises								
Vie								
Entreprises nationales	34	38	42	42	43	39	40	40
Entreprises sous contrôle étranger	11	13	13	15	15	14	15	15
Succursales d'entreprises étrangères	4	4	4	4	4	4	3	3
Ensemble des entreprises	38	42	46	46	47	43	43	43
Non-vie								
Entreprises nationales	23	27	27	30	28	29	30	..
Entreprises sous contrôle étranger	4	4	4	4	5	5	5	..
Succursales d'entreprises étrangères	19	19	18	21	22	23	23	..
Ensemble des entreprises	42	46	45	51	50	52	53	..
Mixtes, ensemble des entreprises	-	-	-	-	-	-	-	-
Réassurance								
Entreprises nationales	3	3	3	..	..	2	..	..
Entreprises sous contrôle étranger	0	0	0	..	..	0	..	..
Succursales d'entreprises étrangères	3	3	3	..	..	5	..	..
Ensemble des entreprises	6	6	6	..	..	7	..	..
Total								
Entreprises nationales	60	68	72	..	..	..	..	..
Entreprises sous contrôle étranger	15	17	17	..	..	..	..	..
Succursales d'entreprises étrangères	26	26	25	..	..	..	..	..
Ensemble des entreprises	86	94	97	..	..	..	..	..
2.2 Nombre d'employés								
Entreprises d'assurance	409 710	421 477	434 622	453 584	..	..	447 435	..
Intermédiaires	..	..	..	..	..	..	..	..
Total	..	..	..	..	..	..	..	..

.. Non disponible ; - Néant

Note : Voir les métadonnées détaillées sur : http://metalinks.oecd.org/isy/20141215/2185.

Corée
Tableau 1. Agrégats sélectionnés

Millions KRW

	2006	2007	2008	2009	2010	2011	2012	2013
1.1 Opérations d'assurance conclues dans le pays déclarant								
1.1.1 Opérations d'assurance, par intérêt								
Primes brutes								
Entreprises nationales	96 955 095	110 393 054	115 859 968	122 132 179	135 405 614	148 670 607	179 792 881	180 479 019
Entreprises sous contrôle étranger	10 566 779	12 820 314	13 480 118	14 088 283	14 764 615	15 090 753	16 543 211	15 928 630
Succursales d'entreprises étrangères	3 158 569	3 430 441	3 587 701	4 270 391	4 250 510	4 083 506	3 894 692	4 755 050
Ensemble des entreprises	100 100 956	111 321 037	116 577 984	126 402 570	139 656 124	152 754 113	183 687 573	185 234 069
Primes cédées								
Entreprises nationales	6 776 092	7 344 189	8 108 554	8 454 320	8 248 307	7 618 035	8 770 133	9 411 425
Entreprises sous contrôle étranger	266 676	309 793	320 610	546 607	529 774	322 429	581 696	538 227
Succursales d'entreprises étrangères	543 164	333 763	369 098	553 407	407 499	614 890	448 135	456 049
Ensemble des entreprises	7 319 256	7 677 952	8 477 652	9 007 727	8 655 806	8 232 925	9 218 268	9 867 474
Primes nettes émises								
Entreprises nationales	90 179 003	103 048 865	107 751 414	113 677 859	127 157 307	141 052 572	171 022 748	171 067 594
Entreprises sous contrôle étranger	10 300 103	12 510 521	13 159 509	13 541 676	14 234 841	14 768 324	15 961 515	15 390 403
Succursales d'entreprises étrangères	2 615 405	3 096 678	3 218 603	3 716 984	3 843 011	3 468 616	3 446 557	4 299 001
Ensemble des entreprises	92 794 408	106 145 543	110 970 018	117 394 843	131 000 318	144 521 188	174 469 305	175 366 595
1.1.2 Opérations d'assurance par risque à l'étranger, primes brutes								
Vie	..	..	..	..	..	..	..	..
Non-vie	675 845	896 455	1 221 109	8 061 186	1 393 220	..	..	..
Mixtes total	x	x	x	x	x	x	x	x
Total	675 845	896 455	1 221 109	8 061 186	1 393 220	..	..	..
1.1.3 Paiement par catégories d'assurance, primes brutes (vie)								
Rentes	..	..	..	14 516 005	16 493 331	17 029 899	29 118 668	25 867 249
Unit linked	..	..	..	16 767 780	18 570 246	21 278 374	21 003 522	21 073 957
Autre assurance vie	..	..	..	44 163 041	45 875 642	48 349 089	57 004 710	61 618 265
Total assurance vie	..	..	..	75 446 826	80 939 219	86 657 362	107 126 900	108 559 471
***dont** : Contrats de retraite*	..	..	..	2 944 502	4 037 523	7 039 411	6 187 541	8 103 216
1.1.4 Paiement par catégories d'assurance, primes brutes (non-vie)								
L'assurance automobile	9 649 225	10 575 656	11 026 121	11 513 159	12 712 741	13 714 894	13 667 642	13 692 186
Les assurances transport (y compris maritime et aérien)	632 377	631 851	815 631	1 169 236	1 079 971	1 173 162	1 249 845	1 062 919
L'assurance de fret	..	..	..	..	..	..	..	0
L'assurance incendie et des dommages aux bien	313 247	305 804	290 036	481 100	343 250	433 977	509 590	515 217
L'assurance des pertes pécuniaires	..	1 008 466	1 114 250	1 293 541	1 367 999	1 551 994	1 697 064	1 637 782
L'assurance de la responsabilité civile générale	..	407 663	421 467	775 149	834 878	828 088	870 395	947 583
Les assurances accidents et maladie	..	9 764 507	10 859 083	12 398 730	14 665 164	16 518 450	18 558 162	49 501 658
***dont** : Maladie*	..	7 676 120	8 388 970	4 921 216	5 877 040	6 537 864	7 171 480	83 983
Autres assurances non-vie	18 991 336	10 663 864	12 167 879	20 344 004	25 457 371	30 630 990	38 774 054	8 105 434
Réassurance obligatoire	..	..	..	..	..	..	..	0
Total assurance non-vie	..	..	..	47 974 919	56 461 374	64 851 555	75 326 752	75 462 779
1.2 Paiements bruts des sinistres								
Vie								
Entreprises nationales	34 707 856	39 384 005	45 144 764	46 039 241	50 304 985	50 774 694	50 571 293	51 098 146
Entreprises sous contrôle étranger	3 122 517	4 637 566	5 968 643	5 652 840	7 571 937	7 803 732	7 981 965	8 103 569
Succursales d'entreprises étrangères	438 139	773 568	1 991 711	1 180 688	1 268 464	1 295 108	1 251 467	1 252 924
Ensemble des entreprises	35 145 996	40 157 573	47 136 475	47 219 929	51 573 449	52 069 802	51 822 760	52 351 070
Non-vie								
Entreprises nationales	12 355 102	13 683 416	16 254 621	18 867 283	21 683 043	23 980 095	26 319 367	22 119 519
Entreprises sous contrôle étranger	0	0	0	580 375	664 566	620 798	833 963	516 770
Succursales d'entreprises étrangères	415 927	193 377	280 765	1 052 992	1 043 797	919 952	914 946	7 033 799
Ensemble des entreprises	12 771 030	13 876 793	16 535 386	19 920 275	22 726 840	24 900 047	27 234 313	29 153 318
Mixtes, ensemble des entreprises	x	x	x	x	x	x	x	x
Total								
Entreprises nationales	47 062 959	53 067 421	61 399 384	64 906 524	71 988 028	74 754 789	76 890 660	73 217 665
Entreprises sous contrôle étranger	3 122 517	4 637 566	5 968 643	6 233 215	8 236 503	8 424 530	8 815 928	8 620 339
Succursales d'entreprises étrangères	854 067	966 945	2 272 476	2 233 680	2 312 261	2 215 060	2 166 413	8 286 723
Ensemble des entreprises	47 917 025	54 034 366	63 671 861	67 140 204	74 300 289	76 969 849	79 057 073	81 504 388

Corée
Tableau 1. Agrégats sélectionnés *(suite)*

Millions KRW

	2006	2007	2008	2009	2010	2011	2012	2013
1.3 Commissions								
Vie								
Entreprises nationales	..	15 603 919	16 027 714	8 315 606	4 774 647	..	..	..
Entreprises sous contrôle étranger	..	3 260 784	3 493 518	1 801 392	1 125 660	..	..	..
Succursales d'entreprises étrangères	..	833 657	842 042	324 907	43 548	..	..	..
Ensemble des entreprises	..	16 437 575	16 869 756	8 640 513	4 818 195	..	..	..
Non-vie								
Entreprises nationales	..	9 106 421	10 778 474	4 992 487	2 242 103	..	..	..
Entreprises sous contrôle étranger	..	0	0	1 697	162 058	..	..	..
Succursales d'entreprises étrangères	..	69 133	76 212	13 541	68 803	..	..	..
Ensemble des entreprises	..	9 175 554	10 854 686	5 006 028	2 310 906	..	..	..
Mixtes, ensemble des entreprises	x	x	x	x	x	x	x	x
Total								
Entreprises nationales	..	24 710 340	26 806 188	13 308 093	7 016 750	..	..	..
Entreprises sous contrôle étranger	..	3 260 784	3 493 518	1 803 089	1 287 718	..	..	..
Succursales d'entreprises étrangères	..	902 790	918 254	338 448	112 351	..	..	..
Ensemble des entreprises	..	25 613 129	27 724 442	13 646 541	7 129 101	..	..	..
1.4 Dépenses brutes d'exploitation								
Vie								
Entreprises nationales	11 493 730	46 394 068	49 761 801	18 170 539	19 832 046	27 793 931	23 307 641	25 608 456
Entreprises sous contrôle étranger	1 637 868	6 136 005	7 628 903	4 094 498	4 698 261	7 229 266	5 189 114	5 278 175
Succursales d'entreprises étrangères	590 153	1 461 002	2 693 323	762 857	845 704	1 024 103	734 416	770 753
Ensemble des entreprises	12 083 883	47 855 069	52 455 124	18 933 396	20 677 750	28 818 034	24 042 057	26 379 209
Non-vie								
Entreprises nationales	6 112 486	18 258 718	21 485 231	9 308 928	9 722 605	9 820 687	11 569 785	11 294 192
Entreprises sous contrôle étranger	0	0	0	151 338	174 348	121 666	320 770	129 781
Succursales d'entreprises étrangères	264 311	391 644	509 523	492 471	479 237	428 369	331 833	1 592 503
Ensemble des entreprises	6 376 797	18 650 363	21 994 754	9 801 399	10 201 842	10 249 056	11 901 618	12 886 695
Mixtes, ensemble des entreprises	x	x	x	x	x	x	x	x
Total								
Entreprises nationales	17 606 216	64 652 786	71 247 032	27 479 467	29 554 651	37 614 618	34 877 426	36 902 648
Entreprises sous contrôle étranger	1 637 868	6 136 005	7 628 903	4 245 836	4 872 609	7 350 932	5 509 884	5 407 956
Succursales d'entreprises étrangères	854 464	1 852 646	3 202 846	1 255 328	1 324 941	1 452 472	1 066 249	2 363 256
Ensemble des entreprises	18 460 680	66 505 432	74 449 878	28 734 795	30 879 592	39 067 090	35 943 675	39 265 904
1.5 Opérations à l'étranger par succursale, primes brutes								
Vie								
Succursales et agences	..	..	..	..	..	..	..	..
Filiales	..	..	..	..	..	..	..	..
Total	..	..	..	..	..	..	..	..
Non-vie								
Succursales et agences	675 845	..	..	..	..	..	..	..
Filiales	..	..	..	..	..	..	..	..
Total	675 845	896 455	1 221 109	8 061 186	1 393 220	..	..	..
Mixtes total	x	x	x	x	x	x	x	x
Total								
Succursales et agences	675 845	..	..	..	..	..	..	..
Filiales	..	..	..	..	..	..	..	..
Total	675 845	896 455	1 221 109	8 061 186	1 393 220	..	..	..

.. Non disponible ; x Sans objet

Note : Voir les métadonnées détaillées sur : http://metalinks.oecd.org/isy/20141215/63f1.

Corée

Tableau 2. Nombre d'entreprises et d'employés

	2006	2007	2008	2009	2010	2011	2012	2013
2.1 Nombre d'entreprises								
Vie								
Entreprises nationales	21	21	21	21	22	22	23	24
Entreprises sous contrôle étranger	7	7	7	8	8	8	8	8
Succursales d'entreprises étrangères	1	1	1	1	1	1	1	1
Ensemble des entreprises	22	22	22	22	23	23	24	25
Non-vie								
Entreprises nationales	15	15	15	15	15	15	16	16
Entreprises sous contrôle étranger	0	0	0	3	3	6	6	3
Succursales d'entreprises étrangères	7	7	8	8	8	8	8	8
Ensemble des entreprises	22	22	23	23	23	23	24	24
Mixtes, ensemble des entreprises	-	-	-	-	-	-	-	-
Réassurance								
Entreprises nationales	1	1	1	1	1	1	1	1
Entreprises sous contrôle étranger	0	0	0	0	0	0	..	..
Succursales d'entreprises étrangères	6	5	6	6	6	6	6	6
Ensemble des entreprises	7	6	7	7	7	7	7	7
Total								
Entreprises nationales	37	37	37	37	38	38	40	41
Entreprises sous contrôle étranger	7	7	7	11	11	14	14	11
Succursales d'entreprises étrangères	14	13	15	15	15	15	15	15
Ensemble des entreprises	51	50	52	52	53	53	55	56
2.2 Nombre d'employés								
Entreprises d'assurance	52 764	54 040	54 719	53 812	55 927	57 861	62 155	63 859
Intermédiaires	260 992	264 333	286 685	227 919	270 786	278 594	288 362	280 087
Total	313 756	318 373	341 404	281 731	326 713	336 455	350 517	343 946

.. Non disponible ; - Néant

Note : Voir les métadonnées détaillées sur : http://metalinks.oecd.org/isy/20141215/63f1.

Luxembourg
Tableau 1. Agrégats sélectionnés

Millions EUR

	2006	2007	2008	2009	2010	2011	2012	2013
1.1 Opérations d'assurance conclues dans le pays déclarant								
1.1.1 Opérations d'assurance, par intérêt								
Primes brutes								
Entreprises nationales	11 580	11 054	10 702	16 437	20 584	13 626	19 445	18 410
Entreprises sous contrôle étranger	7 052	10 353	9 984	15 490	19 165	12 583	17 930	17 036
Succursales d'entreprises étrangères	126	139	144	165	133	150	144	191
Ensemble des entreprises	11 705	11 193	10 846	16 602	20 717	13 776	19 589	18 601
Primes cédées								
Entreprises nationales	2 364	1 004	2 362	4 425	5 362	2 935	6 109	4 624
Entreprises sous contrôle étranger	1 960	853	2 217	4 299	5 220	2 737	5 892	4 246
Succursales d'entreprises étrangères	36	32	42	34	37	37	40	37
Ensemble des entreprises	2 400	1 036	2 405	4 459	5 399	2 973	6 149	4 661
Primes nettes émises								
Entreprises nationales	9 216	10 049	8 340	12 012	15 222	10 691	13 336	13 787
Entreprises sous contrôle étranger	5 092	9 499	7 767	11 191	13 945	9 846	12 037	12 790
Succursales d'entreprises étrangères	90	108	102	131	96	113	104	153
Ensemble des entreprises	9 305	10 157	8 441	12 143	15 318	10 804	13 440	13 940
1.1.2 Opérations d'assurance par risque à l'étranger, primes brutes								
Vie	10 181	9 457	8 562	14 265	18 170	11 564	17 115	15 837
Non-vie	386	515	396	410	426	547	476	572
Mixtes	..	..	..	0	0	0	..	0
dont :								
Vie	..	..	..	0	0	0	..	0
Non-vie	..	..	..	0	0	0	..	0
Total	10 567	9 971	8 958	14 675	18 596	12 112	17 591	16 408
1.1.3 Paiement par catégories d'assurance, primes brutes (vie)								
Rentes	..	..	..	..	..	..	..	..
Unit linked	..	8 898	7 658	11 546	13 371	8 836	11 224	10 516
Autre assurance vie	..	..	..	..	..	3 382	6 826	6 413
Total Assurance Vie	..	10 005	9 744	15 464	19 392	12 218	18 050	16 929
***dont :** Contrats de retraite*	..	..	..	..	19 392	..	..	..
1.1.4 Paiement par catégories d'assurance, primes brutes (non-vie)								
L'assurance automobile	..	..	..	..	..	426	..	..
Les assurances transport (y compris maritime et aérien)	..	..	..	..	..	0	..	..
L'assurance de fret	..	..	..	..	..	30	..	..
L'assurance incendie et des dommages aux bien	..	..	..	..	..	271	..	..
L'assurance des pertes pécuniaires	..	..	..	..	..	321	..	..
L'assurance de la responsabilité civile générale	..	..	..	..	..	106	..	..
Les assurances accidents et maladie	..	..	..	..	..	90	..	..
***dont :** Maladie*	..	..	..	..	..	59	..	..
Autres assurances non-vie	..	..	..	..	..	53	..	..
Réassurance obligatoire	..	..	..	..	..	27	..	..
Total assurance non-vie	1 013	1 187	1 101	1 124	1 184	1 325	1 300	1 501

Luxembourg
Tableau 1. Agrégats sélectionnés *(suite)*

Millions EUR

	2006	2007	2008	2009	2010	2011	2012	2013
1.2 Paiements bruts des sinistres								
Vie								
Entreprises nationales	4 053	4 608	5 601	5 150	6 078	7 091	11 111	11 696
Entreprises sous contrôle étranger	2 306	4 417	5 424	5 052	5 827	6 863	10 823	11 179
Succursales d'entreprises étrangères	33	63	18	4	9	34	10	25
Ensemble des entreprises	4 086	4 671	5 619	5 154	6 087	7 125	11 122	11 721
Non-vie								
Entreprises nationales	526	363	1 284	496	731	606	623	1 105
Entreprises sous contrôle étranger	289	211	1 069	270	411	315	348	691
Succursales d'entreprises étrangères	36	50	68	25	27	31	27	39
Ensemble des entreprises	562	413	1 351	521	758	637	650	1 143
Mixtes								
Entreprises nationales	..	..	..	0	0	0	..	0
Entreprises sous contrôle étranger	..	..	..	0	0	0	..	0
Succursales d'entreprises étrangères	..	..	..	34	32	39	38	27
Ensemble des entreprises	..	..	..	34	32	39	38	27
dont :								
Vie	..	..	..	16	15	19	20	15
Entreprises nationales	..	..	..	0	0	0	..	0
Entreprises sous contrôle étranger	..	..	..	0	0	0	..	0
Succursales d'entreprises étrangères	..	..	..	16	15	19	20	15
Ensemble des entreprises	..	..	..	16	15	19	20	15
Non-vie	..	..	..	18	17	20	18	12
Entreprises nationales	..	..	..	0	0	0	..	0
Entreprises sous contrôle étranger	..	..	..	0	0	0	..	0
Succursales d'entreprises étrangères	..	..	..	18	17	20	18	12
Ensemble des entreprises	..	..	..	18	17	20	18	12
Total								
Entreprises nationales	4 580	4 971	6 884	5 646	6 809	7 697	11 734	12 801
Entreprises sous contrôle étranger	2 595	4 627	6 493	5 322	6 238	7 178	11 171	11 869
Succursales d'entreprises étrangères	68	112	85	63	68	104	76	90
Ensemble des entreprises	4 648	5 084	6 970	5 709	6 878	7 800	11 810	12 891
1.3 Commissions								
Vie								
Entreprises nationales	334	373	371	313	367	353	328	327
Entreprises sous contrôle étranger	252	360	357	299	351	..	328	309
Succursales d'entreprises étrangères	5	4	5	0	0	0	0	0
Ensemble des entreprises	338	377	376	314	367	353	328	328
Non-vie								
Entreprises nationales	120	148	192	382	206	217	205	217
Entreprises sous contrôle étranger	31	79	119	307	126	..	205	119
Succursales d'entreprises étrangères	17	14	16	9	11	12	11	12
Ensemble des entreprises	137	162	208	391	217	229	217	229
Mixtes								
Entreprises nationales	..	..	..	0	0	0	..	0
Entreprises sous contrôle étranger	..	..	..	0	0	..	..	0
Succursales d'entreprises étrangères	..	..	..	12	12	11	12	12
Ensemble des entreprises	..	..	..	12	12	11	12	12
dont :								
Vie	..	..	..	4	4	5	5	5
Entreprises nationales	..	..	..	0	0	0	..	0
Entreprises sous contrôle étranger	..	..	..	0	0	..	..	0
Succursales d'entreprises étrangères	..	..	..	4	4	5	5	5
Ensemble des entreprises	..	..	..	4	4	5	5	5
Non-vie	..	..	..	8	8	7	7	7
Entreprises nationales	..	..	..	0	0	0	..	0
Entreprises sous contrôle étranger	..	..	..	0	0	..	..	0
Succursales d'entreprises étrangères	..	..	..	8	8	7	7	7
Ensemble des entreprises	..	..	..	8	8	7	7	7
Total								
Entreprises nationales	453	520	563	695	573	570	533	544
Entreprises sous contrôle étranger	283	440	477	606	477	..	533	428
Succursales d'entreprises étrangères	22	18	21	21	23	23	24	25
Ensemble des entreprises	475	538	584	716	596	593	557	569

Luxembourg
Tableau 1. Agrégats sélectionnés *(suite)*

Millions EUR

	2006	2007	2008	2009	2010	2011	2012	2013
1.4 Dépenses brutes d'exploitation								
Vie								
Entreprises nationales	494	572	208	229	243	288	656	362
Entreprises sous contrôle étranger	341	549	197	218	231	274	622	347
Succursales d'entreprises étrangères	8	5	2	0 |	0	0	0	0
Ensemble des entreprises	501	578	209	229 |	243	288	656	362
Non-vie								
Entreprises nationales	163	199	71	49	54	53	270	66
Entreprises sous contrôle étranger	39	109	48	25	30	27	270	34
Succursales d'entreprises étrangères	27	20	7	3 |	14	3	14	3
Ensemble des entreprises	190	220	78	52 |	68	55	285	69
Mixtes								
Entreprises nationales	..	..	..	0	0	0	..	0
Entreprises sous contrôle étranger	..	..	..	0	0	0	..	0
Succursales d'entreprises étrangères	..	..	..	5 |	17	6	18	7
Ensemble des entreprises	..	..	..	5 |	17	6	18	7
dont :								
Vie	..	..	..	1 |	6	2	7	3
Entreprises nationales	..	..	..	0	0	0	..	0
Entreprises sous contrôle étranger	..	..	..	0	0	0	..	0
Succursales d'entreprises étrangères	..	..	..	1 |	6	2	7	3
Ensemble des entreprises	..	..	..	1 |	6	2	7	3
Non-vie	..	..	..	3 |	12	3	11	4
Entreprises nationales	..	..	..	0	0	0	..	0
Entreprises sous contrôle étranger	..	..	..	0	0	0	..	0
Succursales d'entreprises étrangères	..	..	..	3 |	12	3	11	4
Ensemble des entreprises	..	..	..	3 |	12	3	11	4
Total								
Entreprises nationales	657	772	279	278	297	341	926	429
Entreprises sous contrôle étranger	380	658	245	243	261	302	892	381
Succursales d'entreprises étrangères	34	26	9	8	31	8	33	9
Ensemble des entreprises	691	798	288	286	328	349	959	438
1.5 Opérations à l'étranger par succursale, primes brutes								
Vie								
Succursales et agences	918	984	1 059	2 355	2 830	2 161	2 619	2 648
Filiales	0	0	..	0	0	0	0	..
Total	918	984	..	2 355	2 830	2 161	2 619	2 648
Non-vie								
Succursales et agences	450	263	1 272	1 014	1 122	1 088	1 417	1 546
Filiales	0	0	..	0	0	0	0	..
Total	450	263	..	1 014	1 122	1 088	1 417	1 546
Mixtes								
Succursales et agences	..	..	..	0	0	0	..	0
Filiales	..	..	..	0	0	0	..	..
Total	..	..	..	0	0	0	..	0
dont :								
Vie	..	..	..	0	0	0	..	0
Succursales et agences	..	..	..	0	0	0	..	0
Filiales	..	..	..	0	0	0	..	..
Total	..	..	..	0	0	0	..	..
Non-vie	..	..	..	0	0	0	..	0
Succursales et agences	..	..	..	0	0	0	..	0
Filiales	..	..	..	0	0	0	..	..
Total	..	..	..	0	0	0	..	0
Total								
Succursales et agences	1 368	1 247	2 331	3 369	3 952	3 250	4 036	4 194
Filiales	-	-	..	-	-	-	-	..
Total	1 368	1 247	..	3 369	3 952	3 250	4 036	4 194

.. Non disponible ; - Néant ; | Rupture de série

Note : Voir les métadonnées détaillées sur : http://metalinks.oecd.org/isy/20141215/7de2.

Luxembourg
Tableau 2. Nombre d'entreprises et d'employés

	2006	2007	2008	2009	2010	2011	2012	2013
2.1 Nombre d'entreprises								
Vie								
Entreprises nationales	53	52	47	47	46	45	43	42
Entreprises sous contrôle étranger	32	48	43	43	42	41	39	34
Succursales d'entreprises étrangères	2	2	2	2	2	2	1	2
Ensemble des entreprises	55	54	49	49	48	47	44	44
Non-vie								
Entreprises nationales	26	27	30	31	29	29	31	34
Entreprises sous contrôle étranger	11	23	26	27	25	25	27	27
Succursales d'entreprises étrangères	10	10	10	10	11	10	11	10
Ensemble des entreprises	36	37	40	41	40	39	42	44
Mixtes								
Entreprises nationales	0	0	0	0	0	0	0	0
Entreprises sous contrôle étranger	0	0	0	0	0	0	0	0
Succursales d'entreprises étrangères	4	3	3	3	3	3	3	3
Ensemble des entreprises	4	3	3	3	3	3	3	3
Réassurance								
Entreprises nationales	262	262	261	251	244	242	238	226
Entreprises sous contrôle étranger	225	243	238	234	225	222	219	207
Succursales d'entreprises étrangères	0	0	0	0	8	0	0	0
Ensemble des entreprises	262	262	261	251	252	242	238	226
Total								
Entreprises nationales	337	341	338	329	319	316	312	302
Entreprises sous contrôle étranger	268	314	307	304	292	288	285	268
Succursales d'entreprises étrangères	16	15	15	15	24	15	15	15
Ensemble des entreprises	357	356	353	344	343	331	327	317
2.2 Nombre d'employés								
Entreprises d'assurance	3 170	3 242	3 087	3 710	3 956	3 967	4 326	5 692
Intermédiaires	8 189	8 168	9 297	9 503	9 859	9 375	9 659	10 030
Total	11 359	11 410	12 384	13 213	13 815	13 342	13 985	15 722

Note : Voir les métadonnées détaillées sur : http://metalinks.oecd.org/isy/20141215/7de2.

Mexique
Tableau 1. Agrégats sélectionnés

Millions MXN

	2006	2007	2008	2009	2010	2011	2012	2013
1.1 Opérations d'assurance conclues dans le pays déclarant								
1.1.1 Opérations d'assurance, par intérêt								
Primes brutes								
Entreprises nationales	166 114	193 456	209 851	236 860	247 010	281 792	310 747	347 196
Entreprises sous contrôle étranger	99 740	114 934	129 075	143 428	153 858	167 708	189 698	207 890
Succursales d'entreprises étrangères	..	..	..	..	..	..	..	..
Ensemble des entreprises	166 114	193 456	209 851	236 860	247 010	281 792	310 747	347 196
Primes cédées								
Entreprises nationales	22 279	29 983	30 100	42 795	36 018	49 771	50 188	60 551
Entreprises sous contrôle étranger	11 618	14 345	16 949	18 449	19 495	21 903	24 728	26 822
Succursales d'entreprises étrangères	..	..	..	..	..	..	..	..
Ensemble des entreprises	22 279	29 983	30 100	42 795	36 018	49 771	50 188	60 551
Primes nettes émises								
Entreprises nationales	143 834	163 473	179 751	194 065	210 991	232 021	260 559	286 645
Entreprises sous contrôle étranger	88 122	100 225	112 127	124 979	134 363	145 805	164 970	181 068
Succursales d'entreprises étrangères	..	..	..	..	..	..	..	..
Ensemble des entreprises	143 834	163 473	179 751	194 065	210 991	232 021	260 559	286 645
1.1.2 Opérations d'assurance par risque à l'étranger, primes brutes								
Vie	..	..	451	..	..	..	..	..
Non-vie	..	..	826	..	323	349	425	402
Mixtes	..	..	..	..	1 463	1 553	1 787	1 692
dont :								
Vie	..	..	..	407 |	..	..	..	..
Non-vie	..	..	..	1 052 |	..	..	..	..
Total	..	..	1 277	..	1 786	1 902	2 212	2 093
1.1.3 Paiement par catégories d'assurance, primes brutes (vie)								
Rentes	..	..	..	..	15 849	15 749	17 633	20 099
Unit linked	..	..	..	..	0	..	..	..
Autre assurance vie	..	..	..	..	97 352	109 511	125 175	138 959
Total Assurance Vie	..	83 634	92 688	103 431	113 201	125 260	142 808	159 058
***dont :** Contrats de retraite*	..	6 377	7 728	8 756	0	..	..	..
1.1.4 Paiement par catégories d'assurance, primes brutes (non-vie)								
L'assurance automobile	39 023	44 371	47 419	46 947	50 357	56 099	62 944	66 562
Les assurances transport (y compris maritime et aérien)	4 504	5 251	5 226	5 951	5 765	7 049	7 691	7 851
L'assurance de fret	..	..	..	..	..	..	..	..
L'assurance incendie et des dommages aux bien	6 764	9 999	7 512	16 884	8 026	14 010	9 980	16 520
L'assurance des pertes pécuniaires	316	412	456	518	636	686	749	5 210
L'assurance de la responsabilité civile générale	3 992	4 142	4 362	5 265	5 185	5 914	6 920	7 341
Les assurances accidents et maladie	23 971	27 644	32 121	34 511	37 557	41 814	45 526	51 189
***dont :** Maladie*	1 168	1 260	1 351	1 631	1 626	1 835	1 918	2 682
Autres assurances non-vie	13 495	16 105	19 246	22 314	24 316	30 214	33 390	32 581
Réassurance obligatoire	..	..	..	..	..	..	..	..
Total assurance non-vie	92 066	109 183	116 341	132 389	131 842	155 785	167 200	187 253

Mexique
Tableau 1. Agrégats sélectionnés *(suite)*

Millions MXN

	2006	2007	2008	2009	2010	2011	2012	2013
1.2 Paiements bruts des sinistres								
Vie								
Entreprises nationales	33 505	40 318	48 836	8 634	9 487	9 566	10 279	11 800
Entreprises sous contrôle étranger	21 157	26 203	31 235	3 784	4 314	4 663	..	..
Succursales d'entreprises étrangères	..	..	..	..	..	..	..	..
Ensemble des entreprises	33 505	40 318	48 836	8 634	9 487	9 566	10 279	11 800
Non-vie								
Entreprises nationales	48 267	55 579	57 896	13 280	14 463	14 750	14 874	21 716
Entreprises sous contrôle étranger	25 350	28 720	29 915	4 819	5 042	4 751	..	..
Succursales d'entreprises étrangères	..	..	..	..	..	..	..	..
Ensemble des entreprises	48 267	55 579	57 896	13 280	14 463	14 750	14 874	21 716
Mixtes								
Entreprises nationales	..	..	..	96 118	100 430	109 005	115 041	159 315
Entreprises sous contrôle étranger	..	..	..	62 564	67 094	70 654	..	..
Succursales d'entreprises étrangères	..	..	..	..	..	..	..	..
Ensemble des entreprises	..	..	..	96 118	100 430	109 005	115 041	159 315
dont :								
Vie	..	..	..	47 586	48 676	50 966	55 436	76 467
Entreprises nationales	..	..	..	47 586	48 676	50 966	55 436	76 467
Entreprises sous contrôle étranger	..	..	..	35 236	37 971	38 918	..	..
Succursales d'entreprises étrangères	..	..	..	..	..	..	..	..
Ensemble des entreprises	..	..	..	47 586	48 676	50 966	55 436	76 467
Non-vie	..	..	..	48 531	51 753	58 039	59 605	82 848
Entreprises nationales	..	..	..	48 531	51 753	58 039	59 605	82 848
Entreprises sous contrôle étranger	..	..	..	27 328	29 122	31 736	..	..
Succursales d'entreprises étrangères	..	..	..	..	..	..	..	..
Ensemble des entreprises	..	..	..	48 531	51 753	58 039	59 605	82 848
Total								
Entreprises nationales	81 773	95 897	106 731	118 032	124 380	133 321	140 195	192 832
Entreprises sous contrôle étranger	46 507	54 924	61 149	71 168	76 449	80 068	..	..
Succursales d'entreprises étrangères	..	..	..	..	..	..	..	..
Ensemble des entreprises	81 773	95 897	106 731	118 032	124 380	133 321	140 195	192 832
1.3 Commissions								
Vie								
Entreprises nationales	9 910	10 625	11 668	1 053	976	1 257	1 133	1 075
Entreprises sous contrôle étranger	6 198	7 049	7 652	324	234	268	277	251
Succursales d'entreprises étrangères	..	..	..	..	..	..	..	..
Ensemble des entreprises	9 910	10 625	11 668	1 053	976	1 257	1 133	1 075
Non-vie								
Entreprises nationales	15 013	17 003	17 707	4 811	5 078	5 935	6 911	8 410
Entreprises sous contrôle étranger	7 917	10 029	17 707	2 073	2 230	2 373	2 721	3 523
Succursales d'entreprises étrangères	..	..	..	..	..	..	..	..
Ensemble des entreprises	15 013	17 003	17 707	4 811	5 078	5 935	6 911	8 410
Mixtes								
Entreprises nationales	..	..	..	31 881	34 055	38 671	44 178	46 777
Entreprises sous contrôle étranger	..	..	..	20 206	21 885	24 611	28 060	29 464
Succursales d'entreprises étrangères	..	..	..	..	..	..	..	..
Ensemble des entreprises	..	..	..	31 881	34 055	38 671	44 178	46 777
dont :								
Vie	..	..	..	12 184	13 741	15 773	18 508	19 316
Entreprises nationales	..	..	..	12 184	13 741	15 773	18 508	19 316
Entreprises sous contrôle étranger	..	..	..	8 294	9 518	10 807	12 501	12 940
Succursales d'entreprises étrangères	..	..	..	..	..	..	..	..
Ensemble des entreprises	..	..	..	12 184	13 741	15 773	18 508	19 316
Non-vie	..	..	..	19 698	20 315	22 898	25 670	27 462
Entreprises nationales	..	..	..	19 698	20 315	22 898	25 670	27 462
Entreprises sous contrôle étranger	..	..	..	11 694	12 367	13 803	15 559	16 524
Succursales d'entreprises étrangères	..	..	..	..	..	..	..	..
Ensemble des entreprises	..	..	..	19 698	20 315	22 898	25 670	27 462
Total								
Entreprises nationales	24 923	27 629	29 375	37 746	40 110	45 863	52 222	56 263
Entreprises sous contrôle étranger	14 114	17 077	25 359	22 603	24 349	27 251	31 058	33 239
Succursales d'entreprises étrangères	..	..	..	..	..	..	..	..
Ensemble des entreprises	24 923	27 629	29 375	37 746	40 110	45 863	52 222	56 263

Mexique
Tableau 1. Agrégats sélectionnés *(suite)*

Millions MXN

	2006	2007	2008	2009	2010	2011	2012	2013
1.4 Dépenses brutes d'exploitation								
Vie								
Entreprises nationales	4 740	5 564	6 208	634 |	942	1 095	1 313	1 486
Entreprises sous contrôle étranger	3 387	4 052	4 524	305 |	530	675	..	..
Succursales d'entreprises étrangères	..	..	..	..	..	..	..	..
Ensemble des entreprises	4 740	5 564	6 208	634 |	942	1 095	1 313	1 486
Non-vie								
Entreprises nationales	7 975	7 620	10 271	2 656 |	2 353	2 337	2 968	3 545
Entreprises sous contrôle étranger	3 579	3 289	5 334	1 290 |	1 220	1 402	..	..
Succursales d'entreprises étrangères	..	..	..	..	..	..	..	..
Ensemble des entreprises	7 975	7 620	10 271	2 656 |	2 353	2 337	2 968	3 545
Mixtes								
Entreprises nationales	..	..	..	12 630 |	14 102	14 115	14 382	16 389
Entreprises sous contrôle étranger	..	..	..	8 263 |	9 018	8 627	..	..
Succursales d'entreprises étrangères	..	..	..	..	..	..	..	..
Ensemble des entreprises	..	..	..	12 630 |	14 102	14 115	14 382	16 389
dont :								
Vie	..	..	..	5 917 |	6 925	6 838	7 085	8 530
Entreprises nationales	..	..	..	5 917 |	6 925	6 838	7 085	8 530
Entreprises sous contrôle étranger	..	..	..	4 573 |	5 339	5 052	..	..
Succursales d'entreprises étrangères	..	..	..	..	..	..	..	..
Ensemble des entreprises	..	..	..	5 917 |	6 925	6 838	7 085	8 530
Non-vie	..	..	..	6 714 |	7 178	7 277	7 298	7 859
Entreprises nationales	..	..	..	6 714 |	7 178	7 277	7 298	7 859
Entreprises sous contrôle étranger	..	..	..	3 674 |	3 679	3 575	..	..
Succursales d'entreprises étrangères	..	..	..	..	..	..	..	..
Ensemble des entreprises	..	..	..	6 714 |	7 178	7 277	7 298	7 859
Total								
Entreprises nationales	12 715	13 183	16 479	15 920	17 398	17 548	18 662	21 420
Entreprises sous contrôle étranger	6 967	7 341	9 858	9 859	10 768	10 704	..	..
Succursales d'entreprises étrangères	..	..	..	..	..	..	..	..
Ensemble des entreprises	12 715	13 183	16 479	15 920	17 398	17 548	18 662	21 420
1.5 Opérations à l'étranger par succursale, primes brutes								
Vie								
Succursales et agences	..	..	..	..	..	..	..	..
Filiales	..	..	..	..	..	..	..	..
Total	0	..	..	..	..	..	..	..
Non-vie								
Succursales et agences	..	..	..	..	..	..	..	..
Filiales	..	..	..	..	..	..	..	..
Total	0	..	..	..	..	..	..	..
Mixtes								
Succursales et agences	..	..	..	..	..	..	..	..
Filiales	..	..	..	..	..	..	..	..
Total	..	..	..	..	..	..	..	..
dont :								
Vie	..	..	..	..	..	..	..	..
Succursales et agences	..	..	..	..	..	..	..	..
Filiales	..	..	..	..	..	..	..	..
Total	..	..	..	..	..	..	..	..
Non-vie	..	..	..	..	..	..	..	..
Succursales et agences	..	..	..	..	..	..	..	..
Filiales	..	..	..	..	..	..	..	..
Total	..	..	..	..	..	..	..	..
Total								
Succursales et agences	..	..	..	..	..	..	..	..
Filiales	..	..	..	..	..	..	..	..
Total	-	..	..	..	..	..	..	..

.. Non disponible ; - Néant ; | Rupture de série

Note : Voir les métadonnées détaillées sur : http://metalinks.oecd.org/isy/20141215/00be.

Mexique
Tableau 2. Nombre d'entreprises et d'employés

	2006	2007	2008	2009	2010	2011	2012	2013
2.1 Nombre d'entreprises								
Vie								
Entreprises nationales	18	18	20	20	21	21	20	20
Entreprises sous contrôle étranger	10	10	12	11	12	12	11	11
Succursales d'entreprises étrangères	0	0	..	..	..	..	..	..
Ensemble des entreprises	18	18	20	20	21	21	20	20
Non-vie								
Entreprises nationales	37	40	45	43	42	44	47	45
Entreprises sous contrôle étranger	21	24	27	26	25	27	27	27
Succursales d'entreprises étrangères	0	0	..	..	..	..	..	..
Ensemble des entreprises	37	40	45	43	42	44	47	45
Mixtes								
Entreprises nationales	34	35	33	33	34	35	35	37
Entreprises sous contrôle étranger	19	20	20	20	21	20	21	21
Succursales d'entreprises étrangères	0	0	..	..	..	..	..	..
Ensemble des entreprises	34	35	33	33	34	35	35	37
Réassurance								
Entreprises nationales	2	2	2	2	2	2	2	2
Entreprises sous contrôle étranger	0	0	0	0	0	..	0	0
Succursales d'entreprises étrangères	0	0	..	..	..	..	..	..
Ensemble des entreprises	2	2	2	2	2	2	2	2
Total								
Entreprises nationales	91	95	100	98	99	102	104	104
Entreprises sous contrôle étranger	50	54	59	57	58	59	59	59
Succursales d'entreprises étrangères	0	0	..	..	..	..	..	..
Ensemble des entreprises	91	95	100	98	99	102	104	104
2.2 Nombre d'employés								
Entreprises d'assurance	12 050	12 903	14 044	14 064	14 133	14 487	14 491	14 500
Intermédiaires	29 907	30 511	31 497	33 186	34 265	35 173	36 190	46 712
Total	41 957	43 414	45 541	47 250	48 398	49 660	50 681	61 212

.. Non disponible

Note : Voir les métadonnées détaillées sur : http://metalinks.oecd.org/isy/20141215/00be.

Pays-Bas
Tableau 1. Agrégats sélectionnés

Millions EUR

	2006	2007	2008	2009	2010	2011	2012	2013
1.1 Opérations d'assurance conclues dans le pays déclarant								
1.1.1 Opérations d'assurance, par intérêt								
Primes brutes								
Entreprises nationales	44 279	46 092	47 671	47 256	38 602	41 183	39 012	35 199
Entreprises sous contrôle étranger	9 515	10 586	9 299	8 469	7 430	9 625	9 255	8 367
Succursales d'entreprises étrangères	1 512	1 561	1 207	1 093	961	955	891	803
Ensemble des entreprises	45 684	47 653	48 879	48 349	39 564	42 138	39 903	36 002
Primes cédées								
Entreprises nationales	3 472	3 588	3 683	3 619	3 407	5 720	3 109	2 996
Entreprises sous contrôle étranger	964	968	1 081	1 055	995	1 701	1 706	1 551
Succursales d'entreprises étrangères	133	6	41	48	42	116	79	66
Ensemble des entreprises	3 605	3 594	3 724	3 667	3 449	5 836	3 188	3 062
Primes nettes émises								
Entreprises nationales	40 807	42 504	43 988	43 637	35 195	35 463	35 903	32 203
Entreprises sous contrôle étranger	8 551	9 619	8 218	7 414	6 434	7 923	7 549	6 816
Succursales d'entreprises étrangères	1 379	1 555	1 167	1 045	919	839	812	737
Ensemble des entreprises	42 087	44 059	45 155	44 682	36 115	36 302	36 715	32 940
1.1.2 Opérations d'assurance par risque à l'étranger, primes brutes								
Vie	..	..	..	..	..	..	..	..
Non-vie	..	..	..	..	..	..	..	..
Mixtes total	x	x	x	x	x	x	x	x
Total	..	..	..	..	..	..	..	..
1.1.3 Paiement par catégories d'assurance, primes brutes (vie)								
Rentes	..	14 943	15 911	12 960	12 058	12 001	10 892	9 713
Unit linked	..	11 176	10 233	8 474	7 758	9 332	7 836	6 988
Autre assurance vie	..	523	469	398	355	329	247	220
Total assurance vie	..	26 642	26 613	21 832	20 171	21 662	18 975	16 921
***dont :** Contrats de retraite*	..	8 740	9 178	6 410	6 941	6 887	6 034	5 381
1.1.4 Paiement par catégories d'assurance, primes brutes (non-vie)								
L'assurance automobile	4 662	4 769	4 853	4 539	4 635	4 587	4 500	..
Les assurances transport (y compris maritime et aérien)	721	418	556	559	543	563	596	..
L'assurance de fret	..	298	376	299	275	291	263	..
L'assurance incendie et des dommages aux bien	3 535	3 687	3 913	3 675	3 732	3 515	3 698	..
L'assurance des pertes pécuniaires	..	358	498	428	1 192	309	278	..
L'assurance de la responsabilité civile générale	..	1 202	1 361	1 158	1 140	1 045	1 116	..
Les assurances accidents et maladie	7 402	8 115	8 373	8 156	8 285	8 585	8 560	..
***dont :** Maladie*	3 614	..	..	..	..	..	..	..
Autres assurances non-vie	3 712	2 093	2 277	2 132	1 419	2 027	1 907	..
Réassurance obligatoire	..	..	..	..	..	..	..	..
Total assurance non-vie	20 033	20 942	22 207	20 946	21 221	20 923	20 918	..
1.2 Paiements bruts des sinistres								
Vie								
Entreprises nationales	20 341	21 852	23 203	21 698	21 020	23 689	25 331	..
Entreprises sous contrôle étranger	4 264	4 547	3 124	3 178	3 870	3 206	3 538	..
Succursales d'entreprises étrangères	630	728	89	74	3 281	378	401	..
Ensemble des entreprises	20 972	22 580	23 292	21 772	24 301	24 067	25 732	..
Non-vie								
Entreprises nationales	19 696	13 072	13 727	13 994	13 434	13 957	13 999	..
Entreprises sous contrôle étranger	2 320	2 713	1 847	3 292	2 046	2 840	2 870	..
Succursales d'entreprises étrangères	140	77	165	72	305	42	41	..
Ensemble des entreprises	19 836	13 149	13 892	14 066	13 739	13 999	14 040	..
Mixtes, ensemble des entreprises	x	x	x	x	x	x	x	x
Total								
Entreprises nationales	40 038	34 924	36 930	35 692	34 454	37 646	39 330	..
Entreprises sous contrôle étranger	6 583	7 260	4 971	6 470	5 916	6 046	6 408	..
Succursales d'entreprises étrangères	770	805	254	146	3 586	420	442	..
Ensemble des entreprises	40 808	35 729	37 184	35 838	38 040	38 066	39 772	..

Pays-Bas
Tableau 1. Agrégats sélectionnés *(suite)*

Millions EUR

	2006	2007	2008	2009	2010	2011	2012	2013
1.3 Commissions								
Vie								
Entreprises nationales	1 759	855	956	825	605	614	473	..
Entreprises sous contrôle étranger	397	187	331	379	342	325	196	..
Succursales d'entreprises étrangères	0	33	4	3	62	14	17	..
Ensemble des entreprises	1 759	888	960	828	667	628	490	..
Non-vie								
Entreprises nationales	2 765	3 031	3 055	3 054	2 999	3 070	3 197	..
Entreprises sous contrôle étranger	247	766	668	579	682	851	833	..
Succursales d'entreprises étrangères	0	47	120	133	24	23	22	..
Ensemble des entreprises	2 765	3 078	3 175	3 187	3 023	3 093	3 219	..
Mixtes, ensemble des entreprises	x	x	x	x	x	x	x	x
Total								
Entreprises nationales	4 524	3 886	4 011	3 879	3 604	3 684	3 670	..
Entreprises sous contrôle étranger	644	953	999	958	1 024	1 176	1 029	..
Succursales d'entreprises étrangères	-	80	124	136	86	37	39	..
Ensemble des entreprises	4 524	3 966	4 135	4 015	3 690	3 721	3 709	..
1.4 Dépenses brutes d'exploitation								
Vie								
Entreprises nationales	3 434	3 579	4 092	3 461	2 642	2 768	2 827	..
Entreprises sous contrôle étranger	902	745	715	473	646	349	342	..
Succursales d'entreprises étrangères	139	152	10	8	488	59	37	..
Ensemble des entreprises	3 573	3 731	4 102	3 469	3 130	2 827	2 864	..
Non-vie								
Entreprises nationales	6 749	4 999	6 175	5 278	4 775	4 863	4 933	..
Entreprises sous contrôle étranger	1 216	1 193	876	690	845	1 244	1 181	..
Succursales d'entreprises étrangères	81	59	160	146	26	25	24	..
Ensemble des entreprises	6 829	5 058	6 335	5 424	4 801	4 888	4 957	..
Mixtes, ensemble des entreprises	x	x	x	x	x	x	x	x
Total								
Entreprises nationales	10 183	8 578	10 267	8 739	7 417	7 631	7 759	..
Entreprises sous contrôle étranger	2 118	1 938	1 591	1 163	1 491	1 593	1 523	..
Succursales d'entreprises étrangères	219	211	170	154	514	84	61	..
Ensemble des entreprises	10 402	8 789	10 437	8 893	7 931	7 715	7 820	..
1.5 Opérations à l'étranger par succursale, primes brutes								
Vie								
Succursales et agences	..	..	636	..	621	662	540	..
Filiales	..	..	..	..	..	..	..	..
Total	..	..	636	..	621	662	540	..
Non-vie								
Succursales et agences	..	..	1 785	1 684	1 789	1 067	1 276	..
Filiales	..	..	..	..	..	..	..	..
Total	..	..	1 785	..	1 789	1 067	1 276	..
Mixtes total	x	x	x	x	x	x	x	x
Total								
Succursales et agences	..	..	2 421	1 684	2 410	1 729	1 816	..
Filiales	..	..	..	..	..	..	..	..
Total	..	..	2 421	..	2 410	1 729	1 816	..

.. Non disponible ; - Néant ; x Sans objet

Note : Voir les métadonnées détaillées sur : http://metalinks.oecd.org/isy/20141215/b535.

Pays-Bas
Tableau 2. Nombre d'entreprises et d'employés

	2006	2007	2008	2009	2010	2011	2012	2013
2.1 Nombre d'entreprises								
Vie								
Entreprises nationales	70	68	64	64	49	52	41	..
Entreprises sous contrôle étranger	19	16	12	12	8	8	6	..
Succursales d'entreprises étrangères	1	1	1	1	1	1	4	..
Ensemble des entreprises	71	69	65	65	50	53	45	..
Non-vie								
Entreprises nationales	237	224	217	205	193	174	158	..
Entreprises sous contrôle étranger	25	25	18	17	14	5	15	..
Succursales d'entreprises étrangères	7	6	7	6	4	4	2	..
Ensemble des entreprises	244	230	224	211	197	178	160	..
Mixtes, ensemble des entreprises	-	-	-	-	-	-	-	-
Réassurance								
Entreprises nationales	..	6	..	6	14	16	15	..
Entreprises sous contrôle étranger	..	0	..	0	2	1	1	..
Succursales d'entreprises étrangères	..	0	..	..	..	..	0	..
Ensemble des entreprises	..	6	..	6	14	16	15	..
Total								
Entreprises nationales	307	292	281	275	256	242	214	..
Entreprises sous contrôle étranger	44	41	30	29	24	14	22	..
Succursales d'entreprises étrangères	8	7	8	7	5	5	6	..
Ensemble des entreprises	315	299	289	282	261	247	220	..
2.2 Nombre d'employés								
Entreprises d'assurance	..	..	..	..	..	..	..	..
Intermédiaires	..	..	..	..	..	..	..	..
Total	..	..	..	..	..	..	..	..

.. Non disponible ; - Néant

Note : Voir les métadonnées détaillées sur : http://metalinks.oecd.org/isy/20141215/b535.

Nouvelle-Zélande
Tableau 1. Agrégats sélectionnés

Millions NZD

	2006	2007	2008	2009	2010	2011	2012	2013
1.1 Opérations d'assurance conclues dans le pays déclarant								
1.1.1 Opérations d'assurance, par intérêt								
Primes brutes								
Entreprises nationales	..	..	..	..	..	..	..	..
Entreprises sous contrôle étranger	..	..	..	..	..	..	..	..
Succursales d'entreprises étrangères	..	..	..	..	..	..	..	..
Ensemble des entreprises	4 477	4 510	4 480	4 719	4 680	..	5 665	6 266
Primes cédées								
Entreprises nationales	..	..	..	..	..	..	..	..
Entreprises sous contrôle étranger	..	..	..	..	..	..	..	..
Succursales d'entreprises étrangères	..	..	..	..	..	..	..	..
Ensemble des entreprises	599	480	528	610	610	..	1 207	1 412
Primes nettes émises								
Entreprises nationales	..	..	..	..	..	..	..	..
Entreprises sous contrôle étranger	..	..	..	..	..	..	..	..
Succursales d'entreprises étrangères	..	..	..	..	..	..	..	..
Ensemble des entreprises	4 724	4 917	5 170	5 365	5 730	..	6 365	6 758
1.1.2 Opérations d'assurance par risque à l'étranger, primes brutes								
Vie	..	..	..	..	..	..	..	..
Non-vie	..	..	..	..	..	..	..	..
Mixtes	..	..	..	..	..	..	..	..
dont :								
Vie	..	..	..	..	..	..	..	..
Non-vie	..	..	..	..	..	..	..	..
Total	..	..	..	..	..	..	..	..
1.1.3 Paiement par catégories d'assurance, primes brutes (vie)								
Rentes	..	..	..	..	..	..	..	..
Unit linked	..	..	..	..	..	..	..	..
Autre assurance vie	..	..	..	..	..	..	..	..
Total Assurance Vie	..	..	..	..	..	..	..	..
***dont :** Contrats de retraite*	..	..	..	..	..	..	..	..
1.1.4 Paiement par catégories d'assurance, primes brutes (non-vie)								
L'assurance automobile	..	..	..	..	..	..	..	..
Les assurances transport (y compris maritime et aérien)	..	..	..	..	..	..	..	..
L'assurance de fret	..	..	..	..	..	..	..	..
L'assurance incendie et des dommages aux bien	..	..	..	..	..	..	..	..
L'assurance des pertes pécuniaires	..	..	..	..	..	..	..	..
L'assurance de la responsabilité civile générale	..	..	..	..	..	..	..	..
Les assurances accidents et maladie	..	..	..	..	..	..	..	..
***dont :** Maladie*	..	..	..	..	..	..	..	..
Autres assurances non-vie	..	..	..	..	..	..	..	..
Réassurance obligatoire	..	..	..	..	..	..	..	..
Total assurance non-vie	4 477	4 510	4 480	4 719	4 680	..	5 665	6 266

Nouvelle-Zélande
Tableau 1. Agrégats sélectionnés *(suite)*

Millions NZD

	2006	2007	2008	2009	2010	2011	2012	2013
1.2 Paiements bruts des sinistres								
Vie								
Entreprises nationales	..	..	..	..	..	..	..	..
Entreprises sous contrôle étranger	..	..	..	..	..	..	..	..
Succursales d'entreprises étrangères	..	..	..	..	..	..	..	..
Ensemble des entreprises	758	738	837	895	1 437	..	1 360	1 303
Non-vie								
Entreprises nationales	..	..	..	..	..	..	..	..
Entreprises sous contrôle étranger	..	..	..	..	..	..	..	..
Succursales d'entreprises étrangères	..	..	..	..	..	..	..	..
Ensemble des entreprises	2 373	2 531	2 821	2 925	2 802	..	9 531	4 539
Mixtes								
Entreprises nationales	..	..	..	..	..	..	..	..
Entreprises sous contrôle étranger	..	..	..	..	..	..	..	..
Succursales d'entreprises étrangères	..	..	..	..	..	..	..	..
Ensemble des entreprises	..	..	..	..	..	..	..	..
dont :								
Vie	..	..	..	..	..	..	..	..
Entreprises nationales	..	..	..	..	..	..	..	..
Entreprises sous contrôle étranger	..	..	..	..	..	..	..	..
Succursales d'entreprises étrangères	..	..	..	..	..	..	..	..
Ensemble des entreprises	..	..	..	..	..	..	..	..
Non-vie	..	..	..	..	..	..	..	..
Entreprises nationales	..	..	..	..	..	..	..	..
Entreprises sous contrôle étranger	..	..	..	..	..	..	..	..
Succursales d'entreprises étrangères	..	..	..	..	..	..	..	..
Ensemble des entreprises	..	..	..	..	..	..	..	..
Total								
Entreprises nationales	..	..	..	..	..	..	..	..
Entreprises sous contrôle étranger	..	..	..	..	..	..	..	..
Succursales d'entreprises étrangères	..	..	..	..	..	..	..	..
Ensemble des entreprises	3 131	3 269	3 658	3 820	4 239	..	10 891	5 842
1.3 Commissions								
Vie								
Entreprises nationales	..	..	..	..	..	..	..	..
Entreprises sous contrôle étranger	..	..	..	..	..	..	..	..
Succursales d'entreprises étrangères	..	..	..	..	..	..	..	..
Ensemble des entreprises	..	..	..	..	..	..	..	..
Non-vie								
Entreprises nationales	..	..	..	..	..	..	..	..
Entreprises sous contrôle étranger	..	..	..	..	..	..	..	..
Succursales d'entreprises étrangères	..	..	..	..	..	..	..	..
Ensemble des entreprises	..	..	..	..	..	..	..	..
Mixtes								
Entreprises nationales	..	..	..	..	..	..	..	..
Entreprises sous contrôle étranger	..	..	..	..	..	..	..	..
Succursales d'entreprises étrangères	..	..	..	..	..	..	..	..
Ensemble des entreprises	..	..	..	..	..	..	..	..
dont :								
Vie	..	..	..	..	..	..	..	..
Entreprises nationales	..	..	..	..	..	..	..	..
Entreprises sous contrôle étranger	..	..	..	..	..	..	..	..
Succursales d'entreprises étrangères	..	..	..	..	..	..	..	..
Ensemble des entreprises	..	..	..	..	..	..	..	..
Non-vie	..	..	..	..	..	..	..	..
Entreprises nationales	..	..	..	..	..	..	..	..
Entreprises sous contrôle étranger	..	..	..	..	..	..	..	..
Succursales d'entreprises étrangères	..	..	..	..	..	..	..	..
Ensemble des entreprises	..	..	..	..	..	..	..	..
Total								
Entreprises nationales	..	..	..	..	..	..	..	..
Entreprises sous contrôle étranger	..	..	..	..	..	..	..	..
Succursales d'entreprises étrangères	..	..	..	..	..	..	..	..
Ensemble des entreprises	..	..	..	..	..	..	..	..

Nouvelle-Zélande

Tableau 1. Agrégats sélectionnés *(suite)*

Millions NZD

	2006	2007	2008	2009	2010	2011	2012	2013
1.4 Dépenses brutes d'exploitation								
Vie								
Entreprises nationales	..	..	..	..	..	..	..	..
Entreprises sous contrôle étranger	..	..	..	..	..	..	..	..
Succursales d'entreprises étrangères	..	..	..	..	..	..	..	..
Ensemble des entreprises	2 283	2 298	2 052	2 161	2 403	..	2 169	2 151
Non-vie								
Entreprises nationales	..	..	..	..	..	..	..	..
Entreprises sous contrôle étranger	..	..	..	..	..	..	..	..
Succursales d'entreprises étrangères	..	..	..	..	..	..	..	..
Ensemble des entreprises	3 449	3 645	4 044	4 202	4 213	..	12 070	6 102
Mixtes								
Entreprises nationales	..	..	..	..	..	..	..	..
Entreprises sous contrôle étranger	..	..	..	..	..	..	..	..
Succursales d'entreprises étrangères	..	..	..	..	..	..	..	..
Ensemble des entreprises	..	..	..	..	..	..	..	..
dont :								
Vie	..	..	..	..	..	..	..	..
Entreprises nationales	..	..	..	..	..	..	..	..
Entreprises sous contrôle étranger	..	..	..	..	..	..	..	..
Succursales d'entreprises étrangères	..	..	..	..	..	..	..	..
Ensemble des entreprises	..	..	..	..	..	..	..	..
Non-vie	..	..	..	..	..	..	..	..
Entreprises nationales	..	..	..	..	..	..	..	..
Entreprises sous contrôle étranger	..	..	..	..	..	..	..	..
Succursales d'entreprises étrangères	..	..	..	..	..	..	..	..
Ensemble des entreprises	..	..	..	..	..	..	..	..
Total								
Entreprises nationales	..	..	..	..	..	..	..	..
Entreprises sous contrôle étranger	..	..	..	..	..	..	..	..
Succursales d'entreprises étrangères	..	..	..	..	..	..	..	..
Ensemble des entreprises	5 732	5 943	6 096	6 364	6 616	..	14 239	8 253
1.5 Opérations à l'étranger par succursale, primes brutes								
Vie								
Succursales et agences	..	..	..	..	..	..	..	..
Filiales	..	..	..	..	..	..	..	..
Total	..	..	..	..	..	..	..	..
Non-vie								
Succursales et agences	..	..	..	..	..	..	..	..
Filiales	..	..	..	..	..	..	..	..
Total	..	..	..	..	..	..	..	..
Mixtes								
Succursales et agences	..	..	..	..	..	..	..	..
Filiales	..	..	..	..	..	..	..	..
Total	..	..	..	..	..	..	..	..
dont :								
Vie	..	..	..	..	..	..	..	..
Succursales et agences	..	..	..	..	..	..	..	..
Filiales	..	..	..	..	..	..	..	..
Total	..	..	..	..	..	..	..	..
Non-vie	..	..	..	..	..	..	..	..
Succursales et agences	..	..	..	..	..	..	..	..
Filiales	..	..	..	..	..	..	..	..
Total	..	..	..	..	..	..	..	..
Total								
Succursales et agences	..	..	..	..	..	..	..	..
Filiales	..	..	..	..	..	..	..	..
Total	..	..	..	..	..	..	..	..

.. Non disponible

Note : Voir les métadonnées détaillées sur : http://metalinks.oecd.org/isy/20141215/8a0a.

Nouvelle-Zélande
Tableau 2. Nombre d'entreprises et d'employés

	2006	2007	2008	2009	2010	2011	2012	2013
2.1 Nombre d'entreprises								
Vie								
Entreprises nationales	..	..	..	..	..	..	..	..
Entreprises sous contrôle étranger	..	..	..	..	..	..	..	..
Succursales d'entreprises étrangères	..	..	..	..	..	..	..	..
Ensemble des entreprises	45	41	43	42	42	..	43	37
Non-vie								
Entreprises nationales	..	..	..	..	..	..	..	..
Entreprises sous contrôle étranger	..	..	..	..	..	..	..	..
Succursales d'entreprises étrangères	..	..	..	..	..	..	..	..
Ensemble des entreprises	150	162	165	152	147	..	142	130
Mixtes								
Entreprises nationales	..	..	..	..	..	..	..	..
Entreprises sous contrôle étranger	..	..	..	..	..	..	..	..
Succursales d'entreprises étrangères	..	..	..	..	..	..	..	..
Ensemble des entreprises	..	..	..	..	..	..	..	..
Réassurance								
Entreprises nationales	..	..	..	..	..	..	..	..
Entreprises sous contrôle étranger	..	..	..	..	..	..	..	..
Succursales d'entreprises étrangères	..	..	..	..	..	..	..	..
Ensemble des entreprises	..	..	..	..	..	..	..	..
Total								
Entreprises nationales	..	..	..	..	..	..	..	..
Entreprises sous contrôle étranger	..	..	..	..	..	..	..	..
Succursales d'entreprises étrangères	..	..	..	..	..	..	..	..
Ensemble des entreprises	195	203	208	194	189	..	185	167
2.2 Nombre d'employés								
Entreprises d'assurance	..	..	..	..	..	..	..	10 780
Intermédiaires	..	..	..	..	..	..	..	..
Total	..	9 360	9 320	9 550	9 650	..	10 640	10 780

.. Non disponible

Note : Voir les métadonnées détaillées sur : http://metalinks.oecd.org/isy/20141215/8a0a.

Norvège
Tableau 1. Agrégats sélectionnés

Millions NOK

	2006	2007	2008	2009	2010	2011	2012	2013
1.1 Opérations d'assurance conclues dans le pays déclarant								
1.1.1 Opérations d'assurance, par intérêt								
Primes brutes								
Entreprises nationales	90 150	100 449	111 714	34 066	99 610	106 973	119 751	119 149
Entreprises sous contrôle étranger	13 407	7 565	7 568	943	6 299	6 388	8 589	8 948
Succursales d'entreprises étrangères	14 002	15 523	24 690	24 349	24 719	26 383	30 039	30 872
Ensemble des entreprises	104 152	115 971	136 405	58 415	124 329	133 356	149 790	150 021
Primes cédées								
Entreprises nationales	6 784	6 157	6 381	6 897	..	..	6 252	6 396
Entreprises sous contrôle étranger	570	809	760	170	..	..	316	173
Succursales d'entreprises étrangères	1 406	1 435	1 811	1 647	..	..	4 290	4 219
Ensemble des entreprises	8 190	7 592	8 193	8 544	..	..	10 542	10 614
Primes nettes émises								
Entreprises nationales	83 367	93 168	105 333	27 169	..	..	113 499	112 754
Entreprises sous contrôle étranger	12 836	6 756	6 808	774	..	..	8 273	8 775
Succursales d'entreprises étrangères	12 596	14 087	22 879	22 702	..	..	25 749	26 653
Ensemble des entreprises	97 012	107 257	128 212	49 871	..	..	139 248	139 407
1.1.2 Opérations d'assurance par risque à l'étranger, primes brutes								
Vie	..	..	..	..	..	..	31	..
Non-vie	..	..	2 964	3 711	2 779	1 556	7 352	6 202
Mixtes total	x	x	x	x	x	x	x	x
Total	..	..	2 964	3 711	2 779	1 556	7 383	6 202
1.1.3 Paiement par catégories d'assurance, primes brutes (vie)								
Rentes	..	..	..	..	..	..	..	..
Unit linked	..	..	..	..	..	..	..	..
Autre assurance vie	..	..	..	..	..	..	..	..
Total assurance vie	..	70 751	..	75 256	66 586	71 577	81 742	81 299
***dont :** Contrats de retraite*	..	..	..	..	..	..	69 652	66 873
1.1.4 Paiement par catégories d'assurance, primes brutes (non-vie)								
L'assurance automobile	14 200	13 930	14 969	8 855	10 409	10 787	19 403	..
Les assurances transport (y compris maritime et aérien)	10 365	11 119	5 672	8 752	3 974	4 009	9 581	..
L'assurance de fret	..	0	..	..	..	..	..	..
L'assurance incendie et des dommages aux bien	12 911	12 051	13 339	7 903	9 470	10 811	17 738	..
L'assurance des pertes pécuniaires	214	268	57	72	119	125	585	..
L'assurance de la responsabilité civile générale	1 306	1 059	1 149	578	647	686	1 755	..
Les assurances accidents et maladie	5 615	4 950	5 567	3 084	3 205	3 229	6 111	..
***dont :** Maladie*	..	..	..	..	..	..	..	..
Autres assurances non-vie	6 800	6 075	4 359	2 988	5 993	5 967	12 875	..
Réassurance obligatoire	150	177	169	2 988	..	..	..	..
Total assurance non-vie	51 561	49 451	45 281	..	33 817	35 615	68 048	..
1.2 Paiements bruts des sinistres								
Vie								
Entreprises nationales	35 997	68 885	64 231	45 863	40 443	40 252	45 033	45 143
Entreprises sous contrôle étranger	1 869	6 532	5 436	3 530	3 309	2 723	3 120	3 186
Succursales d'entreprises étrangères	887	1 251	498	671	405	494	482	692
Ensemble des entreprises	36 884	70 136	64 729	46 534	40 848	40 746	45 515	45 835
Non-vie								
Entreprises nationales	20 630	21 478	20 197	21 538	21 364	26 292	28 356	23 486
Entreprises sous contrôle étranger	4 374	914	1 238	931	441	342	542	..c
Succursales d'entreprises étrangères	9 383	11 787	16 241	16 567	16 445	17 552	24 549	20 026
Ensemble des entreprises	30 013	33 266	36 438	38 105	37 809	43 844	52 905	43 512
Mixtes, ensemble des entreprises	x	x	x	x	x	x	x	x
Total								
Entreprises nationales	56 627	90 363	84 428	67 401	61 807	66 544	73 389	68 629
Entreprises sous contrôle étranger	6 243	7 446	6 674	4 461	3 750	3 065	3 662	3 186
Succursales d'entreprises étrangères	10 270	13 038	16 739	17 238	16 850	18 046	25 031	20 718
Ensemble des entreprises	66 897	103 402	101 167	84 639	78 657	84 590	98 420	89 347

Norvège
Tableau 1. Agrégats sélectionnés *(suite)*

Millions NOK

	2006	2007	2008	2009	2010	2011	2012	2013
1.3 Commissions								
Vie								
Entreprises nationales	..	..	2 166	..	..	..	692	774
Entreprises sous contrôle étranger	..	..	49	..	..	..	152	179
Succursales d'entreprises étrangères	..	..	32	..	..	..	0	0
Ensemble des entreprises	..	..	2 198	..	..	..	692	774
Non-vie								
Entreprises nationales	422	697	554	..	..	..	1 507	1 536
Entreprises sous contrôle étranger	28	138	110	..	..	..	35	.. c
Succursales d'entreprises étrangères	264	285	366	..	..	..	1 101	1 084
Ensemble des entreprises	686	982	920	..	..	..	2 608	2 619
Mixtes, ensemble des entreprises	x	x	x	x	x	x	x	x
Total								
Entreprises nationales	422	697	2 720	..	..	..	2 199	2 310
Entreprises sous contrôle étranger	28	138	159	..	..	..	187	179
Succursales d'entreprises étrangères	264	285	398	..	..	..	1 101	1 084
Ensemble des entreprises	686	982	3 118	..	..	..	3 300	3 393
1.4 Dépenses brutes d'exploitation								
Vie								
Entreprises nationales	5 067	5 704	5 713	6 636	6 839	5 818	7 019	6 688
Entreprises sous contrôle étranger	602	557	596	622	646	688	692	185
Succursales d'entreprises étrangères	117	153	341	132	151	144	0	126
Ensemble des entreprises	5 184	5 857	6 054	6 768	6 990	5 962	7 019	6 814
Non-vie								
Entreprises nationales	6 914	5 999	4 723	5 501	5 703	6 155	5 527	5 925
Entreprises sous contrôle étranger	1 619	189	108	149	141	76	48	.. c
Succursales d'entreprises étrangères	3 642	4 572	5 261	5 495	5 451	5 121	4 765	4 203
Ensemble des entreprises	10 556	10 571	9 984	10 996	11 154	11 276	10 292	10 128
Mixtes, ensemble des entreprises	x	x	x	x	x	x	x	x
Total								
Entreprises nationales	11 981	11 703	10 436	12 137	12 542	11 973	12 546	12 613
Entreprises sous contrôle étranger	2 221	746	704	771	787	764	740	185
Succursales d'entreprises étrangères	3 759	4 725	5 602	5 627	5 602	5 265	4 765	4 329
Ensemble des entreprises	15 740	16 428	16 038	17 764	18 144	17 238	17 311	16 942
1.5 Opérations à l'étranger par succursale, primes brutes								
Vie								
Succursales et agences	..	..	..	..	89	..	..	.. c
Filiales	..	..	..	..	..	..	..	..
Total	..	..	..	..	89	..	..	.. c
Non-vie								
Succursales et agences	0	..	..	2 446	2 977	2 476	2 454	1 134
Filiales	635	..	..	..	..	..	..	.. c
Total	635	..	..	2 446	2 977	2 476	2 454	1 134
Mixtes total	x	x	x	x	x	x	x	x
Total								
Succursales et agences	-	..	..	2 446	3 066	2 476	2 454	1 134
Filiales	635	..	..	..	..	..	..	..
Total	635	..	..	2 446	3 066	2 476	2 454	1 134

.. Non disponible ; - Néant ; c Donnée confidentielle ; x Sans objet

Note : Voir les métadonnées détaillées sur : http://metalinks.oecd.org/isy/20141215/4d79.

Norvège
Tableau 2. Nombre d'entreprises et d'employés

	2006	2007	2008	2009	2010	2011	2012	2013
2.1 Nombre d'entreprises								
Vie								
Entreprises nationales	11	10	11	..	12	12	10	12
Entreprises sous contrôle étranger	2	2	2	..	2	2	2	2
Succursales d'entreprises étrangères	10	9	9	..	10	10	9	9
Ensemble des entreprises	21	19	20	..	22	22	19	21
Non-vie								
Entreprises nationales	75	76	78	78	77	76	63	59
Entreprises sous contrôle étranger	3	2	2	2	1	1	1	1
Succursales d'entreprises étrangères	30	35	28	28	24	21	25	25
Ensemble des entreprises	105	111	106	106	101	97	88	84
Mixtes, ensemble des entreprises	-	-	-	-	-	-	-	-
Réassurance								
Entreprises nationales	2	2	1	1	..	..	..	..
Entreprises sous contrôle étranger	1	1	0	0	..	..	..	..
Succursales d'entreprises étrangères	..	0	0	0	..	..	..	..
Ensemble des entreprises	2	2	1	1	..	..	..	..
Total								
Entreprises nationales	88	88	..	..	89	88	73	71
Entreprises sous contrôle étranger	6	5	..	..	3	3	3	3
Succursales d'entreprises étrangères	40	44	..	..	34	31	34	34
Ensemble des entreprises	128	132	..	..	123	119	107	105
2.2 Nombre d'employés								
Entreprises d'assurance	7 610	5 347	..	..	9 753	..	..	..
Intermédiaires	..	..	..	..	..	..	..	..
Total	..	5 347	..	..	9 753	..	..	..

.. Non disponible ; - Néant

Note : Voir les métadonnées détaillées sur : http://metalinks.oecd.org/isy/20141215/4d79.

Pologne
Tableau 1. Agrégats sélectionnés

Millions PLN

	2006	2007	2008	2009	2010	2011	2012	2013
1.1 Opérations d'assurance conclues dans le pays déclarant								
1.1.1 Opérations d'assurance, par intérêt								
Primes brutes								
Entreprises nationales	37 533	43 725	59 292	51 343	54 164	57 151	62 627	57 863
Entreprises sous contrôle étranger	19 811	24 584	30 567	26 758	29 135	31 683	35 100	31 562
Succursales d'entreprises étrangères	..	69	75	62	..	..	..	..
Ensemble des entreprises	37 533	43 725	59 367	51 405	54 164	57 151	62 627	57 863
Primes cédées								
Entreprises nationales	2 280	2 152	1 826	2 406	3 393	3 852	4 598	4 214
Entreprises sous contrôle étranger	1 869	1 664	1 515	1 687	2 043	4 647	4 224	3 664
Succursales d'entreprises étrangères	..	-	0	0	..	..	..	..
Ensemble des entreprises	2 280	2 152	1 826	2 406	3 393	3 852	4 598	4 214
Primes nettes émises								
Entreprises nationales	35 252	41 573	57 466	48 937	50 771	53 299	58 029	53 649
Entreprises sous contrôle étranger	17 942	22 920	29 052	25 071	27 092	27 036	30 876	27 898
Succursales d'entreprises étrangères	..	-	75	62	..	..	..	..
Ensemble des entreprises	35 252	41 573	57 541	48 999	50 771	53 299	58 029	53 649
1.1.2 Opérations d'assurance par risque à l'étranger, primes brutes								
Vie	5	0	12	..	0	..	..	..
Non-vie	259	329	11	..	202	..	..	..
Mixtes total	x	x	x	x	x	x	x	x
Total	264	329	23	..	203	..	..	..
1.1.3 Paiement par catégories d'assurance, primes brutes (vie)								
Rentes	..	45	62	71	83	98	99	107
Unit linked	..	11 958	6 289	6 458	8 120	10 307	12 046	13 052
Autre assurance vie	..	13 453	32 587	23 685	23 150	21 415	24 203	18 082
Total assurance vie	..	25 457	38 938	30 214	31 354	31 820	36 348	31 241
***dont :** Contrats de retraite*	..	256	303	294	329	376	371	396
1.1.4 Paiement par catégories d'assurance, primes brutes (non-vie)								
L'assurance automobile	10 195	11 191	12 488	12 209	12 932	14 543	14 780	13 945
Les assurances transport (y compris maritime et aérien)	153	164	150	171	163	232	256	267
L'assurance de fret	120	114	113	92	96	107	119	117
L'assurance incendie et des dommages aux bien	1 820	1 926	3 428	3 892	4 334	5 056	5 441	5 973
L'assurance des pertes pécuniaires	962	1 260	1 290	1 617	1 593	1 631	1 526	1 858
L'assurance de la responsabilité civile générale	869	953	987	1 129	1 302	1 459	1 773	1 891
Les assurances accidents et maladie	984	1 177	1 551	1 510	1 621	1 688	1 801	1 926
***dont :** Maladie*	168	199	297	279	1 269	1 245	513	612
Autres assurances non-vie	1 322	1 506	338	452	698	575	554	622
Réassurance obligatoire	..	..	0	0	0	..	..	..
Total assurance non-vie	16 425	18 292	20 641	21 073	22 739	25 291	26 250	26 599
1.2 Paiements bruts des sinistres								
Vie								
Entreprises nationales	8 463	10 430	19 360	27 702	22 585	26 069	25 917	23 087
Entreprises sous contrôle étranger	3 682	4 768	9 713	12 880	10 545	12 116	13 331	10 927
Succursales d'entreprises étrangères	..	..	0	0	..	..	..	..
Ensemble des entreprises	8 463	10 430	19 360	27 702	22 585	26 069	25 917	23 087
Non-vie								
Entreprises nationales	8 369	9 203	10 233	12 471	14 169	13 738	14 046	13 711
Entreprises sous contrôle étranger	3 387	3 874	4 901	6 690	8 017	8 128	8 890	8 434
Succursales d'entreprises étrangères	..	..	37	37	..	..	..	..
Ensemble des entreprises	8 369	9 203	10 270	12 508	14 169	13 738	14 046	13 711
Mixtes, ensemble des entreprises	**x**	**x**	**x**	**x**	**x**	**x**	**x**	**x**
Total								
Entreprises nationales	16 832	19 633	29 593	40 172	36 754	39 807	39 963	36 798
Entreprises sous contrôle étranger	7 068	8 642	14 614	19 570	18 562	20 244	22 221	19 362
Succursales d'entreprises étrangères	..	..	37	37	..	..	..	..
Ensemble des entreprises	16 832	19 633	29 630	40 209	36 754	39 807	39 963	36 798

Pologne
Tableau 1. Agrégats sélectionnés *(suite)*

Millions PLN

	2006	2007	2008	2009	2010	2011	2012	2013
1.3 Commissions								
Vie								
Entreprises nationales	1 276	1 906	206	44	3 006	3 245	70	93
Entreprises sous contrôle étranger	1 113	1 562	163	48	2 485	2 591	69	70
Succursales d'entreprises étrangères	..	..	0	0	..	..	..	..
Ensemble des entreprises	1 276	1 906	206	44	3 006	3 245	70	93
Non-vie								
Entreprises nationales	1 777	2 120	421	434	3 490	4 015	657	740
Entreprises sous contrôle étranger	972	1 157	290	347	2 202	2 659	648	606
Succursales d'entreprises étrangères	..	..	0	0	..	..	..	..
Ensemble des entreprises	1 777	2 120	421	434	3 490	4 015	657	740
Mixtes, ensemble des entreprises	x	x	x	x	x	x	x	x
Total								
Entreprises nationales	3 053	4 027	628	478	6 496	7 260	727	833
Entreprises sous contrôle étranger	2 085	2 718	453	395	4 688	5 250	717	676
Succursales d'entreprises étrangères	..	..	-	0	..	..	..	..
Ensemble des entreprises	3 053	4 027	628	478	6 496	7 260	727	833
1.4 Dépenses brutes d'exploitation								
Vie								
Entreprises nationales	3 482	4 482	13 631	6 554	5 295	5 605	6 416	6 146
Entreprises sous contrôle étranger	2 381	3 174	11 188	4 669	3 777	3 944	4 244	3 831
Succursales d'entreprises étrangères	..	..	0	0	..	..	..	..
Ensemble des entreprises	3 482	4 482	13 631	6 554	5 295	5 605	6 416	6 146
Non-vie								
Entreprises nationales	4 675	5 092	8 491	8 816	6 791	7 276	7 733	7 775
Entreprises sous contrôle étranger	2 211	2 462	4 390	4 874	3 958	4 549	5 225	5 090
Succursales d'entreprises étrangères	..	..	28	27	..	..	..	..
Ensemble des entreprises	4 675	5 092	8 520	8 843	6 791	7 276	7 733	7 775
Mixtes, ensemble des entreprises	x	x	x	x	x	x	x	x
Total								
Entreprises nationales	8 157	9 574	22 122	15 369	12 086	12 882	14 149	13 921
Entreprises sous contrôle étranger	4 592	5 636	15 578	9 543	7 734	8 493	9 469	8 921
Succursales d'entreprises étrangères	..	..	28	27	..	..	..	..
Ensemble des entreprises	8 157	9 574	22 151	15 397	12 086	12 882	14 149	13 921
1.5 Opérations à l'étranger par succursale, primes brutes								
Vie								
Succursales et agences	4	8	0	..	14	19	26	..
Filiales	..	..	0	..	..	..	..	..
Total	4	8	0	..	14	19	26	..
Non-vie								
Succursales et agences	0	0	0	..	14	62	53	..
Filiales	..	..	0	..	..	49	..	..
Total	0	0	0	..	14	111	53	..
Mixtes total	x	x	x	x	x	x	x	x
Total								
Succursales et agences	4	8	-	..	29	82	79	..
Filiales	..	..	-	..	..	49	..	..
Total	4	8	-	..	29	130	79	..

.. Non disponible ; - Néant ; x Sans objet

Note : Voir les métadonnées détaillées sur : http://metalinks.oecd.org/isy/20141215/3465.

Pologne
Tableau 2. Nombre d'entreprises et d'employés

	2006	2007	2008	2009	2010	2011	2012	2013
2.1 Nombre d'entreprises								
Vie								
Entreprises nationales	31	33	31	31	30	28	28	27
Entreprises sous contrôle étranger	24	24	24	22	23	22	23	21
Succursales d'entreprises étrangères	1	0	0	0	..	2	..	..
Ensemble des entreprises	32	33	31	31	30	30	28	27
Non-vie								
Entreprises nationales	33	35	35	33	32	32	30	30
Entreprises sous contrôle étranger	20	21	25	22	21	22	21	19
Succursales d'entreprises étrangères	9	1	1	1	..	11	..	..
Ensemble des entreprises	42	36	36	34	32	43	30	30
Mixtes, ensemble des entreprises	-	-	-	-	-	-	-	-
Réassurance								
Entreprises nationales	1	1	1	1	1	1	1	1
Entreprises sous contrôle étranger	0	0	0	0	1	1	1	1
Succursales d'entreprises étrangères	0	0	0	0	..	..	..	..
Ensemble des entreprises	1	1	1	1	1	1	1	1
Total								
Entreprises nationales	65	69	67	65	63	61	59	58
Entreprises sous contrôle étranger	44	45	49	44	45	45	45	41
Succursales d'entreprises étrangères	10	1	1	1	..	13	..	..
Ensemble des entreprises	75	70	68	66	63	74	59	58
2.2 Nombre d'employés								
Entreprises d'assurance	34 681	36 201	36 062	36 877	35 803	37 239	37 205	37 187
Intermédiaires	65 628	64 668	58 240	60 789	62 347	68 168	58 879	69 621
Total	100 309	100 869	94 302	97 666	98 150	105 407	96 083	106 808

.. Non disponible ; - Néant

Note : Voir les métadonnées détaillées sur : http://metalinks.oecd.org/isy/20141215/3465.

Portugal
Tableau 1. Agrégats sélectionnés

Millions EUR

	2006	2007	2008	2009	2010	2011	2012	2013
1.1 Opérations d'assurance conclues dans le pays déclarant								
1.1.1 Opérations d'assurance, par intérêt								
Primes brutes								
Entreprises nationales	12 851	13 599	15 283	14 111	15 816	11 165	10 553	12 802
Entreprises sous contrôle étranger	1 959	1 952	2 033	2 067	1 758	1 676	1 553	1 617
Succursales d'entreprises étrangères	69	86	88	89	75	73	-	-
Ensemble des entreprises	12 906	13 668	15 369	14 200	15 891	11 238	10 553	12 802
Primes cédées								
Entreprises nationales	754	930	1 006	992	1 013	982	1 096	1 144
Entreprises sous contrôle étranger	151	168	187	189	80	153	130	140
Succursales d'entreprises étrangères	16	19	23	28	26	23	-	-
Ensemble des entreprises	770	949	1 029	1 020	1 039	1 005	1 096	1 144
Primes nettes émises								
Entreprises nationales	12 097	12 669	14 278	7 184	14 802	10 183	9 457	11 658
Entreprises sous contrôle étranger	1 808	1 785	1 846	1 806	1 678	1 523	1 423	1 477
Succursales d'entreprises étrangères	53	67	65	61	49	50	-	-
Ensemble des entreprises	12 150	12 736	14 343	7 245	14 851	10 232	9 457	11 658
1.1.2 Opérations d'assurance par risque à l'étranger, primes brutes								
Vie	0	0	0	5	0	0	2	3
Non-vie	3	2	4	5	1	2	15	14
Mixtes	..	..	..	76	0	0	54	64
dont :								
Vie	..	..	..	38	0	0	27	27
Non-vie	..	..	..	38	0	0	27	38
Total	3	3	4	85	1	2	72	81
1.1.3 Paiement par catégories d'assurance, primes brutes (vie)								
Rentes	..	31	92	37	33	19	46	79
Unit linked	..	3 658	4 586	2 908	2 389	1 954	1 999	1 851
Autre assurance vie	..	5 516	6 237	7 094	9 414	5 240	4 633	7 094
Total Assurance Vie	..	9 206	10 915	10 039	11 835	7 213	6 678	9 023
***dont :** Contrats de retraite*	..	..	..	..	..	..	..	..
1.1.4 Paiement par catégories d'assurance, primes brutes (non-vie)								
L'assurance automobile	1 972	1 903	1 769	1 563	1 454	1 447	1 353	1 277
Les assurances transport (y compris maritime et aérien)	43	45	44	44	37	35	35	33
L'assurance de fret	31	33	32	26	26	26	25	25
L'assurance incendie et des dommages aux bien	654	673	690	684	657	686	702	700
L'assurance des pertes pécuniaires	52	52	70	66	53	54	63	69
L'assurance de la responsabilité civile générale	85	93	97	95	93	90	89	84
Les assurances accidents et maladie	1 370	1 525	1 611	1 522	1 504	1 480	1 430	1 413
***dont :** Maladie*	474	630	729	756	806	820	838	862
Autres assurances non-vie	106	140	142	150	165	170	177	178
Réassurance obligatoire	0	0	0	0	0	0	0	0
Total assurance non-vie	4 313	4 463	4 454	4 149	3 988	3 988	3 874	3 778

Portugal
Tableau 1. Agrégats sélectionnés *(suite)*

Millions EUR

	2006	2007	2008	2009	2010	2011	2012	2013
1.2 Paiements bruts des sinistres								
Vie								
Entreprises nationales	4 651	6 665	9 939	4 687	3 782	6 935	4 875	4 518
Entreprises sous contrôle étranger	373	466	580	410	457	505	461	374
Succursales d'entreprises étrangères	37	43	92	-	0	0	0	0
Ensemble des entreprises	4 688	6 708	10 031	4 687	3 782	6 935	4 875	4 518
Non-vie								
Entreprises nationales	2 845	2 879	2 953	1 636	1 628	1 588	1 471	1 446
Entreprises sous contrôle étranger	899	916	903	678	518	424	385	376
Succursales d'entreprises étrangères	2	11	17	15	0	0	0	0
Ensemble des entreprises	2 847	2 900	2 970	1 652	1 628	1 588	1 471	1 446
Mixtes								
Entreprises nationales	..	..	..	4 859	7 074	7 987	5 927	5 427
Entreprises sous contrôle étranger	..	..	..	415	474	517	541	562
Succursales d'entreprises étrangères	..	..	..	57	43	43	0	0
Ensemble des entreprises	..	..	..	4 916	7 116	8 030	5 927	5 427
dont :								
Vie	..	..	..	3 598	5 828	6 661	4 616	4 067
Entreprises nationales	..	..	..	3 542	5 787	6 621	4 616	4 067
Entreprises sous contrôle étranger	..	..	..	129	151	173	184	167
Succursales d'entreprises étrangères	..	..	..	55	41	41	0	0
Ensemble des entreprises	..	..	..	3 598	5 828	6 661	4 616	4 067
Non-vie	..	..	..	1 319	1 288	1 369	1 311	1 360
Entreprises nationales	..	..	..	1 317	1 286	1 367	1 311	1 360
Entreprises sous contrôle étranger	..	..	..	286	323	344	357	395
Succursales d'entreprises étrangères	..	..	..	2	2	2	0	0
Ensemble des entreprises	..	..	..	1 319	1 288	1 369	1 311	1 360
Total								
Entreprises nationales	7 496	9 544	12 892	11 183	12 485	16 510	12 274	11 391
Entreprises sous contrôle étranger	1 271	1 382	1 483	1 503	1 449	1 446	1 387	1 312
Succursales d'entreprises étrangères	39	55	109	72	43	43	-	-
Ensemble des entreprises	7 535	9 608	13 001	11 255	12 527	16 553	12 274	11 391
1.3 Commissions								
Vie								
Entreprises nationales	107	138	170	61	69	38	47	144
Entreprises sous contrôle étranger	10	10	12	11	9	9	7	7
Succursales d'entreprises étrangères	11	13	21	-	0	0	0	0
Ensemble des entreprises	117	151	191	61	69	38	47	144
Non-vie								
Entreprises nationales	332	336	367	188	179	155	157	156
Entreprises sous contrôle étranger	117	121	127	91	58	44	40	38
Succursales d'entreprises étrangères	2	2	2	0	0	0	0	0
Ensemble des entreprises	333	337	368	188	179	155	157	156
Mixtes								
Entreprises nationales	..	..	..	259	256	273	272	291
Entreprises sous contrôle étranger	..	..	..	57	63	76	81	99
Succursales d'entreprises étrangères	..	..	..	23	22	20	0	0
Ensemble des entreprises	..	..	..	282	277	293	272	291
dont :								
Vie	..	..	..	124	119	114	87	98
Entreprises nationales	..	..	..	103	99	96	87	98
Entreprises sous contrôle étranger	..	..	..	20	19	20	21	28
Succursales d'entreprises étrangères	..	..	..	22	20	18	0	0
Ensemble des entreprises	..	..	..	124	119	114	87	98
Non-vie	..	..	..	158	158	179	185	193
Entreprises nationales	..	..	..	156	157	177	185	193
Entreprises sous contrôle étranger	..	..	..	37	44	56	60	71
Succursales d'entreprises étrangères	..	..	..	2	2	2	0	0
Ensemble des entreprises	..	..	..	158	158	179	185	193
Total								
Entreprises nationales	438	474	537	508	504	466	476	591
Entreprises sous contrôle étranger	126	131	139	159	131	130	128	144
Succursales d'entreprises étrangères	12	14	22	23	22	20	-	-
Ensemble des entreprises	451	488	559	532	525	486	476	591

Portugal
Tableau 1. Agrégats sélectionnés *(suite)*

Millions EUR

	2006	2007	2008	2009	2010	2011	2012	2013
1.4 Dépenses brutes d'exploitation								
Vie								
Entreprises nationales	322	392	442	241 |	234	202	206	314
Entreprises sous contrôle étranger	54	72	74	32 |	37	37	36	33
Succursales d'entreprises étrangères	16	19	28	- |	0	0	0	0
Ensemble des entreprises	338	411	470	241 |	234	202	206	314
Non-vie								
Entreprises nationales	1 133	1 137	1 133	568 |	555	528	511	496
Entreprises sous contrôle étranger	362	363	384	253 |	179	155	144	133
Succursales d'entreprises étrangères	3	7	10	2 |	0	0	0	0
Ensemble des entreprises	1 137	1 144	1 143	570 |	555	528	511	496
Mixtes								
Entreprises nationales	..	..	..	739 |	689	710	723	715
Entreprises sous contrôle étranger	..	..	..	185 |	163	190	200	198
Succursales d'entreprises étrangères	..	..	..	36 |	38	39	0	0
Ensemble des entreprises	..	..	..	775 |	727	750	723	715
dont :								
Vie	..	..	..	271 |	270	258	221	234
Entreprises nationales	..	..	..	240 |	238	226	221	234
Entreprises sous contrôle étranger	..	..	..	49 |	45	48	49	48
Succursales d'entreprises étrangères	..	..	..	31 |	32	32	0	0
Ensemble des entreprises	..	..	..	271 |	270	258	221	234
Non-vie	..	..	..	504 |	457	492	502	481
Entreprises nationales	..	..	..	499 |	451	484	502	481
Entreprises sous contrôle étranger	..	..	..	136 |	118	142	151	151
Succursales d'entreprises étrangères	..	..	..	5 |	6	7	0	0
Ensemble des entreprises	..	..	..	504 |	457	492	502	481
Total								
Entreprises nationales	1 455	1 529	1 575	1 547	1 478	1 440	1 440	1 525
Entreprises sous contrôle étranger	416	436	458	471	379	381	380	364
Succursales d'entreprises étrangères	19	26	37	39	38	39	-	-
Ensemble des entreprises	1 474	1 555	1 612	1 586	1 516	1 480	1 440	1 525
1.5 Opérations à l'étranger par succursale, primes brutes								
Vie								
Succursales et agences	89	89	57	5 |	4	6	2	3
Filiales	0	0	0	0 |	0	0	0	0
Total	89	89	57	5 |	4	6	2	3
Non-vie								
Succursales et agences	21	32	49	5 |	7	8	14	12
Filiales	0	0	0	0 |	0	0	0	0
Total	21	32	48	5 |	7	8	14	12
Mixtes								
Succursales et agences	..	..	..	76 |	79	55	54	64
Filiales	..	..	..	0 |	0	0	0	0
Total	..	..	..	76 |	79	55	54	64
dont :								
Vie	..	..	..	38 |	40	28	27	27
Succursales et agences	..	..	..	38 |	40	28	27	27
Filiales	..	..	..	0	0	0	0	0
Total	..	..	..	38 |	40	28	27	27
Non-vie	..	..	..	38 |	39	27	27	38
Succursales et agences	..	..	..	38 |	39	27	27	38
Filiales	..	..	..	0	0	0	0	0
Total	..	..	..	38 |	39	27	27	38
Total								
Succursales et agences	110	121	106	85	89	69	70	79
Filiales	-	-	-	-	-	-	-	-
Total	110	121	105	85	89	69	70	79

.. Non disponible ; - Néant ; | Rupture de série

Note : Voir les métadonnées détaillées sur : http://metalinks.oecd.org/isy/20141215/bb4b.

Portugal
Tableau 2. Nombre d'entreprises et d'employés

	2006	2007	2008	2009	2010	2011	2012	2013
2.1 Nombre d'entreprises								
Vie								
Entreprises nationales	15	15	15	15	15	14	14	14
Entreprises sous contrôle étranger	5	5	5	5	6	5	5	5
Succursales d'entreprises étrangères	8	6	7	6	6	6	6	5
Ensemble des entreprises	23	21	22	21	21	20	20	19
Non-vie								
Entreprises nationales	23	26	26	24	23	21	21	21
Entreprises sous contrôle étranger	7	8	7	7	6	5	4	4
Succursales d'entreprises étrangères	21	26	23	27	26	24	25	24
Ensemble des entreprises	44	52	49	51	49	45	46	45
Mixtes								
Entreprises nationales	5	6	6	6	7	7	6	6
Entreprises sous contrôle étranger	2	3	2	2	2	2	2	2
Succursales d'entreprises étrangères	2	4	5	7	5	5	5	6
Ensemble des entreprises	7	10	11	13	12	12	11	12
Réassurance								
Entreprises nationales	1	1	1	1	1	1	1	1
Entreprises sous contrôle étranger	0	0	0	0	0	0	0	0
Succursales d'entreprises étrangères	0	0	0	0	0	0	0	0
Ensemble des entreprises	1	1	1	1	1	1	1	1
Total								
Entreprises nationales	44	48	48	46	46	43	42	42
Entreprises sous contrôle étranger	14	16	14	14	14	12	11	11
Succursales d'entreprises étrangères	31	36	35	40	37	35	36	35
Ensemble des entreprises	75	84	83	86	83	78	78	77
2.2 Nombre d'employés								
Entreprises d'assurance	11 481	11 197	11 525	10 300	10 565	10 937	8 807	9 224
Intermédiaires	37 466	25 947	27 424	27 139	25 897	25 397	24 624	24 207
Total	48 947	37 144	38 949	37 439	36 462	36 334	33 431	33 431

Note : Voir les métadonnées détaillées sur : http://metalinks.oecd.org/isy/20141215/bb4b.

République slovaque
Tableau 1. Agrégats sélectionnés

Millions EUR

	2006	2007	2008	2009	2010	2011	2012	2013
1.1 Opérations d'assurance conclues dans le pays déclarant								
1.1.1 Opérations d'assurance, par intérêt								
Primes brutes								
Entreprises nationales	1 440	1 698	2 046	1 985	2 015	2 040	2 036	2 082
Entreprises sous contrôle étranger	1 337	1 562	1 895	1 846	1 861	1 875	1 863	1 901
Succursales d'entreprises étrangères	-	..	..	93	109	114	121	146
Ensemble des entreprises	1 440	1 698	2 046	2 078	2 124	2 154	2 157	2 228
Primes cédées								
Entreprises nationales	275	288	259	244	263	294	294	298
Entreprises sous contrôle étranger	253	269	240	228	241	268	267	268
Succursales d'entreprises étrangères	-	..	..	15	16	17	17	19
Ensemble des entreprises	275	288	259	259	279	312	311	316
Primes nettes émises								
Entreprises nationales	1 165	1 410	1 787	1 741	1 752	1 746	1 742	1 785
Entreprises sous contrôle étranger	1 085	1 294	1 654	1 618	1 607	1 606	1 596	1 633
Succursales d'entreprises étrangères	-	..	..	78	93	96	104	127
Ensemble des entreprises	1 165	1 410	1 787	1 819	1 845	1 842	1 846	1 912
1.1.2 Opérations d'assurance par risque à l'étranger, primes brutes								
Vie	..	..	..	..	..	..	..	..
Non-vie	..	..	..	..	..	..	..	..
Mixtes	..	..	..	..	..	..	..	..
dont :								
Vie	..	..	..	..	..	..	..	..
Non-vie	..	..	..	..	..	..	..	..
Total	..	..	..	..	..	..	..	..
1.1.3 Paiement par catégories d'assurance, primes brutes (vie)								
Rentes	..	..	629	623	637	619	607	649
Unit linked	..	..	336	284	315	338	409	423
Autre assurance vie	..	..	105	122	128	137	146	164
Total Assurance Vie	..	..	1 071	1 029	1 079	1 094	1 162	1 236
***dont :** Contrats de retraite*	..	..	20	19	16	15	13	12
1.1.4 Paiement par catégories d'assurance, primes brutes (non-vie)								
L'assurance automobile	490	548	612	578	579	568	548	528
Les assurances transport (y compris maritime et aérien)	7	7	8	6	6	6	7	6
L'assurance de fret	17	9	10	9	8	8	8	8
L'assurance incendie et des dommages aux bien	168	189	214	227	235	248	247	250
L'assurance des pertes pécuniaires	9	9	12	13	23	25	24	27
L'assurance de la responsabilité civile générale	41	47	57	52	67	65	68	73
Les assurances accidents et maladie	26	24	31	32	40	38	40	45
***dont :** Maladie*	..	1	2	2	2	2	2	2
Autres assurances non-vie	2	24	28	27	29	31	32	34
Réassurance obligatoire	..	..	5	12	12	19	21	21
Total assurance non-vie	759	855	975	956	997	1 009	996	992

République slovaque
Tableau 1. Agrégats sélectionnés *(suite)*

Millions EUR

	2006	2007	2008	2009	2010	2011	2012	2013
1.2 Paiements bruts des sinistres								
Vie								
Entreprises nationales	252	318	451	73	84	97	93	91
Entreprises sous contrôle étranger	216	262	380	73	84	97	93	91
Succursales d'entreprises étrangères	..	..	..	2	1	0	0	0
Ensemble des entreprises	252	318	451	75	85	97	93	91
Non-vie								
Entreprises nationales	318	391	488	4	5	5	1	0
Entreprises sous contrôle étranger	298	363	456	4	5	5	1	0
Succursales d'entreprises étrangères	..	..	..	15	27	24	44	27
Ensemble des entreprises	318	391	488	19	32	29	45	27
Mixtes								
Entreprises nationales	..	..	..	957	1 043	1 075	1 083	1 117
Entreprises sous contrôle étranger	..	..	..	850	922	945	948	979
Succursales d'entreprises étrangères	..	..	..	3	3	5	12	14
Ensemble des entreprises	..	..	..	959	1 046	1 079	1 094	1 131
dont :								
Vie	..	..	..	480	528	566	640	658
Entreprises nationales	..	..	..	478	525	562	632	647
Entreprises sous contrôle étranger	..	..	..	400	431	463	527	544
Succursales d'entreprises étrangères	..	..	..	1	3	4	8	11
Ensemble des entreprises	..	..	..	480	528	566	640	658
Non-vie	..	..	..	480	518	513	455	473
Entreprises nationales	..	..	..	479	518	513	451	470
Entreprises sous contrôle étranger	..	..	..	449	490	483	421	435
Succursales d'entreprises étrangères	..	..	..	1	0	0	4	4
Ensemble des entreprises	..	..	..	480	518	513	455	473
Total								
Entreprises nationales	570	708	939	1 034	1 132	1 177	1 176	1 208
Entreprises sous contrôle étranger	514	625	836	927	1 010	1 047	1 042	1 070
Succursales d'entreprises étrangères	..	..	..	20	30	30	55	42
Ensemble des entreprises	570	708	939	1 054	1 162	1 206	1 232	1 249
1.3 Commissions								
Vie								
Entreprises nationales	86	96	96	25	22	26	28	29
Entreprises sous contrôle étranger	81	89	90	25	22	26	28	29
Succursales d'entreprises étrangères	..	..	..	0	0	1	1	1
Ensemble des entreprises	86	96	96	25	22	27	29	30
Non-vie								
Entreprises nationales	86	106	135	1	1	2	1	0
Entreprises sous contrôle étranger	80	99	128	1	1	2	1	0
Succursales d'entreprises étrangères	..	..	..	6	9	9	11	13
Ensemble des entreprises	86	106	135	8	10	11	12	13
Mixtes								
Entreprises nationales	..	..	..	218	221	230	238	251
Entreprises sous contrôle étranger	..	..	..	210	210	219	225	238
Succursales d'entreprises étrangères	..	..	..	21	18	17	17	18
Ensemble des entreprises	..	..	..	238	239	247	255	269
dont :								
Vie	..	..	..	107	98	97	102	107
Entreprises nationales	..	..	..	86	80	82	86	93
Entreprises sous contrôle étranger	..	..	..	85	77	79	81	90
Succursales d'entreprises étrangères	..	..	..	20	17	16	16	14
Ensemble des entreprises	..	..	..	107	98	97	102	107
Non-vie	..	..	..	132	141	149	154	162
Entreprises nationales	..	..	..	131	141	149	152	158
Entreprises sous contrôle étranger	..	..	..	125	133	141	143	149
Succursales d'entreprises étrangères	..	..	..	1	1	1	2	4
Ensemble des entreprises	..	..	..	132	141	149	154	162
Total								
Entreprises nationales	172	203	231	244	244	258	266	279
Entreprises sous contrôle étranger	162	188	218	236	233	247	253	267
Succursales d'entreprises étrangères	..	..	..	27	27	27	30	32
Ensemble des entreprises	172	203	231	271	271	285	296	311

République slovaque
Tableau 1. Agrégats sélectionnés *(suite)*

Millions EUR

	2006	2007	2008	2009	2010	2011	2012	2013
1.4 Dépenses brutes d'exploitation								
Vie								
Entreprises nationales	188	220	263	52 |	50	58	58	57
Entreprises sous contrôle étranger	177	207	249	52 |	50	58	58	57
Succursales d'entreprises étrangères	..	..	..	1	1	2	3	2
Ensemble des entreprises	188	220	263	53 |	51	60	60	59
Non-vie								
Entreprises nationales	217	253	308	6 |	6	6	2	0
Entreprises sous contrôle étranger	206	239	291	6 |	6	6	2	0
Succursales d'entreprises étrangères	..	..	..	18	20	23	26	30
Ensemble des entreprises	217	253	308	24 |	26	29	28	30
Mixtes								
Entreprises nationales	..	..	..	488 |	488	492	510	522
Entreprises sous contrôle étranger	..	..	..	468 |	463	465	481	492
Succursales d'entreprises étrangères	..	..	..	27	45	23	29	28
Ensemble des entreprises	..	..	..	515 |	532	515	539	549
dont :								
Vie	..	..	..	230 |	219	212	231	228
Entreprises nationales	..	..	..	205 |	196	190	207	207
Entreprises sous contrôle étranger	..	..	..	199 |	184	180	195	197
Succursales d'entreprises étrangères	..	..	..	25	24	22	24	21
Ensemble des entreprises	..	..	..	230 |	219	212	231	228
Non-vie	..	..	..	285 |	313	302	308	321
Entreprises nationales	..	..	..	283 |	292	301	303	314
Entreprises sous contrôle étranger	..	..	..	269 |	279	285	286	295
Succursales d'entreprises étrangères	..	..	..	2	21	1	5	7
Ensemble des entreprises	..	..	..	285 |	313	302	308	321
Total								
Entreprises nationales	405	474	571	546	543	555	569	578
Entreprises sous contrôle étranger	383	446	540	526	518	529	541	549
Succursales d'entreprises étrangères	..	..	..	46	66	48	57	60
Ensemble des entreprises	405	474	571	592	610	603	627	639
1.5 Opérations à l'étranger par succursale, primes brutes								
Vie								
Succursales et agences	-	0	0	- |	0	0	0	0
Filiales	-	-	-	- |	0	0	0	0
Total	-	0	0	- |	0	0	0	0
Non-vie								
Succursales et agences	5	7	9	- |	0	0	0	0
Filiales	-	1	3	- |	0	0	0	0
Total	5	9	13	- |	0	0	0	0
Mixtes								
Succursales et agences	..	..	..	1 |	0	0	1	1
Filiales	..	..	..	4 |	4	4	3	3
Total	..	..	..	4 |	4	4	4	5
dont :								
Vie	..	..	..	- |	0	0	0	0
Succursales et agences	..	..	..	- |	0	0	0	0
Filiales	..	..	..	- |	0	0	0	0
Total	..	..	..	- |	0	0	0	0
Non-vie	..	..	..	4 |	4	4	4	5
Succursales et agences	..	..	..	1 |	0	0	1	1
Filiales	..	..	..	4 |	4	4	3	3
Total	..	..	..	4 |	4	4	4	5
Total								
Succursales et agences	5	7	9	1	-	-	1	1
Filiales	-	1	3	4	4	4	3	3
Total	5	9	13	4	4	4	4	5

.. Non disponible ; - Néant ; | Rupture de série

Note : Voir les métadonnées détaillées sur : http://metalinks.oecd.org/isy/20141215/48f2.

République slovaque
Tableau 2. Nombre d'entreprises et d'employés

	2006	2007	2008	2009	2010	2011	2012	2013
2.1 Nombre d'entreprises								
Vie								
Entreprises nationales	5	5	6	6	6	6	5	5
Entreprises sous contrôle étranger	4	4	6	6	6	6	5	5
Succursales d'entreprises étrangères	0	2	2	2	2	2	1	1
Ensemble des entreprises	5	7	8	8	8	8	6	6
Non-vie								
Entreprises nationales	5	4	4	2	2	2	1	0
Entreprises sous contrôle étranger	5	4	4	2	2	2	1	0
Succursales d'entreprises étrangères	0	7	9	10	12	13	16	17
Ensemble des entreprises	5	11	13	12	14	15	17	17
Mixtes								
Entreprises nationales	14	14	13	12	12	12	12	12
Entreprises sous contrôle étranger	11	11	10	10	10	10	10	10
Succursales d'entreprises étrangères	0	2	1	2	1	2	2	2
Ensemble des entreprises	14	16	14	14	13	14	14	14
Réassurance								
Entreprises nationales	0	0	0	0	0	0	0	0
Entreprises sous contrôle étranger	0	0	0	0	0	0	0	0
Succursales d'entreprises étrangères	0	0	0	0	1	1	1	1
Ensemble des entreprises	0	0	0	0	1	1	1	1
Total								
Entreprises nationales	24	23	23	20	20	20	18	17
Entreprises sous contrôle étranger	20	19	20	18	18	18	16	15
Succursales d'entreprises étrangères	0	11	12	14	16	18	20	21
Ensemble des entreprises	24	34	35	34	36	38	38	38
2.2 Nombre d'employés								
Entreprises d'assurance	6 379	6 804	6 386	6 359	6 213	6 087	5 878	5 778
Intermédiaires	25 599	22 743	951	1 268	962	1 020	1 373	..
Total	31 978	29 547	..	7 627	7 175	7 107	7 251	..

.. Non disponible

Note : Voir les métadonnées détaillées sur : http://metalinks.oecd.org/isy/20141215/48f2.

Slovénie
Tableau 1. Agrégats sélectionnés

Millions EUR

	2006	2007	2008	2009	2010	2011	2012	2013
1.1 Opérations d'assurance conclues dans le pays déclarant								
1.1.1 Opérations d'assurance, par intérêt								
Primes brutes								
Entreprises nationales	..	1 894	2 017	2 174	2 178	2 184	2 192	2 114
Entreprises sous contrôle étranger	..	169	173	151	164	169	166	166
Succursales d'entreprises étrangères	..	-	1	..	..	..	..	..
Ensemble des entreprises	..	1 643	1 947	2 174	2 178	2 184	2 192	2 114
Primes cédées								
Entreprises nationales	..	178	191	294	277	279	283	258
Entreprises sous contrôle étranger	..	38	10	36	41	40	27	27
Succursales d'entreprises étrangères	..	-	-	..	..	..	..	..
Ensemble des entreprises	..	178	191	294	277	279	283	258
Primes nettes émises								
Entreprises nationales	..	1 716	1 827	1 880	1 901	1 905	1 909	1 856
Entreprises sous contrôle étranger	..	131	163	115	123	128	139	140
Succursales d'entreprises étrangères	..	-	1	..	..	..	..	..
Ensemble des entreprises	..	1 716	1 828	1 880	1 901	1 905	1 909	1 856
1.1.2 Opérations d'assurance par risque à l'étranger, primes brutes								
Vie	..	..	1	1 |	0	0	0	..
Non-vie	..	..	1	- |	..	..	..	0
Mixtes	..	..	..	1 |	0	0	2	2
dont :								
Vie	..	..	..	- |	..	..	..	0
Non-vie	..	..	..	1 |	0	0	2	1
Total	..	..	2	1	1	0	2	2
1.1.3 Paiement par catégories d'assurance, primes brutes (vie)								
Rentes	..	7	7	..	..	..	..	..
Unit linked	..	351	377	219	231	228	219	201
Autre assurance vie	..	251	258	258	254	252	266	273
Total Assurance Vie	..	609	642	477	485	479	485	473
***dont :** Contrats de retraite*	..	138	164	120	52	51	65	45
1.1.4 Paiement par catégories d'assurance, primes brutes (non-vie)								
L'assurance automobile	..	522	555	646	627	601	559	513
Les assurances transport (y compris maritime et aérien)	..	7	8	15	14	15	18	15
L'assurance de fret	..	8	8	13	15	15	15	14
L'assurance incendie et des dommages aux bien	..	175	198	366	377	389	396	370
L'assurance des pertes pécuniaires	..	47	48	43	51	50	48	49
L'assurance de la responsabilité civile générale	..	43	48	54	54	58	61	63
Les assurances accidents et maladie	..	476	501	538	528	544	580	585
***dont :** Maladie*	..	368	390	415	409	428	467	480
Autres assurances non-vie	..	7	10	22	25	32	30	31
Réassurance obligatoire	..	..	..	..	0	0	0	..
Total assurance non-vie	..	1 285	1 376	1 697	1 691	1 704	1 706	1 641

Slovénie
Tableau 1. Agrégats sélectionnés *(suite)*

Millions EUR

	2006	2007	2008	2009	2010	2011	2012	2013
1.2 Paiements bruts des sinistres								
Vie								
Entreprises nationales	..	161	178	15	22	35	40	31
Entreprises sous contrôle étranger	..	26	31	0	0	0	0	0
Succursales d'entreprises étrangères	..	0	0	..	..	..	..	..
Ensemble des entreprises	..	161	178	15	22	35	40	31
Non-vie								
Entreprises nationales	..	861	1 027	452	456	443	463	482
Entreprises sous contrôle étranger	..	22	33	0	0	0	..	..
Succursales d'entreprises étrangères	..	0	0	..	..	..	..	..
Ensemble des entreprises	..	861	1 027	452	456	443	463	482
Mixtes								
Entreprises nationales	..	..	..	942	889	878	902	951
Entreprises sous contrôle étranger	..	..	..	62	72	77	84	93
Succursales d'entreprises étrangères	..	..	..	..	..	..	..	..
Ensemble des entreprises	..	..	..	942	889	878	902	951
dont :								
Vie	..	..	..	148	186	229	259	299
Entreprises nationales	..	..	..	148	186	229	259	299
Entreprises sous contrôle étranger	..	..	..	28	35	41	47	51
Succursales d'entreprises étrangères	..	..	..	..	..	..	..	..
Ensemble des entreprises	..	..	..	148	186	229	259	299
Non-vie	..	..	..	794	704	649	642	651
Entreprises nationales	..	..	..	794	704	649	642	651
Entreprises sous contrôle étranger	..	..	..	35	37	36	38	42
Succursales d'entreprises étrangères	..	..	..	..	..	..	..	..
Ensemble des entreprises	..	..	..	794	704	649	642	651
Total								
Entreprises nationales	..	1 022	1 205	1 408	1 368	1 355	1 404	1 464
Entreprises sous contrôle étranger	..	48	64	63	72	78	85	93
Succursales d'entreprises étrangères	..	-	-	..	..	..	..	..
Ensemble des entreprises	..	1 022	1 205	1 408	1 368	1 355	1 404	1 464
1.3 Commissions								
Vie								
Entreprises nationales	..	40	48	11	8	7	6	3
Entreprises sous contrôle étranger	..	11	11	0	0	0	0	0
Succursales d'entreprises étrangères	..	0	0	..	..	..	..	..
Ensemble des entreprises	..	40	48	11	8	7	6	3
Non-vie								
Entreprises nationales	..	34	38	2	2	2	2	4
Entreprises sous contrôle étranger	..	5	5	0	0	0	..	..
Succursales d'entreprises étrangères	..	0	0	..	..	..	..	..
Ensemble des entreprises	..	34	38	2	2	2	2	4
Mixtes								
Entreprises nationales	..	..	..	63	70	90	80	84
Entreprises sous contrôle étranger	..	..	..	15	17	19	19	19
Succursales d'entreprises étrangères	..	..	..	..	..	..	..	..
Ensemble des entreprises	..	..	..	63	70	90	80	84
dont :								
Vie	..	..	..	22	26	36	27	32
Entreprises nationales	..	..	..	22	26	36	27	32
Entreprises sous contrôle étranger	..	..	..	8	8	9	10	10
Succursales d'entreprises étrangères	..	..	..	..	..	..	..	..
Ensemble des entreprises	..	..	..	22	26	36	27	32
Non-vie	..	..	..	42	44	53	53	52
Entreprises nationales	..	..	..	42	44	53	53	52
Entreprises sous contrôle étranger	..	..	..	7	9	9	9	9
Succursales d'entreprises étrangères	..	..	..	..	..	..	..	..
Ensemble des entreprises	..	..	..	42	44	53	53	52
Total								
Entreprises nationales	..	74	86	76	80	99	89	91
Entreprises sous contrôle étranger	..	16	16	16	17	19	20	19
Succursales d'entreprises étrangères	..	-	-	..	..	..	..	..
Ensemble des entreprises	..	74	86	76	80	99	89	91

Slovénie
Tableau 1. Agrégats sélectionnés *(suite)*

Millions EUR

	2006	2007	2008	2009	2010	2011	2012	2013
1.4 Dépenses brutes d'exploitation								
Vie								
Entreprises nationales	..	100	115	31 |	27	26	28	14
Entreprises sous contrôle étranger	..	22	25	1 |	2	1	2	2
Succursales d'entreprises étrangères	..	0	0	..	..	..	..	..
Ensemble des entreprises	..	100	115	31 |	27	26	28	14
Non-vie								
Entreprises nationales	..	251	266	84 |	80	74	80	81
Entreprises sous contrôle étranger	..	11	12	1 |	1	1	..	..
Succursales d'entreprises étrangères	..	0	0	..	..	..	..	..
Ensemble des entreprises	..	251	266	84 |	80	74	80	81
Mixtes								
Entreprises nationales	..	..	..	302 |	354	356	361	366
Entreprises sous contrôle étranger	..	..	..	44 |	31	52	56	47
Succursales d'entreprises étrangères	..	..	..	..	..	..	..	..
Ensemble des entreprises	..	..	..	302 |	354	356	361	366
dont :								
Vie	..	..	..	47 |	86	91	93	104
Entreprises nationales	..	..	..	47 |	86	91	93	104
Entreprises sous contrôle étranger	..	..	..	23 |	20	26	28	26
Succursales d'entreprises étrangères	..	..	..	..	..	..	..	..
Ensemble des entreprises	..	..	..	47 |	86	91	93	104
Non-vie	..	..	..	256 |	267	265	269	263
Entreprises nationales	..	..	..	256 |	267	265	269	263
Entreprises sous contrôle étranger	..	..	..	20 |	11	26	28	21
Succursales d'entreprises étrangères	..	..	..	..	..	..	..	..
Ensemble des entreprises	..	..	..	256 |	267	265	269	263
Total								
Entreprises nationales	..	351	381	417	460	456	469	461
Entreprises sous contrôle étranger	..	33	37	46	34	55	57	49
Succursales d'entreprises étrangères	..	-	-	..	..	..	..	..
Ensemble des entreprises	..	351	381	417	460	456	469	461
1.5 Opérations à l'étranger par succursale, primes brutes								
Vie								
Succursales et agences	..	0	1	1 |	0	0	..	..
Filiales	..	0	..	0	..	..	..	..
Total	..	0	1	1 |	0	0	..	..
Non-vie								
Succursales et agences	..	0	1	..	..	..	..	..
Filiales	..	0	..	0	..	..	..	..
Total	..	0	1	..	..	..	..	..
Mixtes								
Succursales et agences	..	..	..	1 |	0	0	..	..
Filiales	..	..	..	0	..	..	..	..
Total	..	..	..	1 |	0	0	..	..
dont :								
Vie	..	..	..	..	..	..	..	..
Succursales et agences	..	..	..	..	..	..	..	..
Filiales	..	..	..	0	..	..	..	..
Total	..	..	..	..	..	..	..	..
Non-vie	..	..	..	1 |	0	0	..	..
Succursales et agences	..	..	..	1 |	0	0	..	..
Filiales	..	..	..	0	..	..	..	..
Total	..	..	..	1 |	0	0	..	..
Total								
Succursales et agences	..	-	2	1	0	0	..	..
Filiales	..	-	..	-	..	..	..	..
Total	..	-	2	1	0	0	..	..

.. Non disponible ; - Néant ; | Rupture de série

Note : Voir les métadonnées détaillées sur : http://metalinks.oecd.org/isy/20141215/ce5e.

Slovénie
Tableau 2. Nombre d'entreprises et d'employés

	2006	2007	2008	2009	2010	2011	2012	2013
2.1 Nombre d'entreprises								
Vie								
Entreprises nationales	..	4	4	3	3	4	4	3
Entreprises sous contrôle étranger	..	0	0	1	1	1	1	1
Succursales d'entreprises étrangères	..	0	0	0	0	0	0	0
Ensemble des entreprises	..	4	4	3	3	4	4	3
Non-vie								
Entreprises nationales	..	4	4	4	4	4	3	3
Entreprises sous contrôle étranger	..	1	1	1	1	1	0	0
Succursales d'entreprises étrangères	..	0	0	1	1	1	3	4
Ensemble des entreprises	..	4	4	5	5	5	6	7
Mixtes								
Entreprises nationales	..	8	8	8	8	8	8	8
Entreprises sous contrôle étranger	..	4	4	3	3	3	3	3
Succursales d'entreprises étrangères	..	3	3	2	2	2	2	2
Ensemble des entreprises	..	11	11	10	10	10	10	10
Réassurance								
Entreprises nationales	..	2	2	2	2	2	2	2
Entreprises sous contrôle étranger	..	0	0	0	0	0	0	0
Succursales d'entreprises étrangères	..	0	0	0	0	0	0	0
Ensemble des entreprises	..	2	2	2	2	2	2	2
Total								
Entreprises nationales	..	18	18	17	17	18	17	16
Entreprises sous contrôle étranger	..	5	5	5	5	5	4	4
Succursales d'entreprises étrangères	..	3	3	3	3	3	5	6
Ensemble des entreprises	..	21	21	20	20	21	22	22
2.2 Nombre d'employés								
Entreprises d'assurance	..	6 148	6 331	6 306	..	..	..	..
Intermédiaires	..	4 749	4 726	6 230	..	..	..	..
Total	..	10 897	11 057	12 536	..	..	..	..

.. Non disponible

Note : Voir les métadonnées détaillées sur : http://metalinks.oecd.org/isy/20141215/ce5e.

Espagne
Tableau 1. Agrégats sélectionnés

Millions EUR

	2006	2007	2008	2009	2010	2011	2012	2013
1.1 Opérations d'assurance conclues dans le pays déclarant								
1.1.1 Opérations d'assurance, par intérêt								
Primes brutes								
Entreprises nationales	55 732	57 516	62 614	61 178	57 485	61 922	56 608	58 110
Entreprises sous contrôle étranger	6 428	16 122	8 880	9 940	8 322	8 045	14 689	12 578
Succursales d'entreprises étrangères	140	149	143	127	135	133	117	-
Ensemble des entreprises	57 574	57 245	62 420	61 305	57 620	62 055	56 725	58 110
Primes cédées								
Entreprises nationales	4 930	5 692	5 871	4 886	4 333	4 305	4 235	5 831
Entreprises sous contrôle étranger	1 248	2 107	1 635	1 590	482	793	1 094	1 058
Succursales d'entreprises étrangères	51	58	53	42	44	44	42	-
Ensemble des entreprises	4 981	5 650	5 924	4 928	4 377	4 349	4 277	5 831
Primes nettes émises								
Entreprises nationales	50 802	51 824	56 743	56 292	53 154	57 617	52 373	52 279
Entreprises sous contrôle étranger	5 180	14 015	7 245	8 349	7 576	7 252	13 594	11 520
Succursales d'entreprises étrangères	89	91	90	86	91	89	75	-
Ensemble des entreprises	50 891	51 915	56 833	56 377	53 245	57 706	52 448	52 279
1.1.2 Opérations d'assurance par risque à l'étranger, primes brutes								
Vie	..	..	..	..	..	1	16	22
Non-vie	..	..	..	..	..	73	138	79
Mixtes	..	..	..	..	..	79	54	52
dont :								
Vie	..	..	..	..	..	42	39	42
Non-vie	..	..	..	..	..	36	16	10
Total	..	..	..	..	..	153	209	153
1.1.3 Paiement par catégories d'assurance, primes brutes (vie)								
Rentes	..	19 519	..	0	6 097	8 992	7 052	7 946
Unit linked	..	3 816	5 469	4 340	4 760	4 077	3 748	3 062
Autre assurance vie	..	..	22 020	24 811	16 510	16 704	15 828	14 865
Total Assurance Vie	..	23 335	27 489	29 151	27 367	29 773	26 629	25 873
***dont :** Contrats de retraite*	..	..	..	0	..	..	..	..
1.1.4 Paiement par catégories d'assurance, primes brutes (non-vie)								
L'assurance automobile	12 157	12 473	12 228	11 451	10 731	10 698	9 961	9 610
Les assurances transport (y compris maritime et aérien)	433	438	410	389	356	480	329	390
L'assurance de fret	323	343	392	216	194	268	194	294
L'assurance incendie et des dommages aux bien	2 485	2 583	2 727	1 298	1 147	2 701	913	2 246
L'assurance des pertes pécuniaires	399	435	415	338	298	359	311	175
L'assurance de la responsabilité civile générale	1 952	2 013	1 955	1 623	1 283	1 274	1 096	1 077
Les assurances accidents et maladie	5 968	6 479	7 000	7 003	6 501	7 630	7 629	7 888
***dont :** Maladie*	4 932	5 436	5 799	6 034	5 611	6 650	6 777	7 031
Autres assurances non-vie	8 437	9 145	9 804	9 789	9 709	10 410	10 502	10 531
Réassurance obligatoire	..	..	..	..	..	0	0	0
Total assurance non-vie	32 154	33 909	34 931	32 107	30 219	33 820	30 933	32 211

Espagne
Tableau 1. Agrégats sélectionnés *(suite)*

Millions EUR

	2006	2007	2008	2009	2010	2011	2012	2013
1.2 Paiements bruts des sinistres								
Vie								
Entreprises nationales	20 129	22 836	26 044	6 202	6 082	12 763	15 189	14 147
Entreprises sous contrôle étranger	1 935	6 176	3 003	1 425	1 414	1 996	2 127	1 814
Succursales d'entreprises étrangères	32	31	55	-	0	0	0	0
Ensemble des entreprises	20 161	22 867	26 099	6 202	6 082	12 763	15 189	14 147
Non-vie								
Entreprises nationales	18 424	19 914	21 983	10 761	7 982	9 573	9 489	9 463
Entreprises sous contrôle étranger	3 467	6 768	4 633	2 988	1 406	4 025	3 926	3 947
Succursales d'entreprises étrangères	3	4	7	-	0	0	0	0
Ensemble des entreprises	18 427	19 918	21 990	10 761	7 982	9 573	9 489	9 463
Mixtes								
Entreprises nationales	..	..	..	30 439	32 008	23 611	22 204	21 477
Entreprises sous contrôle étranger	..	..	..	3 594	3 607	5 663	6 495	5 208
Succursales d'entreprises étrangères	..	..	..	52	55	63	49	0
Ensemble des entreprises	..	..	..	30 491	32 063	23 674	22 252	21 477
dont :								
Vie	..	..	..	18 600	19 737	11 327	11 547	9 702
Entreprises nationales	..	..	..	18 559	19 702	11 288	11 511	9 702
Entreprises sous contrôle étranger	..	..	..	1 255	1 286	2 437	3 836	2 320
Succursales d'entreprises étrangères	..	..	..	41	35	38	36	0
Ensemble des entreprises	..	..	..	18 600	19 737	11 327	11 547	9 702
Non-vie	..	..	..	11 890	12 326	12 347	10 705	11 775
Entreprises nationales	..	..	..	11 880	12 306	12 323	10 693	11 775
Entreprises sous contrôle étranger	..	..	..	2 339	1 321	3 226	2 659	2 888
Succursales d'entreprises étrangères	..	..	..	10	20	24	12	0
Ensemble des entreprises	..	..	..	11 890	12 326	12 347	10 705	11 775
Total								
Entreprises nationales	38 553	42 750	48 027	47 402	46 072	45 947	46 882	45 088
Entreprises sous contrôle étranger	5 402	12 944	7 636	8 007	6 427	11 684	12 548	10 968
Succursales d'entreprises étrangères	35	35	62	52	55	63	49	-
Ensemble des entreprises	38 588	42 785	48 089	47 454	46 127	46 009	46 930	45 088
1.3 Commissions								
Vie								
Entreprises nationales	..	..	..	..	..	..	..	..
Entreprises sous contrôle étranger	..	..	..	..	..	..	..	..
Succursales d'entreprises étrangères	..	..	..	..	..	..	..	..
Ensemble des entreprises	..	..	..	..	..	..	..	..
Non-vie								
Entreprises nationales	..	..	..	..	..	..	..	..
Entreprises sous contrôle étranger	..	..	..	..	..	..	..	..
Succursales d'entreprises étrangères	..	..	..	..	..	..	..	..
Ensemble des entreprises	..	..	..	..	..	..	..	..
Mixtes								
Entreprises nationales	..	..	..	..	..	..	..	..
Entreprises sous contrôle étranger	..	..	..	..	..	..	..	..
Succursales d'entreprises étrangères	..	..	..	..	..	..	..	..
Ensemble des entreprises	..	..	..	..	..	..	..	..
dont :								
Vie	..	..	..	..	..	..	..	..
Entreprises nationales	..	..	..	..	..	..	..	..
Entreprises sous contrôle étranger	..	..	..	..	..	..	..	..
Succursales d'entreprises étrangères	..	..	..	..	..	..	..	..
Ensemble des entreprises	..	..	..	..	..	..	..	..
Non-vie	..	..	..	..	..	..	..	..
Entreprises nationales	..	..	..	..	..	..	..	..
Entreprises sous contrôle étranger	..	..	..	..	..	..	..	..
Succursales d'entreprises étrangères	..	..	..	..	..	..	..	..
Ensemble des entreprises	..	..	..	..	..	..	..	..
Total								
Entreprises nationales	..	..	..	..	..	..	..	..
Entreprises sous contrôle étranger	..	..	..	..	..	..	..	..
Succursales d'entreprises étrangères	..	..	..	..	..	..	..	..
Ensemble des entreprises	..	..	..	..	..	..	..	..

Espagne
Tableau 1. Agrégats sélectionnés *(suite)*

Millions EUR

	2006	2007	2008	2009	2010	2011	2012	2013
1.4 Dépenses brutes d'exploitation								
Vie								
Entreprises nationales	1 615	1 872	2 015	473 |	1 778	171	220	968
Entreprises sous contrôle étranger	311	590	341	185 |	207	42	39	201
Succursales d'entreprises étrangères	39	38	33	- |	31	0	0	0
Ensemble des entreprises	1 654	1 910	2 048	473 |	1 809	171	220	968
Non-vie								
Entreprises nationales	7 465	8 101	8 583	3 441 |	6 317	487	491	3 046
Entreprises sous contrôle étranger	1 628	2 720	1 929	1 024 |	517	254	242	1 272
Succursales d'entreprises étrangères	21	26	29	1 |	41	0	0	0
Ensemble des entreprises	7 486	8 127	8 612	3 442 |	6 358	487	491	3 046
Mixtes								
Entreprises nationales	..	..	..	16 805 |	..	622	564	5 322
Entreprises sous contrôle étranger	..	..	..	3 132 |	..	140	120	1 152
Succursales d'entreprises étrangères	..	..	..	39 |	..	6	5	1
Ensemble des entreprises	..	..	..	16 844 |	..	628	569	5 323
dont :								
Vie	..	..	..	1 380 |	..	119	87	809
Entreprises nationales	..	..	..	1 354 |	..	117	85	809
Entreprises sous contrôle étranger	..	..	..	122 |	..	25	26	162
Succursales d'entreprises étrangères	..	..	..	26 |	..	2	2	0
Ensemble des entreprises	..	..	..	1 380 |	..	119	87	809
Non-vie	..	..	..	15 464 |	..	509	482	4 515
Entreprises nationales	..	..	..	15 451 |	..	506	479	4 514
Entreprises sous contrôle étranger	..	..	..	3 010 |	..	116	94	990
Succursales d'entreprises étrangères	..	..	..	13 |	..	4	3	1
Ensemble des entreprises	..	..	..	15 464 |	..	509	482	4 515
Total								
Entreprises nationales	9 080	9 973	10 598	20 719	8 095	1 280	1 275	9 337
Entreprises sous contrôle étranger	1 939	3 310	2 270	4 341	724	436	401	2 625
Succursales d'entreprises étrangères	60	64	62	40	72	6	5	1
Ensemble des entreprises	9 140	10 037	10 660	20 759	8 167	1 286	1 280	9 338
1.5 Opérations à l'étranger par succursale, primes brutes								
Vie								
Succursales et agences	608	291	357	..	..	938	323	274
Filiales	..	..	..	..	..	..	..	..
Total	608	291	357	..	..	..	..	..
Non-vie								
Succursales et agences	493	609	616	..	..	296	419	592
Filiales	..	..	..	..	..	..	..	..
Total	493	609	616	..	..	..	..	..
Mixtes								
Succursales et agences	..	..	..	..	..	759	135	885
Filiales	..	..	..	..	..	..	..	..
Total	..	..	..	..	..	..	..	..
dont :								
Vie	..	..	..	..	..	..	..	..
Succursales et agences	..	..	..	..	..	157	23	212
Filiales	..	..	..	..	..	..	..	..
Total	..	..	..	..	..	..	..	..
Non-vie	..	..	..	..	..	..	..	..
Succursales et agences	..	..	..	..	..	602	113	673
Filiales	..	..	..	..	..	..	..	..
Total	..	..	..	..	..	..	..	..
Total								
Succursales et agences	1 101	900	973	..	..	1 994	878	1 751
Filiales	..	..	..	..	..	..	..	..
Total	1 101	900	973	..	..	..	..	..

.. Non disponible ; - Néant ; | Rupture de série

Note : Voir les métadonnées détaillées sur : http://metalinks.oecd.org/isy/20141215/083b.

Espagne
Tableau 2. Nombre d'entreprises et d'employés

	2006	2007	2008	2009	2010	2011	2012	2013
2.1 Nombre d'entreprises								
Vie								
Entreprises nationales	47	84	90	89	93	89	84	83
Entreprises sous contrôle étranger	0	15	6	7	6	11	10	10
Succursales d'entreprises étrangères	0	0	0	0	0	0	0	0
Ensemble des entreprises	47	84	90	89	93	89	84	83
Non-vie								
Entreprises nationales	156	153	151	149	141	140	136	132
Entreprises sous contrôle étranger	16	19	16	15	14	19	18	19
Succursales d'entreprises étrangères	0	0	0	0	1	0	0	0
Ensemble des entreprises	156	153	151	149	142	140	136	132
Mixtes								
Entreprises nationales	91	50	50	56	51	47	46	47
Entreprises sous contrôle étranger	12	10	9	9	8	10	10	8
Succursales d'entreprises étrangères	2	2	2	2	1	2	2	1
Ensemble des entreprises	93	52	52	58	52	49	48	48
Réassurance								
Entreprises nationales	2	2	2	0	0	2	2	2
Entreprises sous contrôle étranger	0	1	0	0	0	..	0	0
Succursales d'entreprises étrangères	0	0	0	0	0	0	0	0
Ensemble des entreprises	2	2	2	0	0	2	2	2
Total								
Entreprises nationales	296	289	293	294	285	278	268	264
Entreprises sous contrôle étranger	28	45	31	31	28	40	38	37
Succursales d'entreprises étrangères	2	2	2	2	2	2	2	1
Ensemble des entreprises	298	291	295	296	287	280	270	265
2.2 Nombre d'employés								
Entreprises d'assurance	48 807	48 099	49 203	48 203	48 116	46 557	46 439	46 324
Intermédiaires	3 166	3 027	3 013	3 015	3 006	..	..	121 427
Total	51 973	51 126	52 216	51 218	51 122	..	..	167 751

.. Non disponible

Note : Voir les métadonnées détaillées sur : http://metalinks.oecd.org/isy/20141215/083b.

Suède
Tableau 1. Agrégats sélectionnés

Millions SEK

	2006	2007	2008	2009	2010	2011	2012	2013
1.1 Opérations d'assurance conclues dans le pays déclarant								
1.1.1 Opérations d'assurance, par intérêt								
Primes brutes								
Entreprises nationales	219 394	186 432	196 465	194 904	184 684	182 225	167 132	177 197
Entreprises sous contrôle étranger	66 014	65 864	64 660	65 563	65 344	63 298	65 752	66 854
Succursales d'entreprises étrangères	8 335	23 428	10 725	..	..	..	..	..
Ensemble des entreprises	227 728	209 860	207 190	194 904	184 684	182 225	167 132	177 197
Primes cédées								
Entreprises nationales	12 681	13 705	14 732	14 966	13 654	12 870	13 068	12 967
Entreprises sous contrôle étranger	4 342	4 526	4 754	5 382	4 475	4 583	5 428	4 727
Succursales d'entreprises étrangères	..	..	..	..	..	..	..	..
Ensemble des entreprises	12 681	13 705	14 732	14 966	13 654	12 870	13 068	12 967
Primes nettes émises								
Entreprises nationales	206 712	172 727	181 735	179 938	171 029	169 355	154 064	164 230
Entreprises sous contrôle étranger	61 672	61 339	59 905	60 181	60 869	58 715	60 324	62 127
Succursales d'entreprises étrangères	8 335	23 428	10 725	..	..	..	..	..
Ensemble des entreprises	215 047	196 155	192 460	179 938	171 029	169 355	154 064	164 230
1.1.2 Opérations d'assurance par risque à l'étranger, primes brutes								
Vie	580	704	642	..	..	..	..	..
Non-vie	28 582	27 681	29 517	..	..	..	..	..
Mixtes total	x	x	x	x	x	x	x	x
Total	29 161	28 385	30 159	..	..	..	..	..
1.1.3 Paiement par catégories d'assurance, primes brutes (vie)								
Rentes	..	61 857	66 290	79 771	70 960	72 263	73 378	73 377
Unit linked	..	12 075	11 987	5 642	5 742	3 790	1 708	1 188
Autre assurance vie	..	12 517	12 743	12 579	12 610	13 615	13 229	13 591
Total assurance vie	..	86 448	91 020	97 992	89 312	89 668	88 315	88 156
***dont :** Contrats de retraite*	..	..	..	..	..	..	..	..
1.1.4 Paiement par catégories d'assurance, primes brutes (non-vie)								
L'assurance automobile	..	..	..	..	..	..	..	..
Les assurances transport (y compris maritime et aérien)	..	..	..	..	..	..	..	..
L'assurance de fret	..	..	..	..	..	..	..	..
L'assurance incendie et des dommages aux bien	..	..	..	..	..	..	..	..
L'assurance des pertes pécuniaires	..	..	..	..	..	..	..	..
L'assurance de la responsabilité civile générale	..	..	..	..	..	..	..	..
Les assurances accidents et maladie	..	..	..	..	..	..	..	..
***dont :** Maladie*	..	..	..	..	..	..	..	..
Autres assurances non-vie	..	..	..	..	..	..	..	..
Réassurance obligatoire	..	..	..	..	..	..	..	..
Total assurance non-vie	99 674	98 957	104 497	95 932	94 518	91 819	76 947	84 766
1.2 Paiements bruts des sinistres								
Vie								
Entreprises nationales	57 379	48 318	49 183	51 762	50 681	53 464	58 780	64 657
Entreprises sous contrôle étranger	12 714	12 188	9 015	9 493	7 837	7 533	3 499	6 337
Succursales d'entreprises étrangères	2 064	2 706	..	..	..	..	..	..
Ensemble des entreprises	59 443	51 024	49 183	61 255	50 681	53 464	58 780	64 657
Non-vie								
Entreprises nationales	59 402	61 973	66 492	69 046	67 685	68 400	69 882	69 100
Entreprises sous contrôle étranger	25 978	29 308	30 482	31 968	31 815	31 370	31 639	31 398
Succursales d'entreprises étrangères	786	2 650	3 417	..	..	..	..	..
Ensemble des entreprises	60 188	64 623	69 909	..	67 685	68 400	69 882	69 100
Mixtes, ensemble des entreprises	x	x	x	x	x	x	x	x
Total								
Entreprises nationales	116 782	110 291	115 675	120 808	118 366	121 864	128 662	133 757
Entreprises sous contrôle étranger	38 692	41 496	39 497	41 461	39 652	38 903	35 138	37 735
Succursales d'entreprises étrangères	2 850	5 356	3 417	..	..	..	..	..
Ensemble des entreprises	119 631	115 647	119 092	61 255	118 366	121 864	128 662	133 757

Suède
Tableau 1. Agrégats sélectionnés *(suite)*

Millions SEK

	2006	2007	2008	2009	2010	2011	2012	2013
1.3 Commissions								
Vie								
Entreprises nationales	2 472	3 655	3 652	..	..	..	..	..
Entreprises sous contrôle étranger	911	1 071	1 068	..	..	..	..	..
Succursales d'entreprises étrangères	79	154	..	..	..	..	..	..
Ensemble des entreprises	2 551	3 809	3 652	..	..	..	..	..
Non-vie								
Entreprises nationales	2 571	2 697	2 964	..	..	..	..	..
Entreprises sous contrôle étranger	1 430	1 466	1 585	..	..	..	..	..
Succursales d'entreprises étrangères	102	580	182	..	..	..	..	..
Ensemble des entreprises	2 673	3 277	3 146	..	..	..	..	..
Mixtes, ensemble des entreprises	x	x	x	x	x	x	x	x
Total								
Entreprises nationales	5 043	6 352	6 616	..	..	..	..	..
Entreprises sous contrôle étranger	2 342	2 537	2 653	..	..	..	..	..
Succursales d'entreprises étrangères	181	734	182	..	..	..	..	..
Ensemble des entreprises	5 224	7 086	6 798	..	..	..	..	..
1.4 Dépenses brutes d'exploitation								
Vie								
Entreprises nationales	8 208	10 170	10 640	10 158	10 514	10 785	11 509	12 115
Entreprises sous contrôle étranger	2 415	3 090	2 966	2 736	3 264	3 488	3 557	3 630
Succursales d'entreprises étrangères	..	..	..	..	..	..	..	..
Ensemble des entreprises	8 208	10 170	10 640	12 894	10 514	10 785	11 509	12 115
Non-vie								
Entreprises nationales	14 017	14 665	14 870	15 208	15 117	14 468	14 989	15 004
Entreprises sous contrôle étranger	7 976	7 990	7 795	8 235	8 189	7 262	7 138	7 248
Succursales d'entreprises étrangères	..	..	..	..	..	..	..	..
Ensemble des entreprises	14 017	14 665	14 870	23 443	15 117	14 468	14 989	15 004
Mixtes, ensemble des entreprises	x	x	x	x	x	x	x	x
Total								
Entreprises nationales	22 225	24 835	25 510	25 366	25 631	25 253	26 498	27 119
Entreprises sous contrôle étranger	10 391	11 080	10 761	10 971	11 453	10 750	10 695	10 878
Succursales d'entreprises étrangères	..	..	..	..	..	..	..	..
Ensemble des entreprises	22 225	24 835	25 510	36 337	25 631	25 253	26 498	27 119
1.5 Opérations à l'étranger par succursale, primes brutes								
Vie								
Succursales et agences	..	..	..	435	315	108	234	..
Filiales	..	..	..	..	..	..	..	..
Total	..	..	..	..	..	108	234	..
Non-vie								
Succursales et agences	..	..	..	19 022	19 011	18 526	18 948	..
Filiales	..	..	..	..	..	..	..	..
Total	..	..	..	..	..	18 526	18 948	..
Mixtes total	x	x	x	x	x	x	x	x
Total								
Succursales et agences	..	..	..	19 457	19 326	18 634	19 182	..
Filiales	..	..	..	..	..	..	..	..
Total	..	..	..	..	..	18 634	19 182	..

.. Non disponible ; x Sans objet

Note : Voir les métadonnées détaillées sur : http://metalinks.oecd.org/isy/20141215/a747.

Suède
Tableau 2. Nombre d'entreprises et d'employés

	2006	2007	2008	2009	2010	2011	2012	2013
2.1 Nombre d'entreprises								
Vie								
Entreprises nationales	42	44	44	45	39	39	39	39
Entreprises sous contrôle étranger	7	8	9	9	7	8	9	8
Succursales d'entreprises étrangères	5	6	9	9	9	5	5	5
Ensemble des entreprises	47	50	53	54	48	44	44	44
Non-vie								
Entreprises nationales	123	132	141	149	150	139	131	130
Entreprises sous contrôle étranger	14	15	17	17	18	18	46	44
Succursales d'entreprises étrangères	20	23	37	37	39	31	32	32
Ensemble des entreprises	143	155	178	186	189	170	163	162
Mixtes, ensemble des entreprises	-	-	-	-	-	-	-	-
Réassurance								
Entreprises nationales	5	5	5	5	3	3	2	1
Entreprises sous contrôle étranger	1	1	1	1	1	2	0	0
Succursales d'entreprises étrangères	0	0	0	0	..	..	0	..
Ensemble des entreprises	5	5	5	5	3	3	2	1
Total								
Entreprises nationales	170	181	190	199	192	181	172	170
Entreprises sous contrôle étranger	22	24	27	27	26	28	55	52
Succursales d'entreprises étrangères	25	29	46	46	48	36	37	37
Ensemble des entreprises	195	210	236	245	240	217	209	207
2.2 Nombre d'employés								
Entreprises d'assurance	20 060	19 929	20 501	19 940	19 017	18 848	19 158	19 059
Intermédiaires	2 000	2 000	2 000	2 000	2 000	2 000	2 000	2 000
Total	22 060	21 929	22 501	21 940	21 017	20 848	21 158	21 059

.. Non disponible ; - Néant

Note : Voir les métadonnées détaillées sur : http://metalinks.oecd.org/isy/20141215/a747.

Suisse
Tableau 1. Agrégats sélectionnés

Millions CHF

	2006	2007	2008	2009	2010	2011	2012	2013
1.1 Opérations d'assurance conclues dans le pays déclarant								
1.1.1 Opérations d'assurance, par intérêt								
Primes brutes								
Entreprises nationales	52 744	54 778	62 134	60 259	61 448	61 417	63 507	66 569
Entreprises sous contrôle étranger	..	20 068	..	..	13 162	13 600	14 322	15 423
Succursales d'entreprises étrangères	5	1 309	410	1 973	2 834	2 062	2 331	2 267
Ensemble des entreprises	52 533	54 600	61 787	62 232	64 282	63 479	65 838	68 836
Primes cédées								
Entreprises nationales	497	-3 267	3 070	3 872	4 802	4 000	4 479	4 536
Entreprises sous contrôle étranger	..	-973	..	..	1 289	1 024	1 219	963
Succursales d'entreprises étrangères	..	..	..	380	442	467	487	532
Ensemble des entreprises	497	474	3 070	4 252	5 244	4 467	4 965	5 068
Primes nettes émises								
Entreprises nationales	27 786	63 795	79 401	56 387	56 646	57 417	59 028	62 033
Entreprises sous contrôle étranger	..	19 095	..	..	11 873	12 577	13 102	14 460
Succursales d'entreprises étrangères	5	332	410	1 593	2 392	1 595	1 845	1 735
Ensemble des entreprises	27 791	28 746	32 062	57 980	59 038	59 012	60 873	63 768
1.1.2 Opérations d'assurance par risque à l'étranger, primes brutes								
Vie	6 161	6 938	2 408	..	..	..	..	..
Non-vie	26 111	23 904	10 485	..	..	..	..	..
Mixtes total	x	x	x	x	x	x	x	x
Total	32 272	30 842	12 893	..	..	..	..	..
1.1.3 Paiement par catégories d'assurance, primes brutes (vie)								
Rentes	..	1 158	1 192	1 254	873	737	677	564
Unit linked	..	2 562	2 665	2 797	3 052	2 423	2 637	2 403
Autre assurance vie	..	24 989	28 158	25 378	26 239	27 397	27 841	29 707
Total assurance vie	..	28 709	32 015	29 429	30 164	30 557	31 155	32 675
***dont** : Contrats de retraite*	..	19 890	20 536	19 748	..	..	..	..
1.1.4 Paiement par catégories d'assurance, primes brutes (non-vie)								
L'assurance automobile	5 305	5 370	5 397	9 480	6 357	6 382	6 526	6 556
Les assurances transport (y compris maritime et aérien)	458	467	466	3 379	964	804	968	1 060
L'assurance de fret	..	..	..	..	..	..	..	..
L'assurance incendie et des dommages aux bien	3 530	3 472	3 547	15 102	7 335	7 457	8 150	8 206
L'assurance des pertes pécuniaires	213	253	277	1 293	885	832	932	1 042
L'assurance de la responsabilité civile générale	1 989	1 895	1 853	6 360	3 550	3 243	3 514	3 558
Les assurances accidents et maladie	9 085	9 139	13 549	12 789	12 540	12 551	13 093	13 889
***dont** : Maladie*	-6 323	-6 318	10 731	9 019	9 182	9 383	9 656	9 911
Autres assurances non-vie	683	719	780	1 032	1 073	1 036	1 151	1 351
Réassurance obligatoire	3 198	4 575	4 304	4 816	..	..	..	..
Total assurance non-vie	24 461	25 890	30 173	54 251	32 704	32 306	34 334	35 661
1.2 Paiements bruts des sinistres								
Vie								
Entreprises nationales	32 286	30 731	31 104	28 255	25 420	27 182	25 817	27 624
Entreprises sous contrôle étranger	..	..	..	..	7 127	7 354	7 060	8 854
Succursales d'entreprises étrangères	1	2	14	19	44	104	186	306
Ensemble des entreprises	32 287	30 733	31 118	28 274	25 464	27 286	26 003	27 930
Non-vie								
Entreprises nationales	14 172	13 918	14 492	15 676	15 122	15 548	20 279	19 735
Entreprises sous contrôle étranger	..	..	..	..	1 962	1 974	2 292	2 171
Succursales d'entreprises étrangères	361	186	219	518	85	404	667	798
Ensemble des entreprises	14 533	14 104	14 711	16 194	15 207	15 952	20 946	20 533
Mixtes, ensemble des entreprises	x	x	x	x	x	x	x	x
Total								
Entreprises nationales	46 458	44 649	45 596	43 931	40 542	42 730	46 096	47 359
Entreprises sous contrôle étranger	..	..	..	..	9 090	9 328	9 352	11 025
Succursales d'entreprises étrangères	362	188	233	537	129	509	853	1 104
Ensemble des entreprises	46 820	44 837	45 829	44 468	40 671	43 238	46 949	48 463

Suisse
Tableau 1. Agrégats sélectionnés *(suite)*

Millions CHF

	2006	2007	2008	2009	2010	2011	2012	2013
1.3 Commissions								
Vie								
Entreprises nationales	..	..	949	947	906	848	875	904
Entreprises sous contrôle étranger	..	..	6	..	109	107	103	148
Succursales d'entreprises étrangères	..	..	303	3	9	8	8	11
Ensemble des entreprises	..	..	1 252	950	915	856	883	915
Non-vie								
Entreprises nationales	..	..	2 113	2 005	2 052	1 886	1 955	2 067
Entreprises sous contrôle étranger	..	..	73	..	471	450	442	372
Succursales d'entreprises étrangères	..	..	1 957	49	76	85	88	95
Ensemble des entreprises	..	..	4 070	2 054	2 128	1 970	2 043	2 162
Mixtes, ensemble des entreprises	x	x	x	x	x	x	x	x
Total								
Entreprises nationales	..	..	3 062	2 952	2 958	2 734	2 830	2 971
Entreprises sous contrôle étranger	..	..	79	..	581	557	545	520
Succursales d'entreprises étrangères	..	..	2 260	52	85	92	96	106
Ensemble des entreprises	..	..	5 322	3 004	3 043	2 826	2 926	3 077
1.4 Dépenses brutes d'exploitation								
Vie								
Entreprises nationales	3 234	3 283	2 330	2 505	2 382	2 444	1 390	1 289
Entreprises sous contrôle étranger	393	426	378	366	395	450	239	176
Succursales d'entreprises étrangères	0	0	6	6	12	11	4	4
Ensemble des entreprises	3 234	3 283	2 336	2 518	2 394	2 455	1 394	1 293
Non-vie								
Entreprises nationales	10 703	11 623	7 664	7 943	7 677	7 179	3 835	3 745
Entreprises sous contrôle étranger	791	779	1 062	1 088	1 063	1 039	371	416
Succursales d'entreprises étrangères	0	0	140	162	459	408	80	100
Ensemble des entreprises	10 703	11 623	7 804	8 267	8 136	7 588	3 915	3 845
Mixtes, ensemble des entreprises	x	x	x	x	x	x	x	x
Total								
Entreprises nationales	13 937	14 906	9 994	10 448	10 059	9 624	5 225	5 034
Entreprises sous contrôle étranger	1 184	1 205	1 440	1 454	1 458	1 489	610	592
Succursales d'entreprises étrangères	-	-	146	168	471	419	84	104
Ensemble des entreprises	13 937	14 906	10 140	10 785	10 530	10 043	5 309	5 138
1.5 Opérations à l'étranger par succursale, primes brutes								
Vie								
Succursales et agences	6 161	6 938	2 408	2 668	2 219	2 036	2 006	1 967
Filiales	..	..	..	..	..	..	..	..
Total	6 161	6 938	2 408	2 668	2 219	2 036	2 006	1 967
Non-vie								
Succursales et agences	26 111	23 904	10 485	18 286	16 881	13 446	15 417	15 563
Filiales	..	..	..	..	..	..	..	..
Total	26 111	23 904	10 485	18 286	16 881	13 446	15 417	15 563
Mixtes total	x	x	x	x	x	x	x	x
Total								
Succursales et agences	32 272	30 842	12 893	20 954	19 100	15 482	17 423	17 531
Filiales	..	..	..	..	..	..	..	..
Total	32 272	30 842	12 893	20 954	19 100	15 482	17 423	17 531

.. Non disponible ; - Néant ; x Sans objet

Note : Voir les métadonnées détaillées sur : http://metalinks.oecd.org/isy/20141215/bd65.

Suisse
Tableau 2. Nombre d'entreprises et d'employés

	2006	2007	2008	2009	2010	2011	2012	2013
2.1 Nombre d'entreprises								
Vie								
Entreprises nationales	22	22	22	21	21	20	19	19
Entreprises sous contrôle étranger	..	..	..	..	1	1	1	1
Succursales d'entreprises étrangères	4	4	4	4	4	4	4	4
Ensemble des entreprises	26	26	26	25	25	24	23	23
Non-vie								
Entreprises nationales	77	78	79	79	79	79	81	80
Entreprises sous contrôle étranger	..	..	..	..	6	6	6	6
Succursales d'entreprises étrangères	40	39	43	46	47	45	42	44
Ensemble des entreprises	117	117	122	125	126	124	123	124
Mixtes, ensemble des entreprises	-	-	-	-	-	-	-	-
Réassurance								
Entreprises nationales	71	71	70	68	62	62	61	62
Entreprises sous contrôle étranger	..	..	..	..	8	7	7	7
Succursales d'entreprises étrangères	..	..	..	..	..	..	..	..
Ensemble des entreprises	71	71	70	68	62	62	61	62
Total								
Entreprises nationales	170	171	171	168	162	161	161	161
Entreprises sous contrôle étranger	..	..	..	..	15	14	14	14
Succursales d'entreprises étrangères	44	43	47	50	51	49	46	48
Ensemble des entreprises	214	214	218	218	213	210	207	209
2.2 Nombre d'employés								
Entreprises d'assurance	41 015	39 861	39 001	41 130	..	..	..	..
Intermédiaires	12 000	..	..	..	..	..	..	..
Total	53 015	..	..	41 130	..	..	..	..

.. Non disponible ; - Néant

Note : Voir les métadonnées détaillées sur : http://metalinks.oecd.org/isy/20141215/bd65.

Turquie
Tableau 1. Agrégats sélectionnés

Millions TRY

	2006	2007	2008	2009	2010	2011	2012	2013
1.1 Opérations d'assurance conclues dans le pays déclarant								
1.1.1 Opérations d'assurance, par intérêt								
Primes brutes								
Entreprises nationales	8 026	10 930	11 775	13 097	14 958	17 131	20 427	25 084
Entreprises sous contrôle étranger	1 640	3 425	6 602	6 828	7 525	8 956	10 122	14 981
Succursales d'entreprises étrangères	-	1	4	8	27	32	46	68
Ensemble des entreprises	8 450	10 931	11 779	13 105	14 985	17 164	20 473	25 152
Primes cédées								
Entreprises nationales	2 427	3 109	3 236	3 412	3 443	4 287	4 483	6 077
Entreprises sous contrôle étranger	470	1 089	1 772	1 822	1 834	2 229	2 192	3 458
Succursales d'entreprises étrangères	-	1	3	6	21	22	33	49
Ensemble des entreprises	2 427	3 110	3 239	3 418	3 464	4 309	4 516	6 126
Primes nettes émises								
Entreprises nationales	5 598	7 821	8 539	9 685	11 515	12 845	15 944	19 006
Entreprises sous contrôle étranger	1 170	2 336	4 830	5 006	5 691	6 728	7 931	11 522
Succursales d'entreprises étrangères	-	0	1	2	6	10	13	20
Ensemble des entreprises	6 008	7 821	8 540	9 687	11 521	12 854	15 957	19 026
1.1.2 Opérations d'assurance par risque à l'étranger, primes brutes								
Vie	..	..	..	..	..	..	..	..
Non-vie	..	..	..	..	..	..	..	..
Mixtes	..	..	..	..	..	..	..	..
dont :								
Vie	..	..	..	..	..	..	..	..
Non-vie	..	..	..	..	..	..	..	..
Total	..	..	..	..	..	..	..	..
1.1.3 Paiement par catégories d'assurance, primes brutes (vie)								
Rentes	..	1 331	..	..	..	..	..	..
Unit linked	..	..	..	..	..	..	..	..
Autre assurance vie	..	..	..	..	..	..	..	..
Total Assurance Vie	..	1 331	..	..	2 576	3 087	3 107	3 354
***dont :** Contrats de retraite*	..	..	..	..	..	..	..	..
1.1.4 Paiement par catégories d'assurance, primes brutes (non-vie)								
L'assurance automobile	4 221	4 778	4 913	5 058	5 867	6 761	8 091	10 411
Les assurances transport (y compris maritime et aérien)	142	144	163	245	185	268	263	253
L'assurance de fret	281	306	313	286	327	359	378	416
L'assurance incendie et des dommages aux bien	1 583	1 620	2 635	3 236	3 401	3 783	4 390	5 512
L'assurance des pertes pécuniaires	8	0	83	112	135	204	228	302
L'assurance de la responsabilité civile générale	171	203	233	265	407	386	420	508
Les assurances accidents et maladie	1 821	2 155	1 831	2 040	2 413	2 657	2 897	3 352
***dont :** Maladie*	984	1 032	1 326	1 499	1 810	1 999	2 227	2 472
Autres assurances non-vie	54	325	32	37	44	77	61	74
Réassurance obligatoire	0	0	..	..	..	..	..	..
Total assurance non-vie	8 281	9 532	10 203	11 280	12 778	14 496	16 727	20 828

Turquie
Tableau 1. Agrégats sélectionnés *(suite)*

Millions TRY

	2006	2007	2008	2009	2010	2011	2012	2013
1.2 Paiements bruts des sinistres								
Vie								
Entreprises nationales	1 328	1 019	1 242	1 787 |	1 787	1 935	2 037	2 355
Entreprises sous contrôle étranger	153	205	461	817 |	817	582	483	1 128
Succursales d'entreprises étrangères	0	0	..	0	0	..	..	..
Ensemble des entreprises	1 328	1 019	1 242	1 787 |	1 787	1 935	2 037	2 355
Non-vie								
Entreprises nationales	3 803	5 330	5 782	5 960 |	6 142	7 968	9 163	9 440
Entreprises sous contrôle étranger	910	1 627	3 253	3 705 |	3 978	4 786	5 327	6 301
Succursales d'entreprises étrangères	0	0	1	10	0	2	3	11
Ensemble des entreprises	3 803	5 330	5 783	5 970 |	6 143	7 969	9 166	9 451
Mixtes								
Entreprises nationales	..	..	..	1 334 |	1 344	..	..	619
Entreprises sous contrôle étranger	..	..	..	69 |	82	..	..	..
Succursales d'entreprises étrangères	..	..	..	0	0	..	..	..
Ensemble des entreprises	..	..	..	1 334 |	1 344	0	721	619
dont :								
Vie	..	..	..	7 |	10	0	6	7
Entreprises nationales	..	..	..	7 |	10	..	..	7
Entreprises sous contrôle étranger	..	..	..	0 |	0	..	..	..
Succursales d'entreprises étrangères	..	..	..	0	0	..	..	..
Ensemble des entreprises	..	..	..	7 |	10	0	6	7
Non-vie	..	..	..	1 328 |	1 334	0	715	612
Entreprises nationales	..	..	..	1 328 |	1 334	..	..	612
Entreprises sous contrôle étranger	..	..	..	69 |	82	..	..	..
Succursales d'entreprises étrangères	..	..	..	0	0	..	..	..
Ensemble des entreprises	..	..	..	1 328 |	1 334	0	715	612
Total								
Entreprises nationales	5 131	6 349	7 024	9 081	9 273	9 903	11 200	12 413
Entreprises sous contrôle étranger	1 062	1 832	3 714	4 591	4 877	5 369	5 810	7 429
Succursales d'entreprises étrangères	-	-	1	10	0	2	3	11
Ensemble des entreprises	5 131	6 349	7 025	9 092	9 273	9 905	11 924	12 425
1.3 Commissions								
Vie								
Entreprises nationales	77	126	..	..	..	..	..	..
Entreprises sous contrôle étranger	17	54	..	..	..	..	..	..
Succursales d'entreprises étrangères	0	0	..	..	..	..	..	..
Ensemble des entreprises	77	126	..	..	..	..	..	..
Non-vie								
Entreprises nationales	926	1 462	..	..	..	..	..	..
Entreprises sous contrôle étranger	295	517	..	..	..	..	..	..
Succursales d'entreprises étrangères	0	0	..	..	..	..	..	..
Ensemble des entreprises	926	1 462	..	..	..	..	..	..
Mixtes								
Entreprises nationales	..	..	..	..	..	..	..	..
Entreprises sous contrôle étranger	..	..	..	..	..	..	..	..
Succursales d'entreprises étrangères	..	..	..	..	..	..	..	..
Ensemble des entreprises	..	..	..	..	..	..	..	..
dont :								
Vie	..	..	..	..	..	..	..	..
Entreprises nationales	..	..	..	..	..	..	..	..
Entreprises sous contrôle étranger	..	..	..	..	..	..	..	..
Succursales d'entreprises étrangères	..	..	..	..	..	..	..	..
Ensemble des entreprises	..	..	..	..	..	..	..	..
Non-vie	..	..	..	..	..	..	..	..
Entreprises nationales	..	..	..	..	..	..	..	..
Entreprises sous contrôle étranger	..	..	..	..	..	..	..	..
Succursales d'entreprises étrangères	..	..	..	..	..	..	..	..
Ensemble des entreprises	..	..	..	..	..	..	..	..
Total								
Entreprises nationales	1 003	1 588	..	..	..	..	..	..
Entreprises sous contrôle étranger	312	571	..	..	..	..	..	..
Succursales d'entreprises étrangères	-	-	..	..	..	..	..	..
Ensemble des entreprises	1 003	1 588	..	..	..	..	..	..

Turquie
Tableau 1. Agrégats sélectionnés *(suite)*

Millions TRY

	2006	2007	2008	2009	2010	2011	2012	2013
1.4 Dépenses brutes d'exploitation								
Vie								
Entreprises nationales	176	246	425	586 |	717	836	978	2 009
Entreprises sous contrôle étranger	53	89	170	273 |	287	361	422	1 242
Succursales d'entreprises étrangères	0	0	..	0	0	..	..	..
Ensemble des entreprises	176	246	425	586 |	717	836	978	2 009
Non-vie								
Entreprises nationales	1 038	1 710	1 629	1 975 |	2 336	2 859	3 230	3 726
Entreprises sous contrôle étranger	327	562	963	1 290 |	1 585	1 827	1 976	2 564
Succursales d'entreprises étrangères	0	1	2	4	4	8	12	19
Ensemble des entreprises	1 038	1 711	1 631	1 979 |	2 340	2 867	3 242	3 745
Mixtes								
Entreprises nationales	..	..	..	391 |	421	..	..	..
Entreprises sous contrôle étranger	..	..	..	19 |	16	..	..	..
Succursales d'entreprises étrangères	..	..	..	0	0	..	..	..
Ensemble des entreprises	..	..	..	391 |	421	0	285	294
dont :								
Vie	..	..	..	6 |	7	0	8	10
Entreprises nationales	..	..	..	6 |	7	..	..	..
Entreprises sous contrôle étranger	..	..	..	0 |	0	..	..	..
Succursales d'entreprises étrangères	..	..	..	0	0	..	..	..
Ensemble des entreprises	..	..	..	6 |	7	0	8	10
Non-vie	..	..	..	385 |	414	0	277	284
Entreprises nationales	..	..	..	385 |	414	..	..	..
Entreprises sous contrôle étranger	..	..	..	19 |	16	..	..	..
Succursales d'entreprises étrangères	..	..	..	0	0	..	..	..
Ensemble des entreprises	..	..	..	385 |	414	0	277	284
Total								
Entreprises nationales	1 215	1 956	2 054	2 952	3 473	3 694	4 209	5 735
Entreprises sous contrôle étranger	380	651	1 133	1 582	1 888	2 188	2 399	3 806
Succursales d'entreprises étrangères	-	1	2	4	4	8	12	19
Ensemble des entreprises	1 215	1 957	2 057	2 956	3 478	3 702	4 506	6 048
1.5 Opérations à l'étranger par succursale, primes brutes								
Vie								
Succursales et agences	..	..	..	..	..	..	..	..
Filiales	..	..	..	..	..	..	..	..
Total	..	..	..	..	..	..	..	..
Non-vie								
Succursales et agences	..	..	..	..	..	..	..	..
Filiales	..	..	..	..	..	..	..	..
Total	..	..	..	..	..	..	..	..
Mixtes								
Succursales et agences	..	..	..	..	..	..	..	..
Filiales	..	..	..	..	..	..	..	..
Total	..	..	..	..	..	..	..	..
dont :								
Vie	..	..	..	..	..	..	..	..
Succursales et agences	..	..	..	..	..	..	..	..
Filiales	..	..	..	..	..	..	..	..
Total	..	..	..	..	..	..	..	..
Non-vie	..	..	..	..	..	..	..	..
Succursales et agences	..	..	..	..	..	..	..	..
Filiales	..	..	..	..	..	..	..	..
Total	..	..	..	..	..	..	..	..
Total								
Succursales et agences	..	..	..	..	..	..	..	..
Filiales	..	..	..	..	..	..	..	..
Total	..	..	..	..	..	..	..	..

.. Non disponible ; - Néant ; | Rupture de série

Note : Voir les métadonnées détaillées sur : http://metalinks.oecd.org/isy/20141215/3293.

Turquie
Tableau 2. Nombre d'entreprises et d'employés

	2006	2007	2008	2009	2010	2011	2012	2013
2.1 Nombre d'entreprises								
Vie								
Entreprises nationales	15	21	22	21	23	24	23	24
Entreprises sous contrôle étranger	5	9	14	13	14	14	13	16
Succursales d'entreprises étrangères	0	0	0	0	0	..	0	..
Ensemble des entreprises	15	21	22	21	23	24	23	24
Non-vie								
Entreprises nationales	9	15	24	27	29	33	33	34
Entreprises sous contrôle étranger	4	7	15	17	19	23	22	22
Succursales d'entreprises étrangères	0	1	1	2	2	2	2	2
Ensemble des entreprises	9	16	25	29	31	35	35	36
Mixtes								
Entreprises nationales	8	12	5	3	3	..	0	..
Entreprises sous contrôle étranger	4	5	2	1	1	..	0	..
Succursales d'entreprises étrangères	0	0	0	0	0	..	0	..
Ensemble des entreprises	8	12	5	3	3	..	0	..
Réassurance								
Entreprises nationales	1	1	1	1	1	2	1	1
Entreprises sous contrôle étranger	0	0	0	0	0	..	0	..
Succursales d'entreprises étrangères	0	0	0	0	0	..	0	..
Ensemble des entreprises	1	1	1	1	1	2	1	1
Total								
Entreprises nationales	33	49	52	52	56	59	57	59
Entreprises sous contrôle étranger	13	21	31	31	34	37	35	38
Succursales d'entreprises étrangères	0	1	1	2	2	2	2	2
Ensemble des entreprises	33	50	53	54	58	61	59	61
2.2 Nombre d'employés								
Entreprises d'assurance	12 906	14 950	15 841	15 610	15 412	10 123	17 304	18 297
Intermédiaires	..	..	24 511	26 567	16 282	16 706	16 994	15 603
Total	..	..	40 352	42 177	31 694	26 829	34 298	33 900

.. Non disponible

Note : Voir les métadonnées détaillées sur : http://metalinks.oecd.org/isy/20141215/3293.

Royaume-Uni
Tableau 1. Agrégats sélectionnés

Millions GBP

	2006	2007	2008	2009	2010	2011	2012	2013
1.1 Opérations d'assurance conclues dans le pays déclarant								
1.1.1 Opérations d'assurance, par intérêt								
Primes brutes								
Entreprises nationales	277 113	309 420	235 382	216 268	206 167	208 608	230 559	215 494
Entreprises sous contrôle étranger	58 902	69 672	54 861	59 431	54 294	60 570	75 289	69 361
Succursales d'entreprises étrangères	8 684	12 711	11 941	3 659	4 258	3 204	2 735	2 237
Ensemble des entreprises	285 797	322 131	247 323	219 927	210 425	211 811	233 294	217 731
Primes cédées								
Entreprises nationales	23 986	29 092	24 289	20 851	21 397	24 305	28 545	27 456
Entreprises sous contrôle étranger	5 227	5 281	6 885	7 612	7 143	7 946	8 285	9 270
Succursales d'entreprises étrangères	146	126	438	407	403	356	179	53
Ensemble des entreprises	24 132	29 218	24 726	21 259	21 800	24 661	28 724	27 509
Primes nettes émises								
Entreprises nationales	253 127	280 327	211 094	195 417	184 770	184 303	202 014	188 038
Entreprises sous contrôle étranger	53 675	64 391	47 977	51 820	47 151	52 623	67 004	60 091
Succursales d'entreprises étrangères	8 538	12 585	11 503	3 252	3 855	2 847	2 555	2 184
Ensemble des entreprises	261 665	292 913	222 597	198 669	188 625	187 150	204 570	190 222
1.1.2 Opérations d'assurance par risque à l'étranger, primes brutes								
Vie	..	..	..	..	..	..	..	..
Non-vie	..	..	..	..	..	..	..	..
Mixtes	..	..	..	..	..	..	..	..
dont :								
Vie	..	..	..	..	..	..	..	..
Non-vie	..	..	..	..	..	..	..	..
Total	..	..	..	..	..	..	..	..
1.1.3 Paiement par catégories d'assurance, primes brutes (vie)								
Rentes	27 974	40 345	42 435	36 105	33 344	31 964	..	20 899
Unit linked	161 590	185 329	120 695	106 589	99 537	98 203	..	112 727
Autre assurance vie	32 945	33 525	23 205	19 124	16 864	14 777	..	9 393
Total Assurance Vie	222 510	259 200	186 336	161 818	149 745	144 943	163 481	143 018
***dont :** Contrats de retraite*	167 525	200 955	144 750	135 559	126 173	125 482	143 813	104 333
1.1.4 Paiement par catégories d'assurance, primes brutes (non-vie)								
L'assurance automobile	13 824	12 638	12 615	10 929	12 112	12 786	12 643	12 133
Les assurances transport (y compris maritime et aérien)	3 470	2 957	3 215	3 049	3 351	3 513	3 634	3 805
L'assurance de fret	601	626	667	706	674	718	778	942
L'assurance incendie et des dommages aux bien	16 739	15 256	16 531	15 008	15 322	15 413	16 087	16 500
L'assurance des pertes pécuniaires	6 059	6 121	5 357	4 737	5 512	5 498	5 707	5 717
L'assurance de la responsabilité civile générale	9 720	8 424	10 854	8 732	8 747	8 561	8 750	10 218
Les assurances accidents et maladie	6 185	6 452	6 876	7 156	7 244	6 907	7 287	7 895
***dont :** Maladie*	..	..	..	..	..	..	..	..
Autres assurances non-vie	1 813	1 729	2 564	2 523	2 486	2 815	2 442	2 859
Réassurance obligatoire	..	..	..	..	..	..	..	..
Total assurance non-vie	58 412	54 202	58 679	52 840	55 448	56 212	57 328	60 070

Royaume-Uni
Tableau 1. Agrégats sélectionnés (*suite*)

Millions GBP

	2006	2007	2008	2009	2010	2011	2012	2013
1.2 Paiements bruts des sinistres								
Vie								
Entreprises nationales	148 613	199 578	170 688	160 384	156 626	162 040	166 655	166 084
Entreprises sous contrôle étranger	36 464	47 821	36 812	39 273	35 287	36 240	51 269	42 535
Succursales d'entreprises étrangères	4	3	4	3	3	5	4	-1
Ensemble des entreprises	148 617	199 582	170 692	160 387	156 629	162 044	166 658	166 083
Non-vie								
Entreprises nationales	30 562	31 342	30 148	29 473	30 795	31 223	30 566	33 152
Entreprises sous contrôle étranger	10 869	10 616	11 471	12 349	14 747	15 499	16 160	17 593
Succursales d'entreprises étrangères	1 407	1 250	2 220	1 572	1 764	2 082	1 785	1 405
Ensemble des entreprises	31 969	32 592	32 368	31 045	32 560	33 305	32 351	34 557
Mixtes								
Entreprises nationales	20 248	19 584	21 287	18 478	18 662	19 413	20 735	21 625
Entreprises sous contrôle étranger	2 088	1 411	2 371	1 937	1 293	1 006	615	754
Succursales d'entreprises étrangères	3 941	7 756	13 435	2 979	2 272	880	1 729	0
Ensemble des entreprises	24 189	27 340	34 721	21 457	20 934	20 293	22 464	21 625
dont :								
Vie	22 177	26 176	33 367	20 265	19 734	19 063	21 386	20 366
Entreprises nationales	18 276	18 466	19 974	17 330	17 499	18 219	19 657	20 366
Entreprises sous contrôle étranger	970	1 157	1 930	1 666	1 040	721	342	326
Succursales d'entreprises étrangères	3 901	7 710	13 393	2 935	2 235	845	1 729	0
Ensemble des entreprises	22 177	26 176	33 367	20 265	19 734	19 063	21 386	20 366
Non-vie	2 012	1 164	1 354	1 192	1 200	1 229	1 077	1 259
Entreprises nationales	1 971	1 118	1 313	1 148	1 164	1 194	1 077	1 259
Entreprises sous contrôle étranger	1 118	253	441	272	253	284	273	428
Succursales d'entreprises étrangères	40	46	42	44	36	35	0	0
Ensemble des entreprises	2 012	1 164	1 354	1 192	1 200	1 229	1 077	1 259
Total								
Entreprises nationales	199 422	250 504	222 122	208 335	206 083	212 675	217 956	220 861
Entreprises sous contrôle étranger	49 421	59 847	50 654	53 560	51 327	52 744	68 043	60 882
Succursales d'entreprises étrangères	5 353	9 009	15 659	4 553	4 039	2 967	3 517	1 404
Ensemble des entreprises	204 775	259 513	237 781	212 889	210 122	215 642	221 473	222 265
1.3 Commissions								
Vie								
Entreprises nationales	..	..	..	..	..	..	..	..
Entreprises sous contrôle étranger	..	..	..	..	..	..	..	..
Succursales d'entreprises étrangères	..	..	..	..	..	..	..	..
Ensemble des entreprises	..	..	..	..	..	..	..	..
Non-vie								
Entreprises nationales	..	..	..	..	..	..	..	..
Entreprises sous contrôle étranger	..	..	..	..	..	..	..	..
Succursales d'entreprises étrangères	..	..	..	..	..	..	..	..
Ensemble des entreprises	..	..	..	..	..	..	..	..
Mixtes								
Entreprises nationales	..	..	..	..	..	..	..	..
Entreprises sous contrôle étranger	..	..	..	..	..	..	..	..
Succursales d'entreprises étrangères	..	..	..	..	..	..	..	..
Ensemble des entreprises	..	..	..	..	..	..	..	..
dont :								
Vie	..	..	..	..	..	..	..	..
Entreprises nationales	..	..	..	..	..	..	..	..
Entreprises sous contrôle étranger	..	..	..	..	..	..	..	..
Succursales d'entreprises étrangères	..	..	..	..	..	..	..	..
Ensemble des entreprises	..	..	..	..	..	..	..	..
Non-vie	..	..	..	..	..	..	..	..
Entreprises nationales	..	..	..	..	..	..	..	..
Entreprises sous contrôle étranger	..	..	..	..	..	..	..	..
Succursales d'entreprises étrangères	..	..	..	..	..	..	..	..
Ensemble des entreprises	..	..	..	..	..	..	..	..
Total								
Entreprises nationales	..	..	..	..	..	..	..	..
Entreprises sous contrôle étranger	..	..	..	..	..	..	..	..
Succursales d'entreprises étrangères	..	..	..	..	..	..	..	..
Ensemble des entreprises	..	..	..	..	..	..	..	..

Royaume-Uni
Tableau 1. Agrégats sélectionnés *(suite)*

Millions GBP

	2006	2007	2008	2009	2010	2011	2012	2013
1.4 Dépenses brutes d'exploitation								
Vie								
Entreprises nationales	6 588	6 397	6 540	6 397	6 464	6 488	6 511	6 453
Entreprises sous contrôle étranger	601	613	706	748	740	989	961	976
Succursales d'entreprises étrangères	1	1	2	1	1	1	1	0
Ensemble des entreprises	6 590	6 398	6 542	6 398	6 466	6 489	6 512	6 453
Non-vie								
Entreprises nationales	5 573	5 852	5 949	5 894	5 985	6 110	6 843	7 125
Entreprises sous contrôle étranger	1 916	1 999	2 281	2 702	2 892	2 921	3 168	3 589
Succursales d'entreprises étrangères	68	71	129	128	152	152	200	167
Ensemble des entreprises	5 641	5 922	6 078	6 022	6 137	6 262	7 044	7 292
Mixtes								
Entreprises nationales	2 201	1 953	2 055	1 644	1 701	1 936	1 856	1 978
Entreprises sous contrôle étranger	243	265	307	198	262	261	195	172
Succursales d'entreprises étrangères	73	79	77	73	77	79	22	0
Ensemble des entreprises	2 275	2 032	2 132	1 717	1 778	2 015	1 877	1 978
dont :								
Vie	2 064	1 807	1 852	1 549	1 542	1 751	1 637	1 736
Entreprises nationales	2 016	1 755	1 806	1 507	1 501	1 709	1 616	1 736
Entreprises sous contrôle étranger	140	151	158	164	163	156	102	91
Succursales d'entreprises étrangères	49	52	46	42	41	42	22	0
Ensemble des entreprises	2 064	1 807	1 852	1 549	1 542	1 751	1 637	1 736
Non-vie	210	226	280	168	236	264	240	242
Entreprises nationales	186	198	249	137	200	227	240	242
Entreprises sous contrôle étranger	104	113	149	34	98	105	94	82
Succursales d'entreprises étrangères	25	27	31	31	36	37	0	0
Ensemble des entreprises	210	226	280	168	236	264	240	242
Total								
Entreprises nationales	14 363	14 201	14 544	13 934	14 150	14 534	15 209	15 556
Entreprises sous contrôle étranger	2 760	2 877	3 294	3 648	3 893	4 171	4 324	4 737
Succursales d'entreprises étrangères	142	152	208	202	230	233	224	167
Ensemble des entreprises	14 505	14 353	14 752	14 137	14 381	14 767	15 433	15 723
1.5 Opérations à l'étranger par succursale, primes brutes								
Vie								
Succursales et agences	..	..	..	..	..	..	..	..
Filiales	..	..	..	..	..	..	..	..
Total	..	..	..	..	..	..	..	..
Non-vie								
Succursales et agences	..	..	..	..	..	..	..	..
Filiales	..	..	..	..	..	..	..	..
Total	..	..	..	..	..	..	..	..
Mixtes								
Succursales et agences	..	..	..	..	..	..	..	..
Filiales	..	..	..	..	..	..	..	..
Total	..	..	..	..	..	..	..	..
dont :								
Vie	..	..	..	..	..	..	..	..
Succursales et agences	..	..	..	..	..	..	..	..
Filiales	..	..	..	..	..	..	..	..
Total	..	..	..	..	..	..	..	..
Non-vie	..	..	..	..	..	..	..	..
Succursales et agences	..	..	..	..	..	..	..	..
Filiales	..	..	..	..	..	..	..	..
Total	..	..	..	..	..	..	..	..
Total								
Succursales et agences	..	..	..	..	..	..	..	..
Filiales	..	..	..	..	..	..	..	..
Total	..	..	..	..	..	..	..	..

.. Non disponible

Note : Voir les métadonnées détaillées sur : http://metalinks.oecd.org/isy/20141215/6176.

Royaume-Uni
Tableau 2. Nombre d'entreprises et d'employés

	2006	2007	2008	2009	2010	2011	2012	2013
2.1 Nombre d'entreprises								
Vie								
Entreprises nationales	184	184	184	184	184	184	184	183
Entreprises sous contrôle étranger	15	15	15	15	15	15	15	15
Succursales d'entreprises étrangères	1	1	1	1	1	1	1	1
Ensemble des entreprises	185	185	185	185	185	185	185	184
Non-vie								
Entreprises nationales	248	246	247	257	245	242	234	227
Entreprises sous contrôle étranger	101	101	103	106	106	107	104	99
Succursales d'entreprises étrangères	9	9	17	18	16	16	15	10
Ensemble des entreprises	257	255	264	275	261	258	249	237
Mixtes								
Entreprises nationales	21	21	21	21	21	21	21	21
Entreprises sous contrôle étranger	7	7	7	7	7	7	7	7
Succursales d'entreprises étrangères	2	2	2	2	2	2	2	2
Ensemble des entreprises	23	23	23	23	23	23	23	23
Réassurance								
Entreprises nationales	44	41	36	34	32	31	31	30
Entreprises sous contrôle étranger	20	20	20	20	20	20	19	18
Succursales d'entreprises étrangères	3	3	2	2	2	2	2	2
Ensemble des entreprises	47	44	38	36	34	33	33	32
Total								
Entreprises nationales	497	492	488	496	482	478	470	461
Entreprises sous contrôle étranger	143	143	145	148	148	149	145	139
Succursales d'entreprises étrangères	15	15	22	23	21	21	20	15
Ensemble des entreprises	512	507	510	519	503	499	490	476
2.2 Nombre d'employés								
Entreprises d'assurance	..	..	..	..	..	..	..	..
Intermédiaires	..	..	..	..	..	..	..	..
Total	..	..	..	..	..	..	..	..

.. Non disponible

Note : Voir les métadonnées détaillées sur : http://metalinks.oecd.org/isy/20141215/6176.

États-Unis
Tableau 1. Agrégats sélectionnés

Millions USD

	2006	2007	2008	2009	2010	2011	2012	2013
1.1 Opérations d'assurance conclues dans le pays déclarant								
1.1.1 Opérations d'assurance, par intérêt								
Primes brutes								
Entreprises nationales	1 837 782	1 992 948	2 038 442	2 028 861	2 034 932	2 154 120	2 278 908	2 289 259
Entreprises sous contrôle étranger	395 643	433 229	429 902	431 708	335 832	349 856	317 074	321 246
Succursales d'entreprises étrangères	613	645	670	643	629	731	909	662
Ensemble des entreprises	1 710 090	1 993 593	2 039 112	2 029 504	2 035 562	2 154 851	2 279 817	2 289 921
Primes cédées								
Entreprises nationales	507 549	541 137	556 929	604 210	531 114	560 386	601 133	657 662
Entreprises sous contrôle étranger	190 232	212 961	220 244	208 658	163 993	170 330	140 316	175 424
Succursales d'entreprises étrangères	202	205	242	244	244	254	298	275
Ensemble des entreprises	507 751	541 342	557 172	604 454	531 358	560 640	601 431	657 937
Primes nettes émises								
Entreprises nationales	1 330 233	1 451 811	1 481 512	1 424 661	1 503 818	1 593 733	1 677 776	1 631 597
Entreprises sous contrôle étranger	205 412	220 268	209 658	223 050	171 839	179 526	176 758	145 822
Succursales d'entreprises étrangères	411	440	428	399	386	478	611	387
Ensemble des entreprises	1 330 644	1 452 251	1 481 940	1 425 050	1 504 204	1 594 211	1 678 387	1 631 984
1.1.2 Opérations d'assurance par risque à l'étranger, primes brutes								
Vie	..	..	..	27 652	34 018	..	38 347	22 113
Non-vie	..	..	..	22 055	..	..	..	..
Mixtes total	x	x	x	x	x	x	x	x
Total	..	..	..	49 707	34 018	..	38 347	22 113
1.1.3 Paiement par catégories d'assurance, primes brutes (vie)								
Rentes	..	..	..	249 674	237 782	255 059	272 564	248 568
Unit linked	..	..	..	161 885	..	..	..	..
Autre assurance vie	..	..	..	765 602	762 172	811 561	557 259	533 515
Total assurance vie	..	..	..	1 015 276	999 954	1 066 620	829 823	782 083
***dont :** Contrats de retraite*	..	..	..	880	..	..	..	..
1.1.4 Paiement par catégories d'assurance, primes brutes (non-vie)								
L'assurance automobile	318 066	317 709	318 559	312 719	312 705	315 167	329 520	342 548
Les assurances transport (y compris maritime et aérien)	6 900	6 204	4 169	3 667	3 452	3 337	3 545	3 245
L'assurance de fret	31 035	32 613	30 951	28 429	27 363	28 836	31 107	33 819
L'assurance incendie et des dommages aux bien	167 103	180 826	193 119	197 856	200 755	215 618	224 336	232 328
L'assurance des pertes pécuniaires	39 035	38 495	40 890	39 109	35 251	34 165	34 967	35 133
L'assurance de la responsabilité civile générale	201 759	197 580	186 615	173 097	170 571	172 997	183 263	191 562
Les assurances accidents et maladie	412 489	435 375	451 561	471 470	482 830	516 841	550 291	566 173
***dont :** Maladie*	..	..	..	..	..	..	..	..
Autres assurances non-vie	6 215	5 979	2 526	4 328	3 532	3 018	3 179	3 505
Réassurance obligatoire	..	..	..	..	..	0	..	..
Total assurance non-vie	1 182 600	1 214 781	1 228 390	1 230 674	1 236 459	1 289 979	1 360 207	1 408 312
1.2 Paiements bruts des sinistres								
Vie								
Entreprises nationales	277 695	295 623	313 965	318 554	330 925	345 963	356 040	369 618
Entreprises sous contrôle étranger	59 020	63 620	65 976	67 878	60 398	61 430	66 275	66 267
Succursales d'entreprises étrangères	1 430	1 930	2 193	2 319	2 293	0	0	0
Ensemble des entreprises	279 124	297 553	316 158	320 873	333 218	345 963	356 040	369 618
Non-vie								
Entreprises nationales	718 920	733 962	815 237	838 670	827 860	..	920 214	917 856
Entreprises sous contrôle étranger	133 822	128 757	157 560	145 857	94 274	..	80 801	84 201
Succursales d'entreprises étrangères	312	276	363	416	309	..	723	234
Ensemble des entreprises	719 233	734 237	815 600	839 086	828 168	..	920 937	918 090
Mixtes, ensemble des entreprises	x	x	x	x	x	x	x	x
Total								
Entreprises nationales	996 615	1 029 585	1 129 202	1 157 224	1 158 785	3 701 852	1 276 254	1 287 474
Entreprises sous contrôle étranger	192 842	192 377	223 536	213 735	154 672	601 184	147 076	150 468
Succursales d'entreprises étrangères	1 742	2 206	2 556	2 735	2 602	2 253	723	234
Ensemble des entreprises	998 357	1 031 790	1 131 758	1 159 959	1 161 386	3 704 105	1 276 977	1 287 708

États-Unis
Tableau 1. Agrégats sélectionnés *(suite)*

Millions USD

	2006	2007	2008	2009	2010	2011	2012	2013
1.3 Commissions								
Vie								
Entreprises nationales	..	..	..	39 925	..	..	..	..
Entreprises sous contrôle étranger	..	..	..	9 784	..	..	..	..
Succursales d'entreprises étrangères	..	..	..	0	..	..	..	..
Ensemble des entreprises	..	..	..	39 925	..	..	..	..
Non-vie								
Entreprises nationales	..	..	..	99 023	..	..	..	..
Entreprises sous contrôle étranger	..	..	..	9 858	..	..	..	..
Succursales d'entreprises étrangères	..	..	..	1	..	..	..	..
Ensemble des entreprises	..	..	..	99 024	..	..	..	..
Mixtes, ensemble des entreprises	x	x	x	x	x	x	x	x
Total								
Entreprises nationales	..	..	..	138 948	..	..	..	..
Entreprises sous contrôle étranger	..	..	..	19 642	..	..	..	..
Succursales d'entreprises étrangères	..	..	..	1	..	..	..	..
Ensemble des entreprises	..	..	..	138 949	..	..	..	..
1.4 Dépenses brutes d'exploitation								
Vie								
Entreprises nationales	67 018	68 257	71 210	71 693	74 311	66 258	67 534	65 424
Entreprises sous contrôle étranger	16 077	16 885	17 703	15 873	12 817	9 782	9 962	9 814
Succursales d'entreprises étrangères	415	876	548	578	565	0	0	0
Ensemble des entreprises	67 433	69 133	71 758	72 271	74 876	66 258	67 534	65 424
Non-vie								
Entreprises nationales	221 901	227 869	228 093	231 186	233 968	239 829	250 270	261 844
Entreprises sous contrôle étranger	31 720	34 777	37 120	33 838	27 537	28 759	22 153	23 185
Succursales d'entreprises étrangères	178	200	241	237	238	283	312	165
Ensemble des entreprises	222 079	228 068	228 335	231 423	234 207	240 112	250 582	262 009
Mixtes, ensemble des entreprises	x	x	x	x	x	x	x	x
Total								
Entreprises nationales	288 919	296 126	299 303	302 879	308 279	306 087	317 804	327 268
Entreprises sous contrôle étranger	47 797	51 662	54 823	49 711	40 354	38 542	32 115	32 999
Succursales d'entreprises étrangères	593	1 076	789	815	803	283	312	165
Ensemble des entreprises	289 512	297 201	300 093	303 694	309 083	306 370	318 116	327 433
1.5 Opérations à l'étranger par succursale, primes brutes								
Vie								
Succursales et agences	..	..	..	0	0	..	..	..
Filiales	..	..	..	27 652	0	..	..	..
Total	..	..	..	27 652	0	..	..	..
Non-vie								
Succursales et agences	..	..	..	0	..	..	..	..
Filiales	..	..	..	22 055	..	..	..	..
Total	..	..	..	22 055	..	..	..	..
Mixtes total	x	x	x	x	x	x	x	x
Total								
Succursales et agences	..	..	..	-	-	..	..	..
Filiales	..	..	..	49 707	-	..	..	..
Total	..	..	..	49 707	-	..	..	..

.. Non disponible ; - Néant ; x Sans objet

Note : Voir les métadonnées détaillées sur : http://metalinks.oecd.org/isy/20141215/c215.

États-Unis
Tableau 2. Nombre d'entreprises et d'employés

	2006	2007	2008	2009	2010	2011	2012	2013
2.1 Nombre d'entreprises								
Vie								
Entreprises nationales	1 074	1 019	995	944	902	904	904	995
Entreprises sous contrôle étranger	91	94	93	103	166	168	162	156
Succursales d'entreprises étrangères	0	..	0	2	0	..	..	..
Ensemble des entreprises	1 074	1 019	995	946	902	904	904	995
Non-vie								
Entreprises nationales	3 279	3 289	3 326	3 479	3 441	3 426	3 428	3 425
Entreprises sous contrôle étranger	323	332	379	344	373	388	407	403
Succursales d'entreprises étrangères	9	10	10	19	7	8	9	11
Ensemble des entreprises	3 288	3 299	3 326	3 498	3 448	3 434	3 437	3 436
Mixtes, ensemble des entreprises	-	-	-	-	-	-	-	-
Réassurance								
Entreprises nationales	176	173	166	266	257	251	250	247
Entreprises sous contrôle étranger	38	40	38	81	84	73	62	65
Succursales d'entreprises étrangères	3	2	2	1	2	1	1	1
Ensemble des entreprises	176	175	168	267	259	252	251	248
Total								
Entreprises nationales	4 529	4 481	4 477	4 689	4 600	4 581	4 582	4 667
Entreprises sous contrôle étranger	452	466	510	528	623	629	631	624
Succursales d'entreprises étrangères	12	12	12	22	9	9	10	12
Ensemble des entreprises	4 541	4 493	4 489	4 711	4 609	4 590	4 592	4 679
2.2 Nombre d'employés								
Entreprises d'assurance	..	..	..	..	..	..	..	..
Intermédiaires	..	..	..	..	..	..	..	..
Total	..	..	..	..	..	..	..	..

.. Non disponible ; - Néant

Note : Voir les métadonnées détaillées sur : http://metalinks.oecd.org/isy/20141215/c215.

Statistiques de l'OCDE sur les assurances 2014

ANNEXE A

Opérations à l'étranger des assureurs de l'UE/EEE par des succursales et des agences

Tableau A1. **Assurance-vie, 2013**

Millions de monnaie nationale

Assurance-vie	Autriche	Belgique	Danemark	Finlande	France	Allemagne	Grèce	Islande	Irlande	Italie	Luxembourg	Pays-Bas	Norvège	Portugal	Espagne	Suède	Royaume-Uni
	EUR	EUR	DKK	EUR	EUR	EUR	EUR	ISK	EUR	EUR	EUR	EUR	NOK	EUR	EUR	SEK	GBP
Autriche	x	13.9	..	..	13.7	98.3	..	..	-	-	1.5	..	..	-	-	..	..
Belgique	0.0	x	..	..	132.3	..	..	..	-	-	-	..	..	-	3.8	..	..
Danemark	0.0	..	x	..	420.1	..	..	..	-	-	-	..	..	-	17.1	..	..
Finlande	0.0	..	..	x	..	..	..	..	-	-	-	..	..	-	-	..	..
France	0.2	0.8	..	..	x	..	..	..	410.0	-	1 132.0	..	..	19.0	146.3	..	..
Allemagne	256.1	..	..	..	188.1	x	..	..	785.0	-	298.8	..	..	-	-	..	..
Grèce	0.0	..	..	..	0.6	..	x	..	-	-	-	..	..	-	-	..	..
Islande	-	..	..	..	..	26.3	..	x	-	-	-	..	..	-	-	..	..
Irlande	0.0	..	..	..	..	..	..	..	x	-	-	..	..	-	-	..	..
Italie	14.3	-0.2	..	..	275.5	..	..	..	2 636.0	x	463.6	..	..	-	129.2	..	..
Luxembourg	0.0	14.6	..	..	..	0.2	..	..	-	-	x	..	..	1.5	-	..	..
Pays-Bas	0.0	..	..	..	..	..	..	..	-	-	-	x	..	-	-	..	..
Norvège	-	..	..	..	..	..	..	..	-	-	0.3	..	x	-	-	..	..
Portugal	0.0	..	..	162.0	15.4	..	..	..	59.0	-	-	..	..	x	172.3	..	..
Espagne	0.0	0.5	..	..	120.5	..	..	..	259.0	-	5.2	..	..	7.3	x	..	..
Suède	0.0	..	..	..	..	..	..	..	20.0	-	-	..	..	-	-	x	..
Royaume-Uni	0.0	0.4	..	..	..	25.3	..	..	1 394.0	89.4	-	..	..	-	1.0	..	x
Total de l'UE 15 + EEE	**270.8**	**29.9**	**..**	**162.0**	**1 166.1**	**150.1**	**..**	**..**	**5 563.0**	**89.4**	**1 901.4**	**..**	**..**	**27.8**	**469.6**	**..**	**..**
Total autres pays OCDE	14.3	..	..	..	..	8.5	..	..	-	0.0	746.3	..	..	-	-	..	..
Total des pays hors OCDE	12.0	..	..	..	..	..	..	..	-	65.1	-	..	..	1.6	16.6	..	..
Total	**297.1**	**29.9**	**..**	**162.0**	**2 690.7**	**158.6**	**..**	**..**	**5 563.0**	**154.5**	**2 647.7**	**..**	**..**	**29.4**	**486.2**	**..**	**..**

Tableau A2. **Assurance non-vie, 2013**

Millions de monnaie nationale

Assurance Non-vie	Autriche	Belgique	Danemark	Finlande	France	Allemagne	Grèce	Islande	Irlande	Italie	Luxembourg	Pays-Bas	Norvège	Portugal	Espagne	Suède	Royaume-Uni
	EUR	EUR	DKK	EUR	EUR	EUR	EUR	ISK	EUR	EUR	EUR	EUR	NOK	EUR	EUR	SEK	GBP
Autriche	x	..	..	..	102.6	150.1	..	..	-	-	136.4	..	..	-	-	..	..
Belgique	2.6	x	..	..	78.1	72.4	..	..	93.0	4.0	-	..	..	-	71.1	..	..
Danemark	0.7	21.3	x	..	6.1	44.6	..	..	23.0	-	-	..	73.4	-	207.9	..	..
Finlande	2.1	7.8	21.0	x	..	0.7	..	..	26.0	-	-	..	..	-	-	..	..
France	4.7	123.6	..	..	x	661.0	..	..	407.0	-	14.2	..	11.3	20.6	36.3	..	..
Allemagne	102.4	14.8	..	..	1 075.9	x	..	..	1 903.0	7.4	271.1	..	..	-	-	..	..
Grèce	0.3	1.6	..	..	24.7	18.8	x	..	-	-	-	..	..	-	13.5	..	..
Islande	-	..	..	..	..	0.4	..	x	-	-	-	..	..	-	-	..	..
Irlande	0.1	6.6	..	..	155.7	5.4	..	..	x	-	-	..	..	-	18.0	..	..
Italie	232.4	201.3	2.6	..	821.0	291.1	..	..	1 386.0	x	47.5	..	..	-	234.8	..	..
Luxembourg	1.2	52.1	..	..	2.8	2.6	..	..	-	-	x	..	..	-	-	..	..
Pays-Bas	4.5	47.7	..	..	115.9	184.9	..	..	145.0	0.6	1.9	x	..	-	-	..	..
Norvège	0.8	8.6	10 007.6	..	..	39.1	..	..	41.0	-	-	..	x	-	-	..	..
Portugal	0.1	1.0	..	..	39.9	0.3	..	..	252.0	130.9	-	..	..	x	69.8	..	..
Espagne	1.1	92.2	..	..	294.5	141.6	..	..	1 043.0	-	43.7	..	..	17.7	x	..	..
Suède	9.0	12.8	..	..	3.6	0.2	..	..	126.0	-	-	..	921.6	-	-	x	..
Royaume-Uni	7.8	464.7	0.0	..	309.8	620.5	..	..	3 696.0	286.3	581.4	..	2.3	-	450.4	..	x
Total de l'UE 15 + EEE	**369.6**	**1 055.9**	**10 031.2**	**..**	**3 030.4**	**2 233.6**	**..**	**..**	**9 141.0**	**429.1**	**1 096.1**	**..**	**1 008.6**	**38.3**	**1 101.8**	**..**	**..**
Total autres pays OCDE	91.3	22.2	..	..	..	242.3	..	..	59.0	111.2	307.5	..	2.3	-	87.1	..	..
Total des pays hors OCDE	37.9	5.8	..	..	..	134.2	..	..	28.0	140.3	142.5	..	123.1	11.0	76.3	..	..
Total	**498.9**	**1 084.0**	**10 031.2**	**..**	**4 175.9**	**2 610.1**	**..**	**..**	**9 228.0**	**680.6**	**1 546.2**	**..**	**1 133.9**	**49.3**	**1 265.1**	**..**	**..**

Statistiques de l'OCDE sur les assurances 2014

ANNEXE B

Définitions des catégories d'assurance non-vie

(Les définitions sont fondées sur la classification des branches d'assurances commune aux pays Membres de l'OCDE)

BRANCHES	DÉFINITIONS
1. AUTOMOBILE	*CORPS DE VÉHICULES TERRESTRES* (autres que ferroviaires) Tout dommage subi par : • véhicules terrestres automoteurs, • véhicules terrestres non automoteurs. *RESPONSABILITÉ CIVILE VÉHICULES TERRESTRES AUTOMOTEURS* Toute responsabilité résultant de l'emploi de véhicules terrestres automoteurs (y compris la responsabilité du transporteur).
2. TRANSPORTS (y compris maritime et aviation)	*CORPS DE VÉHICULES FERROVIAIRES* Tout dommage subi par les véhicules ferroviaires. *CORPS DE VÉHICULES AÉRIENS* Tout dommage subi par les véhicules aériens. *CORPS DE VÉHICULES MARITIMES, LACUSTRES ET FLUVIAUX* Tout dommage subi par : • véhicules fluviaux, • véhicules lacustres, • véhicules maritimes. *RESPONSABILITÉ CIVILE VÉHICULES MARITIMES, LACUSTRES ET FLUVIAUX* Toute responsabilité résultant de l'emploi de véhicules fluviaux, lacustres et maritimes (y compris la responsabilité du transporteur).
3. FRET	*MARCHANDISES TRANSPORTÉES* (y compris les marchandises, bagages et tous autres biens) Tout dommage subi par les marchandises transportées ou bagages, quel que soit le moyen de transport.
4. INCENDIE ET DOMMAGES AUX BIENS	*INCENDIE ET ÉLÉMENTS NATURELS* Tout dommage subi par les biens (autres que les véhicules terrestres, les véhicules ferroviaires, les véhicules aériens, les navires et les marchandises transportées) lorsqu'il est causé par : • incendie, • explosion, • tempête, • éléments naturels autres que la tempête, • énergie nucléaire, • affaissement de terrain. *AUTRES DOMMAGES AUX BIENS* Tout dommage subi par les biens (autres que les véhicules terrestres, les véhicules ferroviaires, les véhicules aériens, les navires et les marchandises transportées) lorsque ce dommage est causé par la grêle ou la gelée, ainsi que par tout événement, tel le vol, autre que ceux compris sous Incendie et éléments naturels.

BRANCHES	DÉFINITIONS
5. PERTES PÉCUNIAIRES	*CRÉDIT* • insolvabilité générale • crédit à l'exportation • vente à tempérament • crédit hypothécaire • crédit agricole *CAUTION* • caution directe • caution indirecte *PERTES PÉCUNIAIRES DIVERSES* • risques liés à l'emploi • insuffisance de recettes (générale) • mauvais temps • perte de bénéfices • persistance de frais généraux • dépenses commerciales imprévues • perte de la valeur vénale • pertes de loyers ou de revenus • pertes commerciales indirectes autres que celles mentionnées précédemment • pertes pécuniaires non commerciales • autres pertes pécuniaires
6. RESPONSABILITÉ CIVILE CIVILE GÉNÉRALE	*RESPONSABILITÉ CIVILE GÉNÉRALE* Toute responsabilité autre que responsabilité civile véhicules terrestres automoteurs, responsabilité civile véhicules aériens et responsabilité civile véhicules maritimes, lacustres et fluviaux définies ci-dessus.
7. ACCIDENTS ET MALADIE	*ACCIDENTS* (y compris les accidents du travail et les maladies professionnelles) • prestations forfaitaires • prestations indemnitaires • personnes transportées *MALADIE* • prestations forfaitaires • prestations indemnitaires • combinaisons
8. AUTRES ASSURANCES NON-VIE	*PROTECTION JURIDIQUE* Protection juridique et coûts des litiges *ASSISTANCE* *ASSURANCES DIVERSES*
9. RÉASSURANCES OBLIGATOIRES	

ANNEXE C

Secteur composite (mixte) dans l'OCDE et une sélection de pays non-OCDE

	Pays dans lesquels les entreprises composites opèrent	Disponibilité de données distinctes sur les entreprises composites
	Pays de l'OCDE	
Australie	Non	x
Autriche	Oui	Oui
Belgique	Oui	Oui
Canada (1)	Oui	Oui
Chili	Non	x
République tchèque	Oui	Oui
Danemark	Non	x
Estonie	Non	x
Finlande	Oui	Non
France	Oui	Oui
Allemagne	Non	x
Grèce	Oui	Oui
Hongrie	Oui	Oui
Islande (2)	Non	Non
Irlande	Non	x
Israël	Oui	Oui
Italie	Oui	Oui
Japon	Non	x
Corée	Non	x
Luxembourg (3)	Oui	Oui
Mexique	Oui	Oui
Pays-Bas	Non	x
Nouvelle-Zélande	Oui	Oui
Norvège	Non	x
Pologne	Non	x
Portugal (4)	Oui	Oui
République slovaque	Oui	Oui
Slovénie	Oui	Oui
Espagne (5)	Oui	Oui
Suède	Non	x
Suisse	Non	x
Turquie	Non	x
Royaume-Uni	Oui	Oui
États-Unis	Non	x

	Pays dans lesquels les entreprises composites opèrent	Disponibilité de données distinctes sur les entreprises composites
	Sélection de pays d'Afrique, d'Asie et d'Europe	
Hong Kong (China)	Oui	Non
Inde	Non	x
Indonésie	..	..
Lettonie	..	..
Malaisie	Oui	Oui
Singapour	Oui	Oui
Afrique du Sud	Oui	Oui
Thaïlande	Non	x
	Sélection de pays d'Amérique Latine	
Argentine	Oui	Oui
Bolivie	..	..
Brésil	Oui	Oui
Colombie	Non	x
Costa Rica	Oui	Oui
Cuba	..	..
El Salvador	Oui	Oui
Guatemala	Oui	Oui
Honduras	Oui	Oui
Nicaragua	Oui	Oui
Panama	Oui	Oui
Paraguay	Oui	Oui
Pérou	Oui	Oui
Porto Rico	..	..
Uruguay	Oui	Oui

1. Les compagnies d'assurance-vie sont autorisées à fournir une couverture pour les risques d'accident et de maladie. Les données relatives à leurs activités d'assurance-vie et non-vie (y compris accident et maladie) sont fournies séparément dans la catégorie composite.
2. Il n'y a pas d'entreprises composites, à l'exception de deux compagnies d'assurance-vie avec des faibles opérations dans l'assurance contre les accidents et la maladie. Mais elles sont classées parmi les entreprises d'assurance-vie.
3. Aucune compagnie officielle n'est autorisée à exercer à la fois dans le secteur vie et non-vie. Cependant, une filiale composite portugaise a une activité d'assurance sur le marché.
4. Pour les comptes de résultats (par exemple les primes), les données sont distinctes, mais pour l'information concernant le bilan et la solvabilité (par exemple le ratio de solvabilité, capital, ROE, ...) elles ne sont pas pas séparées.
5. Les entreprises mixtes opérant en Espagne doivent présenter les comptes techniques et non-techniques pour toutes les catégories d'assurance non-vie et vie séparément. Les données du bilan sont présentées ensemble, sans différenciation.

ANNEXE D

Liste des sources administratives

	Source statistique	Website
	Pays de l'OCDE	
Australie	Autorité australienne de réglementation prudentielle (APRA)	*http://www.apra.gov.au*
Autriche	Autorité des marchés financiers (FMA)	*http://www.fma.gv.at*
Belgique	Banque nationale de Belgique (BNB)	*http://www.nbb.be*
Canada	Ministère des Finances Canada	*http://www.fin.gc.ca*
Chili	Surintendance des valeurs mobilières et des assurances (SVS)	*http://www.svs.cl*
République tchèque	Ministère des Finances	*http://www.mfcr.cz*
Danemark	Autorité danoise de surveillance financière (FTNET)	*http://www.finanstilsynet.dk*
Estonie	Ministère des Finances d'Estonie	*http://www.fin.ee*
Finlande	Ministère des Affaires sociales et de la Santé	*http://www.stm.fi*
France	Autorité de Contrôle Prudentiel et de Résolution (ACPR)	*http://www.acpr.banque-france.fr*
Allemagne	Autorité fédérale de surveillance financière (BaFin)	*http://www.bafin.de*
Grèce	Banque de Grèce	*http://www.bankofgreece.gr*
Hongrie	Banque centrale de Hongrie (MNB)	*http://www.mnb.hu*
Islande	Autorité de surveillance financière (FME)	*http://www.fme.is*
Irlande	Ministère des Finances	*http://www.finance.gov.ie*
Israël	Ministère des Finances	*http://www.mof.gov.il*
Italie	Institut de surveillance des assurances (ISVAP)	*http://www.isvap.it*
Japon	Agences des services financiers (FSA)	*http://www.fsa.go.jp*
Corée	Commission des services financiers (FSC)	*http://www.fsc.go.kr*
Luxembourg	Commissariat aux assurances (CAA)	*http://www.commassu.lu*
Mexique	Commission des assurances et de la sûreté nationale (CNSF)	*http://www.cnsf.gob.mx*
Pays-Bas	Office néerlandais des statistiques (CBS)	*http://www.cbs.nl*
Nouvelle-Zélande	Office néo-zélandais des statistiques	*http://www.stats.govt.nz*
Norvège	Autorité norvégienne de surveillance financière (Finanstilsynet)	*http://www.finanstilsynet.no*
Pologne	Autorité polonaise de surveillance financière (KNF)	*http://www.knf.gov.pl*
Portugal	Autorité de surveillance des assurances et des retraites (ISP)	*http://www.isp.pt*
République slovaque	Banque nationale de Slovaquie (NBS)	*http://www.nbs.sk*
Slovénie	Ministère des Finances	*http://www.mgrt.gov.si*
Espagne	Ministère de l'Économie	*http://www.meh.es*
Suède	Bureau suédois des statistiques (SCB)	*http://www.scb.se*
Suisse	Secrétariat d'État aux questions financières internationales (SIF)	http://www.sif.admin.ch
Turquie	Sous-secrétariat au Trésor turc	*http://www.hazine.gov.tr*
Royaume-Uni	Banque d'Angleterre	*http://www.bankofengland.co.uk*
États-Unis	Association nationale des commissaires d'assurance (NAIC)	*http://www.naic.org*

	Source statistique	Website
	Sélection de pays d'Afrique, d'Asie et d'Europe	
Hong Kong (China)	Services financiers et Bureau du Trésor (FSTB)	*http://www.fstb.gov.hk*
Inde	Ministère des Finances	*http://www.finmin.nic.in*
Indonésie	Autorité des services financiers (OJK)	*http://www.ojk.go.id*
Lettonie	Commission des marchés financiers et de capitaux (FKTK)	*http://www.fktk.lv*
Malaisie	Banque centrale de Malaisie (BNM)	*http://www.bnm.gov.my*
Singapour	Autorité monétaire de Singapour (MAS)	*http://www.mas.gov.sg*
Afrique du Sud	Conseil des services financiers (FSB)	*http://www.fsb.co.za*
Thaïlande	Bureau de la commission des assurances (OIC)	*http://www.oic.or.th*
	Sélection de pays d'Amérique Latine	
Argentine	Surintendant des assurances (SSN)	*http://www.ssn.gob.ar*
Bolivie	Autorité de supervision et de contrôle des pensions et des assurances (APS)	*http://www.aps.gob.bo*
Brésil	Surintendant des Assurances Privées (SUSEP)	*http://www.susep.gov.br*
Colombie	Surintendance Financière de Colombie (SFC)	*http://www.superfinanciera.gov.co*
Costa Rica	Surintendance de l'assurance générale (SUGESE)	*http://www.sugese.fi.cr*
Cuba	Surintendant des Assurances de Cuba	*http://www.mfp.cu*
El Salvador	Surintendant du système financier (SSF)	*http://www.ssf.gob.sv*
Guatemala	Surintendant des banques (SIB)	*http://www.sib.gob.gt*
Honduras	Commission nationale des banques et des assurances (CNBS)	*http://www.cnbs.gob.hn*
Nicaragua	Surintendant des banques et des autres institutions financières (SIBOIF)	*http://www.siboif.gob.ni*
Panama	Surintendant des assurances et de la réassurance de Panama (SSRP)	*http://www.superseguros.gob.pa*
Paraguay	Surintendant des assurances – Banque centrale du Paraguay	*http://www.bcp.gov.py*
Pérou	Surintendant des banques, des assurances et des administrateurs des fonds de pension privés (SBS)	*http://www.sbs.gob.pe*
Porto Rico	Bureau du commissaire des assurances (OCS)	*http://www.ocs.gobierno.pr*
Uruguay	Banque centrale d'Uruguay	*http://www.bcu.gub.uy*

ORGANISATION DE COOPÉRATION ET DE DÉVELOPPEMENT ÉCONOMIQUES

L'OCDE est un forum unique en son genre où les gouvernements œuvrent ensemble pour relever les défis économiques, sociaux et environnementaux liés à la mondialisation. À l'avant-garde des efforts engagés pour comprendre les évolutions du monde actuel et les préoccupations qu'elles suscitent, l'OCDE aide les gouvernements à y faire face en menant une réflexion sur des thèmes tels que le gouvernement d'entreprise, l'économie de l'information et la problématique du vieillissement démographique. L'Organisation offre aux gouvernements un cadre leur permettant de confronter leurs expériences en matière d'action publique, de chercher des réponses à des problèmes communs, de recenser les bonnes pratiques et de travailler à la coordination des politiques nationales et internationales.

Les pays membres de l'OCDE sont : l'Allemagne, l'Australie, l'Autriche, la Belgique, le Canada, le Chili, la Corée, le Danemark, l'Espagne, l'Estonie, les États-Unis, la Finlande, la France, la Grèce, la Hongrie, l'Irlande, l'Islande, Israël, l'Italie, le Japon, le Luxembourg, le Mexique, la Norvège, la Nouvelle-Zélande, les Pays-Bas, la Pologne, le Portugal, la République slovaque, la République tchèque, le Royaume-Uni, la Slovénie, la Suède, la Suisse et la Turquie. L'Union européenne participe aux travaux de l'OCDE.

Les Éditions OCDE assurent une large diffusion aux travaux de l'Organisation. Ces derniers comprennent les résultats de l'activité de collecte de statistiques, les travaux de recherche menés sur des questions économiques, sociales et environnementales, ainsi que les conventions, les principes directeurs et les modèles développés par les pays membres.

ÉDITIONS OCDE, 2, rue André-Pascal, 75775 PARIS CEDEX 16
(21 2014 04 2 P) ISBN 978-92-64-16860-2 – 2015-01

www.ingramcontent.com/pod-product-compliance
Lightning Source LLC
LaVergne TN
LVHW080654011026
849160LV00014B/1418